轨道交通装备制造精益工艺管理

孙　丽　编著
孙永才　主审

机械工业出版社

本书面向轨道交通装备制造行业，应用精益理念梳理工艺管理体系，应用精益生产技术优化工艺管理流程，通过标准化工艺管理文件，量化工时定额和材料定额，改善作业环境，全面降低工艺成本，实现科学化、系统化、精细化的生产现场管理，为轨道交通装备制造企业保证产品质量、提高效率、降低成本，尤其是降低工艺成本提供了有效的解决方法。本书共分8章：第1章为绪论，介绍全书概要及国内外精益工艺管理现状；第2章介绍现代精益工艺管理基本理论；第3章介绍轨道交通装备现代工艺管理模型；第4章介绍工艺知识管理模型；第5章介绍生产现场工艺优化；第6章介绍产品装配线精益工艺布局；第7章介绍精益工艺定额的研究与实践；第8章介绍现代精益制造水平评价。

本书适合轨道交通装备制造企业设计人员、工艺人员、一线生产技术人员以及 IE 部门工作人员参考或作为培训教材，也可作为高等院校工业工程、机械制造、车辆工程等专业本科生、研究生的参考教材，尤其适用于工业工程专业本科生、研究生"精益生产"课程的辅助教材。

图书在版编目（CIP）数据

轨道交通装备制造精益工艺管理/孙丽编著. —北京：机械工业出版社，2022.12

ISBN 978-7-111-71826-0

Ⅰ.①轨…　Ⅱ.①孙…　Ⅲ.①轨道交通-交通设施-装备制造业-工业企业管理　Ⅳ.①F407.46

中国版本图书馆 CIP 数据核字（2022）第 193941 号

机械工业出版社（北京市百万庄大街 22 号　邮政编码 100037）
策划编辑：冯春生　　　　　责任编辑：冯春生　刘　静
责任校对：贾海霞　张　薇　封面设计：张　静
责任印制：单爱军
北京虎彩文化传播有限公司印刷
2022 年 12 月第 1 版第 1 次印刷
184mm×260mm·15 印张·371 千字
标准书号：ISBN 978-7-111-71826-0
定价：69.00 元

电话服务　　　　　　　　　网络服务
客服电话：010-88361066　　机　工　官　网：www.cmpbook.com
　　　　　010-88379833　　机　工　官　博：weibo.com/cmp1952
　　　　　010-68326294　　金　书　网：www.golden-book.com
封底无防伪标均为盗版　　　机工教育服务网：www.cmpedu.com

序

　　德国"工业 4.0"和《中国制造 2025》都将智能制造作为制造业发展的终极目标，无论目前国家正在大力提倡的数字化转型还是未来工厂的设计，都必须率先解决信息孤岛问题。工艺是设计和制造的桥梁，产品从设计变为现实必须通过加工才能完成；工艺又是制造技术的关键，设计的可行性往往会受到工艺的制约。因此，工艺和管理紧密结合，形成一个整体，是当前制造技术的发展方向。

　　精益生产引入我国已经有 20 多年的历史，但真正的热潮是过去 10 年。学习和实施精益生产是从汽车等机械制造行业开始的，逐渐向电子以及其他行业扩展，从外资企业、合资企业向大型国有企业和民营企业扩展，精益覆盖的范围也从生产现场扩展到工艺管理系统。尽管经历了大约 10 年的精益热潮，我国企业在学习和实施精益生产的过程中仍然会遇到各种挫折，其实施远比想象的复杂和困难。许多企业在经历了最初的热情，取得了一些成果后，却发现遇到了存在于企业体制和人员观念中的最大障碍，感觉无能为力，不得不放弃，又回到了最初的状态。因此，精益绝不是一蹴而就的"运动"，而是一次没有终点的"长征"。本书作者在长期现代工艺管理教学和科研实践基础上，从系统论、控制论、信息论和方法论的观点出发，对现代工艺管理的精益化、数字化、智能化等做了大量的研究与实践，尤其是结合多年轨道交通装备生产现场的精益生产实践，通过科学化、系统化、精细化地进行轨道交通装备生产现场管理，为轨道交通装备制造企业降低成本、提高质量、提高效率提供了有效的途径，为生产现场作业人员轻松作业、提高安全性及舒适性提供了解决方案。

　　纵观全书，结构严谨，内容充实，案例先进丰富，是一本颇具价值的优秀著作，值得从事轨道交通装备制造的科技人员和从事精益生产与智能制造方向的研究人员一读。

王秀伦

2021 年 11 月于大连

前　言

随着国际国内竞争的日益加剧，全球所有工业、商业、服务机构都正在经历自我重构、自我调整以适应新的变革。提高效率、提高质量、降低成本（两高一低）已经成为企业不朽的话题。在此过程中，新技术、新方法不断涌现，工业互联网、5G、物联网、人工智能等技术如雨后春笋般纷纷崭露头角，德国提出的"工业4.0"和我国提出的《中国制造2025》对传统制造企业升级转型提出了新的课题，传统轨道交通装备制造企业的生产现场工艺管理也面临着巨大的挑战与变革。

作者多年来一直在工业工程教学和科研一线工作，现任大连交通大学工业工程专业负责人，主讲过"现代工艺管理技术""人因工程""生产计划与控制""基础工业工程""成本控制与管理""精益生产"等多门课程，主持了多项轨道交通装备制造行业工艺管理、现场改善方面的课题。在多年教学和科研实践当中，对生产现场工艺管理（曾于2004年参编《现代工艺管理技术》）有着较为深刻的认识，如何选取合适的方法、合适的工具、合适的路径进行传统工艺管理技术升级，如何科学化、系统化、精细化地进行轨道交通装备生产现场管理，将精益思想同工艺管理深度融合将是解决这些问题的不二选择。

本书将精益管理的思想融入现代工艺管理技术中，通过理论介绍、技术应用和实际案例向读者阐明精益生产理念、体系、方法如何贯穿在现代轨道交通装备制造工艺管理当中，为企业提高产品质量、提高效率、降低成本，尤其是降低工艺成本提供了有效的解决方法。

在此要感谢中车集团为本书的编写提供了大量的素材！感谢我的课题组成员在本书编写过程中给予的大力支持！感谢我的博士生导师王秀伦教授为本书作序！感谢马自勤教授、程强教授级高工为本书的编写提供了大量有价值的资料！特别感谢中车集团孙永才董事长担任本书的主审，为本书提出了很多建设性意见！

本书得到大连交通大学机械工程学院、研究生院、学科与发展规划处和科技处领导的大力支持，在此表示衷心感谢！

本书编写过程中，参考了大量国内外有关论著，在此谨向其作者表示诚挚谢意！

尽管作者尽力做好本书的编写工作，但是由于本书涉及面广，受作者水平和时间限制，书中难免存在不妥之处，敬请读者批评指正！

孙　丽
2021 年 10 月于大连

目　录

第 1 章
绪　论

　　当今精益制造模式的迅速发展，使得客户化定制大有取代大批量制造模式之势，也为现代工艺管理带来了新的机遇和挑战。我国"十二五"先进制造技术领域中提出了"工艺牵引"的观点，可以说工艺管理是个纲，纲举目张，工艺管理无处不在，工艺管理水平潜在影响着企业经营的发展。要使我国从制造大国向制造强国转化，使我国制造水平达到世界水平或者世界领先水平，在国际市场具有核心竞争力，精益工艺管理水平的大幅度提高势在必行。如何根据《中国制造2025》指南中所指引的方向，使我国早日跻身于世界制造强国之列，关键问题之一是：在制造领域必须具备有中国特色的创新工艺管理理论、方法和先进的工艺管理技术。因此，工艺管理研究面临着新的机遇和严峻的挑战，作为制造核心基础的工艺管理必须把握科技革命可能带来的发展先机，拓展自身的发展空间，克服工艺管理对设计制造的制约，才能在原有基础上得到质的飞跃。

　　现代工艺管理应该而且必须作为一门科学来研究。现代工艺管理科学强调研究工作对实践的依赖性，其基本任务是解决现代制造中工艺管理前沿和工艺管理实践中的关键科学技术问题，同时在改造自然和解决工艺管理中的科技问题过程中发展和完善学科本身。世界的进步、国家的需求和学科的发展，都要求机械与制造科学比以往任何时候更加重视对现代工艺管理的研究与实践，为我国尽快从制造大国走向制造强国提供强有力的核心基础支持，而现代工艺管理科学自身也将在其中得到前所未有的快速发展。如何选取合适的方法、合适的工具、合适的路径进行传统工艺管理技术升级，如何科学化、定量化、精细化地进行生产现场管理，将精益思想同工艺管理深度融合将是解决这些问题的不二选择。

1.1　精益工艺管理概述

1.1.1　精益制造工艺相关概念

1. 制造与生产

　　制造分为狭义制造与广义制造。狭义制造（production）是指使原材料在物理性质和化学性质上发生变化而转化为产品的过程。广义制造（manufacturing）是指涉及制造工业中产品设计、物料选择、生产计划、生产过程、质量保证、经营管理、市场销售和服务的一系列相关活动和工作的总称（国际生产工程学会，1990）。本书提及的制造（manufacturing）是一个产品全生命周期的整体概念，指的是包括产品和技术的研究开发、加工和装配、系统集成、销售、服务及产品报废后的回收再利用的全过程。

机械制造有两个含义：一是从制造手段视角，与手工制造相对应，指的是利用机械进行产品制造（mechanical manufacturing）；二是从制造对象视角，与非机械设备相对应，指的是对动力机械、起重运输机械、农业机械、冶金矿山机械、化工机械、纺织机械、机床、工具、仪器、仪表等各种机械设备的制造（machine-building）。本书对此不做区分。机械制造为一个国家的国民经济提供技术装备，其发展水平是国家工业化程度的主要标志之一。

制造的近义词——生产（production，manufacturing），是指人类从事创造物质财富的活动和过程。生产更多地强调自己独立完成一件产品，制造在自身生产的同时可能还有他人的成果等。生产包括农业等自然经济的开发，而制造强调的工业化更多。生产包括人们创造物质财富的过程、人们利用生产工具改变劳动对象创造产品的活动，是人类生存和发展的基础；制造是将原材料加工成为可供使用的物品。生产更侧重于管理过程，制造更侧重于技术规程，本书不做区分，所提及的制造也包括生产，反之亦然。

2. 精益制造

精益制造，也称为精益生产（lean production），是一种衍生自日本丰田汽车制造方式的多品种、小批量、低成本的制造模式，通过对制造系统结构、人员组织、运行方式和供应链等方面的变革，使制造系统能够快速响应不断变化的市场需求，并且能够使制造过程中一切无用、多余的东西被精简，使企业在市场竞争中具有不断增强的核心竞争力，不断优化企业的经营效益。

到目前为止，人类工业化历史，称得上"生产方式里程碑"的只有"手工业生产方式""大量生产方式"和"精益生产方式"。精益制造作为第三代的生产方式，精益的企业组织方式、精益的人力资源管理模式、精益企业文化正在深刻地再造着所有经营和商务活动。美国精益制造专家在《改变世界的机器》里预言，精益生产方式的原理同样可以应用于全球每一个行业，向精益生产转变会对人类社会产生深远影响，也就是说这一转变将真正改变世界。

3. 工艺

在我国，工艺是一个非常宽泛的词语。一种工艺（craft）是指与工艺美术品（art）相关联的手工艺或者技艺及其过程，是历史上最古老、最传统的工艺。

根据国家标准 GB/T 4863—2008《机械制造工艺基本术语》中的定义：工艺（technology）是指使各种原材料、半成品成为产品的方法和过程，机械制造工艺（machine-building technology）是各种机械的制造方法和过程的总称。

本书提及的工艺（technology & process）广义上是指为达到一个目的或者完成一个任务所采用的技术方法和经历的过程，从这个角度来说，无论农业、工业、服务业，无论产品有形与无形，完成任何事物都存在工艺；狭义上是指机械制造工艺（mechanical manufacturing technology & process），与机械产品相关联，是劳动者利用生产设备、工具对各种原材料、半成品进行增值加工或处理，最终使之成为机械产品，并且使之在产品全生命周期能够良好运用，实现其使用价值的技术方法与过程。

机械制造工艺具有不确定性和不唯一性的显著特点。制定工艺的原则是技术上先进性和经济上合理性的统一。但是由于不同企业、相同企业不同部门的制造技术水平、设备能力、设备精度以及工人技术水平等因素可能不同，因此对于同一种产品或者零部件而言，不同企业、部门制定的工艺可能是不同的，甚至相同企业、相同部门在不同的时期制定的工艺也可能不同，制造工艺并不确定、并不唯一。机械制造工艺的这种不确定性和不唯一性，与制造业的其他元素有较大的不同，反而与工艺美术的工艺类似，这一特点使得工艺管理也存在着不确定性和不唯一性。

随着历史的演变和科技的进步，现代机械制造工艺在传统工艺的基础上被赋予了新的内涵，具有一系列优质、高效、低耗、洁净、柔性、敏捷、自动化、信息化等高科技特征，为我国轨道交通装备制造的跨越式发展提供了可能。

4. 精益制造工艺

精益制造工艺是指为达到一个目的或者完成一个任务进行精益制造所采用的技术方法和经历的过程，是使多品种小批量实现高效率低成本制造的技术基础。精益制造采用面向对象的流水线工艺布局，精益制造所有采用的工艺技术及其过程，都从低成本高效率出发，以必要适度为原则。

1.1.2 精益工艺管理

工艺管理是指科学地计划、组织和控制各项工艺工作的全过程。一方面，它存在于将原材料、半成品转变为成品的全过程中，是对制造技术工作所实施的科学的、系统的管理。另一方面，它又解决、处理生产过程中人与人之间的生产关系方面的社会科学问题。工艺管理是保证工艺方法和工艺技术在生产过程中得以正确贯彻，并使之在生产实践中不断提高和发展，以适应生产发展的一门管理科学。

目前尚未发现有专家学者对精益工艺管理进行系统研究。本书将精益工艺管理定义为科学地指挥、计划、组织、控制和协调各项精益工艺工作的全过程。一方面，精益工艺管理存在于将原材料、半成品转变为成品的全过程中，是对制造技术工作所实施的科学的、系统的管理。另一方面，又解决、处理生产过程中人与人之间的生产关系方面的社会科学的问题。精益工艺管理是保证精益工艺方法和精益工艺技术在生产过程中得以正确贯彻，并使之在生产实践中不断提高和发展，以适应生产发展的一门管理科学。

精益工艺管理的核心工作是：①消除浪费。以越来越少的投入——较少的人力、较少的设备、较短的时间和较小的场地创造出尽可能多的价值；同时也越来越接近用户，提供他们需要的产品。②精确地定义价值。确定每个产品（在某些情况下确定每一产品系列）的全部价值流，使保留下来的、创造价值的各个步骤流动起来，使工作周期大幅度缩短。③按顾客需求拉动产品制造。及时响应不断变化的顾客需求，具备在顾客真正需要的时候就能设计、安排生产和制造出产品的能力。

精益工艺管理，"精"表示精良、精确、精美、少而精、没有冗余等：体现在质量上，质量有保证且符合预期正态分布；体现在制造上，不投入多余的生产要素，只是在必要的时间生产必要数量的市场必要的产品（或下道工序必要的产品）；体现在工作上，追求精益尽善尽美、精益求精。"益"表示利益、效益等，所有经营活动都要具有经济效益：体现在成本上，只有成本低于行业平均成本的企业才能获得收益。精益工艺管理不单纯追求企业眼中的成本最低、功能质量最优，更追求用户和企业都满意的功能质量，追求成本与功能质量的最佳配置，强调产品的成本与技术的合理匹配、协调，追求产品性能价格的最优比，追求企业经营投入和经济产出的效益最大化、价值最大化。

1.2 国内外精益工艺管理发展综述

1.2.1 国外精益制造发展状况

精益制造源于日本丰田生产方式。丰田生产方式的目的在于杜绝企业内部的各种浪费，以提高生产效率，实现多品种、小批量、低成本汽车制造。它是丰田公司的历史产物，萌芽于丰田佐吉时期，经丰田喜一郎（丰田佐吉的长子）发展。由大野耐一创造并且不断完善，后由美国专家上升到精益制造理论，在全世界范围内推广发展，一直延续到今天。本书按照精益制造方式的形成过程，将精益制造划分为四个阶段：精益制造萌芽期（1950 年以前）、精益制造形成期（1950—1984 年）、精益制造系统化期（1985—1995 年）、精益制造发展期（1996 年至今）。

1. 精益制造萌芽期

1913 年，美国福特汽车公司创立第一条汽车生产流水线，大规模的生产流水线成为现代工业生产的主要特征，它改变了效率低下的单件生产方式，被称为生产方式的第二个里程碑。大量生产方式以标准化、大批量生产来降低生产成本，提高生产效率，在工艺管理发展历史上具有极为重要的意义。

1924 年，丰田佐吉发明了丰田式自动纺织机，不仅速度快，还能在一根经线断掉后，或者在纬线用完的时候自动停止并报警，实现一人看管多机。这种一旦发现次品，机器立即停止运转，以确保百分之百品质的理念，成为后来丰田生产方式自働化的思想基础。

20 世纪 30 年代，丰田公司开始建立汽车制造厂，丰田喜一郎赴美学习福特生产制造系统，详尽研究了福特汽车的大批量制造模式。他把福特汽车公司大规模汽车生产的传送带技术在丰田公司的小规模汽车生产中改造利用，取得了良好的效果，成为小批量、流水线、低成本制造研究的开端。第二次世界大战后，日本的生产效率是美国的 1/8。1945 年，时任丰田汽车工业公司总经理的丰田喜一郎提出，要用 3 年时间赶上美国。丰田喜一郎提出了"准时制"的构想，在一辆汽车的流水作业装配过程中，装配所必要的零部件恰好在必要的时刻，以需要的数量，送达生产线的旁边，成为后来丰田生产方式准时制（JIT）的思想基础。

从 1947 年开始，大野耐一在他所负责的制造部门生产线开始一人多机、一人多序的实践，获得成功，为多品种、小批量制造流水线奠定了基础。

2. 精益制造形成期（丰田生产方式）

第二次世界大战后，日本汽车工业在资源有限和多品种、少批量的市场需求的制约下适者生存，不断成长壮大。1950 年，丰田公司的领导人丰田英二赴美国底特律考察当时世界上规模最大、效率最高的福特汽车公司轿车制造厂，与大野耐一共同研究发现，大量生产方式并不适合日本。当时的日本国内市场很小，所需的汽车种类繁多；又没有足够的资金和外汇购买西方最新生产技术；缺乏大量廉价劳动力。在丰田英二的支持下，大野耐一开始了适合日本需要的生产方式的创新，进行了一系列的探索和试验。他首先在局部实行诸如目视管理法、一人多机、U 形设备布置法等现场管理方法，取得初步实效。随着大野耐一式的管理方法取得令人振奋的效果，他的地位也得到了逐步提升，使大野耐一式的管理在更大的范围内得到应用和进一步完善，并且形成了团队。他们通过对生产现场的观察和思考，进行一系列的创新和不断的完善，例如快速换模法（SMED）、现场改善、自动化、五问法、供应商队伍重组及伙伴合作关系建立、拉动式生产等，建立起一套适合日本需要的多品种、小批量、低成本生产的大野耐一式管理方式，于 1962 年正式命名为丰田生产方式（Toyota production system，TPS），并且开始向外部供应链推广。经过 30 多年的努力，形成了较为完整的丰田生产方式体系。

1973 年秋天发生石油危机以后，日本经济下降到负增长的状态，但丰田公司不仅获得了高于其他公司的盈利，而且盈利与年俱增，拉大了同其他公司的距离。于是丰田生产方式开始受到重视，在日本得到了普及推广。随着日本汽车制造商大规模海外设厂，丰田生产方式传播到了美国，并以其在成本、质量、产品多样性等方面的巨大效果得到了广泛的传播。同时，丰田生产方式经受住了准时供应、文化冲突的考验，验证了丰田生产方式的适宜性，证明了丰田生产方式不只适合于日本的文化，是普遍适用于各种文化、各种行业的先进生产方式。

3. 精益制造系统化期（精益制造模式的命名）

进入 20 世纪 80 年代，日本企业在国际市场上的成功，引起西方企业界的浓厚兴趣。西方企业家认为，日本在生产中采用的方式是其在世界市场上竞争的基础。在市场竞争中遭受失败的美国汽车工业，在经历了曲折的认识过程后，终于意识到致使其竞争失败的关键是美国汽车制造业的大量生产方式输给了丰田生产方式。为了进一步揭开日本汽车工业的成功之谜，在美国政府、美国国防部的支持下，1985 年，美国麻省理工学院筹资 500 万美元，确定了国际汽车计划（IMVP）研究项目。在丹尼尔·鲁斯教授的领导下，组织了 53 名专家、学者，从 1985 年到 1989 年，用了五年时间对 14 个国家的近 90 家汽车装配厂进行实地考察，查阅了几百份公开的简报和资料，并对西方的大量生产方式与日本的丰田生产方式进行对比分析，于 1990 年出版了著作《改变世界的机器》，第一次把丰田生产方式定名为精益制造（lean production）。这个研究成果在汽车业内引起轰动，掀起了学习精益制造的热潮。精益制造的提出，把丰田生产方式从生产制造领域扩展到产品开发、协作配套、销售服务、财务管理等各个领域，贯穿于企业生产经营活动的全过程，使其内涵更加全面、丰富，对指导生产方式的变革更具针对性和可操作性。

20 世纪 90 年代，美国进行了一系列针对精益制造的研究和实践。这其中包括美国军方 1993 年出台的美国国防制造企业战略、精益航空计划（lean aerospace initiative）等政府指令性的活动。除了汽车行业，又有更多的美国企业如波音、洛克希德·马丁、普惠等投入到实施精益制造的大潮中来。在这个过程中，丰田公司的专家提供了基本的思考和方法，用出色的实践证明了精益制造的强大生命力；而美国学者的研究、美国企业乃至美国政府的研究和实践，则证明了精益思想在世界上的普遍意义，并将其升华为新一代的生产哲理。1996 年，经过四年的国际汽车计划（IMVP）第二阶段研究，著作《精益思想》（*Lean Thinking*）出版了。《精益思想》弥补了前一研究成果，对怎样学习精益制造的方法提供了指导，论述了学习精益制造所必需的关键原则，并且通过案例论述了各行各业均可遵从的精益制造行动步骤，进一步完善了精益制造的理论体系。精益制造方式由经验成为理论，新的精益制造模式正式诞生。

4. 精益制造发展期

精益制造综合了单件生产和大量生产的优点，既避免了前者的高成本，又避免了后者的僵化，各国工业界纷纷引进和实践这一生产方式。不难断言，精益制造必将在各工业领域中逐渐取代传统的大量生产方式及单件小批量生产方式。美国是众多学者公认的实践丰田生产方式最成功的国家。1984年，通用汽车公司和丰田公司在通用关闭的费利蒙（Fremont）工厂成立合资公司，全面学习和引进丰田生产方式，创造了全球制造系统。福特（Ford）汽车公司和克莱斯勒（Chrysler）公司也不甘落后，迅速试行丰田生产方式，经过10多年的努力各自都创造了自己的生产系统，和丰田（北美）公司生产率的差距不断缩小。1992年德国宣布要以精益制造来统一德国制造业的发展方向，德国大众汽车公司、西门子公司等引进和采用精益制造，取得了较好的效果。直到1996年，精益制造正式进入了发展期。

精益制造的成功案例已证实精益工艺管理可以产生激动人心的效益：让生产时间减少90%，让库存减少90%，使生产效率提高60%，使市场缺陷减少50%，让废品率降低50%，让安全指数提升50%。

精益制造的理论和方法随着市场环境的变化而不断发展，欧美发达国家大力开展精益制造模式的研究。20世纪末以后，随着研究的深入和理论的广泛传播，越来越多的专家学者参与进来，百花齐放百家争鸣，各种新理论新方法层出不穷，如大规模定制（mass customization）与精益制造相结合、单元生产（cell production）、TPS的发展、5S（seiri整理、seiton整顿、seiso清扫、seiketsu清洁、shitsuke素养）的发展、全面生产维护（total productive maintenance，TPM）的发展等。很多美国大企业将精益制造方式与本公司实际相结合，创造出了适合本企业需要的管理体系，例如：1999年，美国联合技术公司（UTC）的获取竞争性优势（achieving competitive excellence，ACE）管理，精益六西格玛管理，波音的群策群力，通用汽车公司1998年的竞争制造系统（GM competitive MFG system）等。这些管理体系的实质是应用精益制造的思想，并将其方法具体化，以指导公司内部各个工厂、子公司顺利地推行精益制造方式。将每一工具的实施过程分解为一系列图表，员工只需要按照图表的要求一步步实施即可，并且每一工具对应有一套标准以评价实施情况，也可用于母公司对子公司的评估。在精益制造方式的发源地——汽车行业，精益已经成为行业的事实标准。1999年，美国汽车工程师学会（society of automotive engineers，SAE）公布实施精益运作最佳实践的鉴定和测评标准SAE J4000和SAE J4001，成为汽车配件行业的准入证。20世纪90年代后期至今，精益思想的应用取得了跨越式的发展。精益思想已经跨出了汽车制造业，作为一种普遍的业务原则在各个行业传播和应用，成功扩展到机械、电子、消费品、航空、航天、造船工业、建筑设计和施工（lean construction）、服务行业、海运、港口管理、医疗保健领域、军事后勤和补给（lean sustainment）、环境保护领域、政府运作（lean government）、通信和邮政管理以及软件开发和编程（lean programming）等方面，使精益经营愈加发展完善。

1.2.2 国内精益工艺管理发展状况

我国是世界上较早学习精益制造的国家。从1978年改革开放开始，不少大中型国有企业不仅聘请丰田公司的专家来我国传授经验，而且派人员到丰田公司去取经。20世纪90年代，随着我国改革开放力度的加大，市场经济基本成熟，企业自身的实力也在逐渐加强，越来越多的外资企业在我国投资办厂，为精益制造在我国的推广和运用起到了重要的作用。不少合资企业将外资方运用成熟的精益制造技术引入合资公司的生产运营系统中，同时推广到中方母公司的各个生产系统中。

中国第一汽车集团有限公司（以下简称一汽）多次大规模推行丰田生产方式，取得了很好的效果。1978年，一汽组织人员到丰田公司学习，开始边学习、边创造条件、边试点，逐步推广应用精益制造模式。1981年，精益制造的创始人之一，大野耐一亲临一汽，帮助推广精益制造方式，内容主要是应用看板系统控制生产现场作业，一汽在大野耐一的亲自指导下建立TPS样板线。1984年，在实行精益制造四年的时间里，一汽在20个专业厂有2831种汽车零部件实行看板取货，42种协作产品由协作厂直送工位，压缩了流动资金1830万元，取消中间仓库17个，节约仓库面积1661m²。在看板取货的基础上组织了看板生产，一汽10条生产线61种零件实行了看板生产。20世纪90年代初，一汽借引进日野六档变速器的机会，全面引进实施TPS，生产轿车的能力提高50%，在制品储备降低70%；2002年，一汽轿车股份有限公司开始推行精益制造，生产线按照多品种混流生产整体优化，在制品储备降低40%。

在《改变世界的机器》中文版于1991年在我国出版后，我国制造业开始广泛学习和试图导入先进的精益制造方式。20世纪90年代，上海汽车行业的一批合资企业开始尝试JIT生产模式，在准时供货方面取得了一定的成功经验，上海汽车工业总公司的生产成本降低5%。1996年，天津奥的斯（OTIS）电梯有限公司杨柳青分厂置之死地而后生，实施5S管理、工业工程、JIT生产，产品交货周期缩短83%，年资金周转率提高1800%，产品出厂合格率达到100%，库存流动资金降低81%，设备可动率达到100%，实现了零缺陷、零库存、零事故、零迟交货。随着精益制造理论与方法的逐步成熟，我国企业对精益制造有了进一步的认识，精益制造在我国的汽车工业、电子工业、仪器仪表制造业等实行流水线生产的企业中逐步推广应用，取得了良好效果。越来越多国内企业开始实施精益制造，将精益工艺管理思想与我国国情和企业生存环境及市场特点相结合，陆续开始从精益制造的运用中获得效益，也为我国的其他企业实施精益制造提供了宝贵的经验。

1.2.3 国内精益工艺管理理论推广及研究状况

我国专家、学者、咨询机构、出版机构积极参与了精益制造中国化的研究、实践、推广，翻译出版了国外大量精益制造相关著作，如《丰田生产方式》《改变世界的机器》《精益思想》《丰田汽车案例：精益制造的14项管理原则》《金矿：精益管理挖掘利润》《精益之道》《大野耐一的现场管理》《新丰田生产方式》等。近年来，为配合国内精益制造的推广，我国出版界纷纷编辑出版精益制造相关著作。东方出版社实施"双百工程"战略，从2011年开始组织翻译出版精益制造系列丛书，如《精益制造001：5S推进法》《精益制造004：生产管理》《精益制造009：库存管理》《精益制造010：采购管理》《精益制造012：BOM物料管理》《精益制造013：成本管理》《精益制造014：物流管理》《精益制造020：丰田可视化管理方式》等。

我国精益制造专家齐忠玉、沈方楠等多年来从事精益管理培训、咨询，指导精益制造实践，编著有《精益化精神》《精益化推行工具箱》《全面消除生产浪费的82个关键细节》等书籍。刘树华等结合一汽案例对精益制造进行了深入研究。张明华对精益造船模式进行了研究。李娟等对精益化装配管理进行了研究。曲立对精益维修管理进行了研究。刘成、王连生等对精益生产与精益六西格玛的结合运用进行了研究与实践。杨青对精益价值管理进行了研究。蔡颖等对基于 ERP 的精益制造体系的设计进行了研究与实践。王茂林、宋光辉、薛红等从不同行业不同角度进行了精益物流管理的研究与实践。欧居勇进行了变电运行与检修精益化管理。李庆远对精益生产的 JIT 生产实务进行了系统化规范化研究。国内一些高校和先进制造企业开展了精益制造有关方面的研究和实施工作，取得了一定的成果。

纵观精益制造模式，其中最重要的内容都可以归集为精益工艺管理。以大连交通大学现代工艺管理专家学者王秀伦教授、马自勤教授、孙丽教授为代表的现代工艺管理科研团队，多年来在现代工艺管理的研究与实践方面开展了许多具有开创性的工作，在面向产品全生命周期工艺管理及其数字化方面设立了多项研究专题，不断创新，对现代工艺管理的一些子系统进行研究，在逐步实现数字工艺管理属性的同时走向实用化，发表论文 70 余篇。王秀伦教授出版的著作《现代工艺管理技术》，被国内多家媒体报道，引起广泛重视，被作为本科生、硕士生、博士生的基本教材，同时作为企业工艺管理人员的工作指南，王秀伦教授应邀为国内多家研究单位和企业举办现代工艺管理讲座，并进行交流，反响良好。随着精益制造在我国的快速发展，近年来孙丽教授带领的大连交通大学"精益生产与人因工程团队"基于现代工艺管理，吸取精益生产的先进经验，在精益制造工艺管理方面做了大量的研究、创新、实践工作，发表相关论文 30 余篇，为进一步深入进行现代精益工艺管理的相关理论、方法、工具、系统的研究和实用化奠定了良好的基础。

1.3 轨道交通装备制造工艺管理现状——以 Z 集团公司及其 D 子公司为例

1.3.1 Z 集团公司

1. Z 集团公司工艺管理现状

Z 集团公司是经国务院同意，国务院国资委批准设立的股份有限公司，总部设在北京，经营范围包括：铁路机车车辆（含动车组）、城市轨道车辆、工程机械、机电设备、电子设备及相关部件等产品的研发、设计、制造、修理、服务业务；产品销售、技术服务及设备租赁业务；进出口业务，与以上业务相关的实业投资；资产管理；信息咨询业务。

Z 集团公司汇集了一大批机车车辆专业及其他学科技术人才，技术开发实力雄厚，取得了一大批国家级重大科研成果。铁路机车车辆和城市轨道车辆产品占国内市场份额的一半以上。相关多元化业务呈现出良好的发展势头。国际市场进一步拓展，产品现已出口到 50 多个国家和地区。在海外建立合资企业，实现了技术输出。

Z 集团公司产品几乎涵盖了轨道交通装备的全部产品，是我国轨道交通装备制造的领军企业。因此，针对 Z 集团公司开展课题研究对于轨道交通装备现代工艺管理具有重要的示范作用。

自 2004 年以来，Z 集团公司和世界多家知名企业合作，搭建了国际领先的高速动车组、大功率交流传动机车、城市轨道车辆、铁路货车以及大型养路机械等产品技术平台。有的企业实施了计算机集成制造系统（CIMS）、并行工程和精益制造等先进制造模式，有的企业实施企业资源计划（ERP）现代企业管理模式，积极采用先进工艺技术、工艺装备和工艺设备，开办了一定的现代工艺管理技术培训班等，工艺管理和工艺技术水平有了一定程度的提高。多年来，Z集团公司在轨道交通装备工艺管理方面做了大量工作。例如：

1）引进并自行开发一些计算机辅助工艺设计（CAPP）系统，增加一些工艺管理的有关内容。

2）建立集成环境下计算机辅助材料定额管理系统。

3）建立工装库并进行了计算机辅助工装管理工作。

4）工艺物流布局优化研究。

5）夹具成组化、模块化、柔性化研究。

6）产品及关键件虚拟装配、装配及制造工艺关键技术研究。

7）售后维修工艺管理、故障诊断的计算机管理系统等。

8）轨道交通装备制造工艺全面生产维护研究。

9）产品制造工艺标准作业法规划实施研究。

10）产品延长检修周期和使用寿命可行性研究。

11）基于Web的制造工艺管理系统及工艺知识管理系统的研究。

12）货车焊接结构疲劳寿命预测平台的研究。

13）计算机辅助加工用量选择系统研究与开发。

14）组合夹具管理及辅助设计的研究与系统开发。

这些现代工艺管理成果为支持Z集团公司战略目标的实现做出了重大贡献。

2. Z集团公司工艺管理存在的薄弱环节

Z集团公司的现代工艺管理取得了较大的成绩，但是由于长期以来忽视工艺管理基础性建设，企业长期在工艺管理基础薄弱的状态下忙于应付市场需求，工艺管理落后发达国家的状况没有得到根本改善。尤其是现代工艺管理还未纳入企业重要议事日程，这些严重影响企业进一步发展。Z集团公司工艺管理存在的主要问题如下：

1）企业领导重设计、轻工艺和对工艺管理的偏见没能彻底改变，设计人员与工艺人员比例严重失调。有关领导，尤其是主管工艺工作的领导、工艺技术人员等，对开展现代工艺管理的重要性、迫切性认识不足。目前还没有统一的工艺管理标准，各子公司工艺管理水平参差不齐。

2）工艺设计存在问题。例如：工艺规程内容不齐全，缺少工序尺寸计算，工艺参数没进行优化；引进的商用CAPP系统二次开发不够，工艺管理功能不完善，对原型工艺（标准工艺、典型工艺、实例工艺）建立与生成模式的研究与实施不够，工艺数据库不完善，与工艺管理系统内外系统的集成性欠佳等。

3）计算机辅助工装设计存在问题。例如数据库（程序库、资料库及图形库）不完善；工装设计新技术的采用应进一步加强（有限元分析、优化设计技术等），标准化、模块化、柔性化程度不够。

4）工艺定额管理方面存在问题。例如：劳动定额管理体制有问题，劳动定额制定粗放、不科学，应运用工业工程理论进行时间与动作研究；材料定额与CAPP集成以及工艺定额与ERP集成问题尚需加强。

5）生产现场的工艺管理存在问题。例如车间的物流布局凭经验，没有进行科学的优化；没有运用质量控制工具对工序质量控制点进行科学的管理。

6）面向轨道交通装备产品全生命周期的现代工艺管理模型尚未建立，工艺管理体制的再造与创新研究有待进一步展开。应加强对现代制造、管理的理论与技术的深入研究,尽早建立网络环境下现代工艺管理系统模型及数字化现代工艺管理系统。

7)在知识经济时代,轨道交通装备相关工艺知识没有起到应作为现代工艺管理理论基础和指导思想的作用。迫切需要对网络环境下轨道交通装备产品全生命周期工艺知识管理系统的构建及其若干关键技术进行深入系统的研究,建立轨道交通装备现代工艺知识管理模型,为公司实施先进技术和管理手段提供基础性支持。

8)基于现代工业工程(IE)理论的轨道交通装备工艺优化尚未全面开展,直接影响轨道交通装备产品的工艺质量、工艺周期、工艺成本,以及整个制造系统的经济效益等。随着市场竞争的日益激烈,基于现代工业工程,运用科学合理的手段进行轨道交通装备工艺优化已势在必行,这对公司经济效益的最大化具有重大指导意义。

9)面向产品全生命周期的售后工艺信息化服务管理平台尚未建立,产品售后服务现代工艺管理十分薄弱,不能适应公司对售后服务、客户关系管理的需求。迫切需要对轨道交通装备产品售后现代工艺管理进行系统研究,建立网络环境下的售后工艺服务管理平台,为提高企业经营效益、树立良好的企业形象和商誉提供支持。

10)急需对现代工艺管理水平评价开展研究。长期以来普遍性的工艺及工艺管理水平低的问题一直未能得到很好的解决,对公司的经营效益产生了很大影响。迫切需要具有现代工艺管理特征的、详细实用的监督考核评价体系与方法对公司的轨道交通装备现代工艺管理进行规范、监督、考核、评价,等等。

1.3.2 D子公司

以颇具有代表性的D子公司为例,自2010年以来,D子公司持续多年收入达到百亿元,实现了百年企业的百亿梦想。为了实现企业的更大发展,提出了"五化"(经营集团化、产业集群化、企业国际化、市场全球化、管理精益化)战略,实施了百年工程——LS新厂区的规划建设工程,把新厂区建设成为集研究、研发、制造、试验、检测、人才培养于一体的一流基地,为现代精益工艺管理理论的实践提供了难得的历史性机遇。

1. 推行精益制造措施

(1)完善组织机构 公司不断调整完善精益制造组织机构,调整各级组织机构的精益职能,加强公司精益办公室的力量。公司成立精益体系建设项目组,全面负责公司级流程标准的搭建工作。

(2)系统推进 从公司层面系统推进精益制造工作,围绕Z集团公司精益制造评价标准,启动精益制造咨询项目,系统导入精益思想,努力营造精益氛围,借助咨询公司的力量,完成项目咨询诊断,识别出示范单位存在的各种问题,制定改善方案,扎实有效推进精益制造。通过试点单位的推行,摸索出适合公司的精益实施方法,并借此培养具有精益制造实施能力的专家团队,逐步成为公司今后精益管理的核心力量。

(3)开设精益制造网站 为公司上下提供一个宣传学习、工作展示以及互相监督的平台,用以发布集团和公司相关文件,报道公司精益工作进展和基层推行动态,展示现场改善成果,传播精益知识和方法,提供制度标准和表单范本,公布检查评价结果等。

(4)实时监控 形成精益制造推进周例会、月例会及现场会制度,跟踪并记录精益制造推进的全过程,讨论研究各项工作的具体实施对策,定期总结工作中的成果,及时梳理出现的各种问题，确保推进工作始终朝着既定的目标和方向推进。

（5）建立三级培训机制

1）公司级培训：精益制造评价体系培训、5S 培训、班组管理培训、目视化培训等。

2）车间级培训：标准作业理念导入、标准作业工具运用（现场测时、标准作业票、山积表、标准作业组合票等）、TPM 理念导入、设备微小缺陷管理、库房管理、快速切换理念及方法导入、生产线布局优化思路及方法等。

3）班组级培训：现场 3S 推进、目视化标准实施、班组目视板表单填写与维护、设备自主保全方法、换型时间写实、4M 变化点管理等。

2. 推行精益制造成果

（1）把工艺思想真正融入产品制造过程中 以 EN15085 等国际焊接标准为导向，抓好工艺准备、技术培训以及物料定置和标识等基础工作。做好产品和机车布管布线两个项目的工艺提升工作。在此过程中，要全面诊断和分析工艺文件，从下料、毛坯抓起，细致排查每一道工序、每个工艺细节，检查工艺文件是否与生产实际操作一致，工艺文件是否与设计图样、标准一致，设计更改是否及时落实到工艺文件中，从中查找影响制造质量的因素并详细列表，分析问题成因，制订整改措施与实施计划，同时进行跟踪服务，掌握生产现场的第一手资料，逐项逐条落实整改进度，注重整改效果，快速提升整体制造水平。

（2）完善工艺基础工作，建立两个平台 在大量基础工作扎实开展的基础上，逐步建立基础工艺作业标准库和工艺管理电子化信息平台。一方面，确定基础作业标准编制目录和明细，从岗位作业指导书中提炼相关内容，创建基础工艺作业标准库，练内功、夯基础，从基础层面入手，实现制造过程的标准化、精益化。另一方面，推出工艺行程电子化管理系统、工艺文件电子化管理系统以及材料定额电子化管理系统，不断使设计与工艺同步，工艺、物资、生产等部门联动，生产单位可以实时查询，从而提高工艺快速反应能力，缩短工艺准备时间，加快产品开发周期，以工艺保开发、保生产、保质量。

（3）树立责任意识，开展质量门活动 以产品、构架、轮轴、驱动装置、电器件组装、机车组装调试等关键/特殊环节为切入点，进一步完善和落实"三检制"及"八防"控制程序，明确各部门、各单位的分工与责任，细化考核要点，加大考核力度，尤其是加大对连带责任的追究力度，切实做到不制造不合格品、不流出不合格品、不接受不合格品。开展质量门活动，对重要产品或工序的开工条件进行评定，确定部件或工序的资源配置是否具备生产合格产品的条件。在关键零部件的关键工艺过程开展质量里程碑活动，确定的产品或工序完工后，按要求由接收单位对交付产品或工序及其软件等进行检查并放行，实现上下道工序商品化交付。

（4）实施精益 5S 管理 整合以往的《生产现场管理程序》和《6S 管理办法》，重新制定公司《5S 工作管理办法》。明确公司 5S 工作的主管部门、各级组织机构及职责、管理要求、评价方式、评价频次、评价标准、考核办法等内容。公司精益办公室联合现场管理办公室每月末对各单位进行现场评价，在评价后一周内出具公司级月度评价报告。评价报告涵盖评价结果、问题点分类及分布、问题点整改以及下月工作重点等内容。通过 5S 管理工作的开展，公司各单位的生产作业现场明显改善。

（5）实施精益目视化管理 编制公司目视化管理标准在公司内发布实施。该标准共包含五大类、120 个标准，其中地面类 14 个、空间类 13 个、标牌类 19 个、安全标识类 71 个、管理看板类 3 个。针对标准初始实施问题成堆、积重难返的情况，公司采用老问题老办法、新问题新办法的策略，未强制要求各单位立即全部整改，而是要求在下次更新或新增时完全执行该标准，促进目视化管理的有效实施。

（6）实施精益班组管理　完善《班组管理办法》，明确了班组管理的组织机构及职责、班组的组建原则及要求、班组长及工管员的产生及职责、班组管理的基本要求、班组管理的评价、星级班组的评价等内容。建立班组园地，为广大员工提供了休息、开会、学习、培训、交流的固定场所，增强了员工的归属感，促进了班组之间、员工之间的相互学习和督促，有效调动了员工参与管理的积极性。结合目视化管理工作，统一班组目视板的格式，同时通过对班组目视板上相关表单的日常维护和更新，及时准确地掌握了班组日常安全、质量、成本、生产和士气管理等方面的动态信息，为各单位基础数据的采集和分析奠定了基础，为实现指标及趋势目视化、问题及改善进程目视化创造了条件。

（7）实施精益生产过程规划　D 子公司在新厂区布局规划时融入精益思想，已投入使用的一期城市轨道交通地铁板块的各厂房之间完全按照产品工艺流程进行布局。整条地铁生产线的产品实现过程从下料→车体组焊→涂装→坐轮及总装，实现各厂房间的零部件流转无交叉迂回现象且路径最短。针对地铁总装下线生产线存在的物料、工装、成品线缆摆放不合理以及工序间在制品多等问题，制订并实施了改善计划，在改善过程中，按照"一个流"的思路，重新划分了各工位作业区域及物料存放区域，形成"来料存放→分系统选择线缆并放置线缆→裁剪线缆→校线、标识粘贴→存放成品"的不间断的流水线布局，并按此布局调整生产线上的所有工装、台位、物料及人员。通过布局优化、人员调整以及将原来的按列下料改为按节下料等一系列改善措施，该生产线的作业场地减少 50%（$2000m^2$ → $1000m^2$），工序间在制品降低 66.6%（3 列→1 列），单节车下线生产效率提高 25%（2 天→1.5 天）。

（8）实施内部精益物流管理　在存储物资目视化方面：一是建立统一的储位编码原则，制作并运用储位标识牌，使每一个储位都对应唯一的编码和标识牌；二是制作并运用料架目视板，实时显示每个料架的存储物资；三是绘制并张贴库房总布局图及各区域定置图，直观显示各料架所处位置及所对应的库管员。同时，形成三级检索机制，即找料先是看库房布局图确定料架位置，再到相应料架目视板上确定放置储位，最后到相应储位准确获取物料，整个过程高效、快捷、无差错，且不同人的操作结果完全一致，避免了以往因库管员找料全凭个人记忆而带来的反复寻找以及本人不在其他人无法替代等弊端，不仅大大减少了寻找的浪费，还有效促进了库房物资管理的透明度，使管理者无须通过计算机账或手工账就能立即识别库房存储物资的相关信息。另外，对库房进行整合，取消车间级库房，建立统一的《物料管理办法》，使物料收、存、发流程一致，减少了信息传递及周转环节，避免了重复管理的浪费。同时对整合后的库房重新进行区域及功能划分，按物资类别细化了存储区域，按物料发送路径调整了出料区位置，使库房管理更加高效、快捷。

（9）实施精益标准作业　建立标准作业工作流程，即：细化工序→现场测时→编制标准"作业组合表"→找出浪费点→进行作业优化→编制"标准作业要领书"→指导和规范员工作业→进行作业观察→持续消除浪费点→完善"标准作业要领书"。对工序进行现场测时，根据测时结果绘制"作业组合表""多人作业组合表"以及现状作业山积表。在准确把握现状的基础上，绘制理想状态下的"多人作业组合表"，有针对性地编制各工序各种岗位类别的"标准作业要领书",指导和规范现场员工作业,编制"生产现场标准作业文件管理流程",建立作业观察机制。

（10）推行精益TPM 公司建立了TPM组织机构,明确工作职责和目标计划,从自主保全、计划保全和个别改善三个方面开展工作。在自主保全方面,重点将设备操作、保养以及点检等工作规范化、标准化,编制和完善"设备操作要领书""设备保养作业要领书""设备点检基准书",同时重点开展小缺陷改善活动,制定相关流程和表单,并予以实施;在计划保全方面,以降低设备故障停机时间为目标,细化原始数据采集和统计分析工作,及时准确地掌握设备停机时间、故障原因、修理记录、更换件明细等信息,在对设备故障进行统计分析的基础上,制定并实施对策,据此修订设备检修计划,制定备件管理清单,建立设备档案,并制定样机活动流程,对典型设备故障开展样机活动;在个别改善方面,重点开展单点课和员工改善提案活动,建立并实行单点课活动机制,将其作为一项班组管理重要工作予以考核并公示,激励全员参与设备效率提升改善。

（11）实施精益快速切换 公司成立快速切换改善小组,试点建立快速切换管理流程并将其纳入标准作业管理,通过改善,实现将换型作业时间降低的目标。根据成功经验制定快速切换改善流程及作业流程,编制并应用"快速切换标准作业要领书"和"快速切换备料清单",形成快速切换改善和运用的机制。

（12）现场质量控制 建立现场4M变化点管理程序,明确变化点的识别方法、监控手段及应对措施;充分利用班组目视板,将4M变化点的管理过程及结果目视化;通过变化点的目视化,督促相关管理人员重点关注,并积极采取对策,从而有效预防因4M的变化而导致的质量问题。在关键工序基础上对所有关键、重要产品特性进行识别,并采取有效方式进行监控;运用统计过程控制（SPC）方法对过程稳定性进行分析,根据分析结果采取针对性措施并保持。通过对工序SPC的数据分析,掌握过程能力状态,对日后工作持续改善提供数据支持。建立质量保证（QA）工序管理制度;明确工序等级评价标准;制订QA网络计划。

3. 车间工艺管理概况

以某产品车间为例,该产品是电力机车的走行部分,是由电力机车走行部的零部件和装置组装而成的独立部件,它直接支承车体上部的重量和传递牵引力、制动力,保证电力机车在轨道上安全平稳地运行。一般电力机车车架两端各由一台可平旋的产品支承,两台产品与车架相连接,牵引电动机驱动车轮带动电力机车行驶。每台产品一般装2~3根轴。产品各轴通常均为动轴,电力传动机车的动轴几乎都是单独驱动的。电力机车各产品都可沿曲线线路平转,固定轴距短,易于通过曲线线路,加之弹簧悬架系统完善,因而运行平稳,利于高速行驶。该产品示意图如图1-1所示。

D子公司工艺技术力量雄厚,生产经验丰富,每种产品都有完整可靠的工艺文件,精良的设备工装和高素质的技术工人是产品生产强有力的质量保证。加工工艺应用计算机辅助设计/计算机辅助制造（CAD/CAM）技术进行模具及产品的制造工作,即采用先进的计算机三维设计软件进行实体建模设计,并应用计算机加工编程,实现计算机控制下的无图样化加工,从而极大地提高了产品（模具）加工精度和生产效率,提高了产品质量。

D子公司产品生产具有悠久的历史,生产包括内燃机车、电力机车、货车和城轨车辆等各种类型产品,具备成熟、完善和优良的产品生产工艺。产品制造方面,D子公司在坚持自

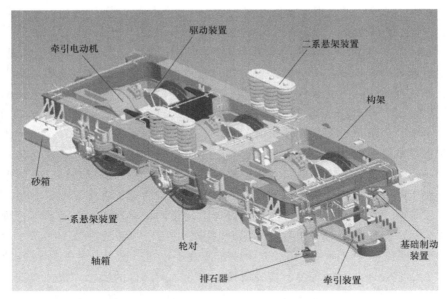

图 1-1　某产品示意图

主开发的同时，积极引进消化国际先进的制造技术，引进了德国福伊特公司驱动装置的制造技术。某产品加工工艺能力稳步提高。

该产品工艺管理严格按照 Z 集团公司 D 子公司企业标准《工艺设计、技术服务过程控制程序》的要求来实现设计和生产一体化。工艺管理流程如下所示：

1）技术开发部根据公司年度产品开发计划设计产品图，编制产品零部件特性分级技术文件，送工艺技术部进行工艺分析。

2）工艺技术部对产品技术图及技术文件等进行工艺可行性分析后返技术开发部。

3）技术开发部对产品图及技术文件进行修订、打印底图，经工艺技术部会签后送信息管理部归档。

4）信息管理部按产品设计图及技术文件，核准定量复制蓝图，分发至有关部门及生产单位。

5）工艺技术部完成以下工作：

① 根据产品设计蓝图及技术文件在工艺行程电子化管理系统中编制工艺行程、材料消耗定额，完成产品生产技术准备大纲、关键工序明细的下达。

② 组织进行特殊工序确认，指导有关单位编制特殊工序、工序质量控制点技术文件及审批工作。

③ 指导、协助生产单位编制产品工艺文件及生产前的工装设计制造等各项技术准备工作，做好生产过程中的技术服务工作。

④ 经审查批准的工艺文件必须在生产中严格贯彻实施。由车间技术组工艺人员及质量检查人员负责日常的监督、检查。如发现有不按工艺文件操作的，严格按《工艺纪律检查、考核程序》的有关规定进行考核。生产现场使用的验证工艺文件（白图）必须是盖有"验证工艺"印章并注明有效期限的受控文件。

⑤ 不定期对生产单位进行工艺纪律执行情况的检查、考核。

6）质量保证部依据产品图、工艺文件等对产品质量进行检验，组织完成产品的首件认证；填写检验记录，并对其质量特性进行全面监控。负责定期召开有设计、工艺、生产部门参加的质量调度会，负责对公司外部（用户）、内部质量信息的反馈，组织制定改进措施并监督实施。

7）检测中心负责检验、测量、试验设备等计量器具的校准、修理、量值传递及精度要求较高的工艺装备的定期检测工作，确保在用计量器具、工艺装备处于完好状态。

8）生产单位根据工艺文件编制计划编制工艺文件，同时提交新产品需要的工艺装备申请报告，做好生产前的工艺技术准备工作，完成产品的试制和批量生产。

4．车间精益工艺管理存在的薄弱环节

D 子公司精益制造及工艺管理尽管取得了一定的成绩，但是和我国很多企业推行的精益制造一样，普遍存在重生产轻工艺、重表面轻内涵的共性问题。精益工艺管理水平、精益劳动效率、精益产品质量与工业发达国家相比还有很大差距，直接影响企业的综合竞争力。D子公司某产品精益工艺管理存在的主要问题如下：

1）推行精益生产缺少与工艺技术以及工艺管理的结合。具有共性化、标准化、指导性、协调性的精益工艺管理框架、体系和技术平台没有建立起来，现代精益工艺管理模型尚未建立，现代精益工艺管理知识工程尚未构建，没有起到应有的理论基础和指导思想作用。企业资源不能最大化利用，整体竞争力不强。

2）基于工艺的精益制造方面的研究及管理缺乏。D 子公司的产品制造，目前存在制造资源分散、设备重复投入等问题，生产效率较低。公司明确要求研究制定机车产品制造资源整合方案，确定合理的组织形式，以激发产品生产系统积极性，提高产品制造资源利用率。按照"工艺路线最短""封闭生产""商品化制造"的原则，进行工艺规划。在产品制造初步规划设计中，基本思路是利用传统的经验设计方法并结合生产工艺流程对企业设施进行定性布置。但随着运筹学、系统工程等学科的发展及计算机技术的出现，按经验法布置企业设施，缺乏定量化分析的弊端也被暴露出来。D 子公司有必要结合现代制造技术和现代工艺管理技术，使布置由定性阶段逐渐过渡到定量阶段。

3）工艺定额管理不科学、不精细。工艺管理精细化是实现精益工艺管理的重要条件，工艺定额管理方面的主要问题有：产品设计、工艺设计、产品制造、产品售后没有成本注入，工艺定额制定粗放、不科学，基础工作欠缺，没有面向需求、面向制造、面向售后，与实际运用差异较大，缺乏行之有效的工艺定额管理机制。应采用闭环控制，运用工业工程理论，按照相似制造论，结合精益制造模式，结合企业资源计划，改变思路，分类进行工作研究，使工艺定额管理逐步系统化、规范化。

4）没有形成现代精益工艺管理水平评价体系和标准，长期以来带有普遍性的工艺及工艺管理水平低下的问题一直未能得到很好的解决。

1.4 本书主要研究内容

轨道交通装备制造精益工艺管理就是将精益思想贯穿于面向轨道交通装备产品全生命周期的工艺管理工作之中，本书应用精益理念梳理工艺管理系统，应用精益生产技术优化工艺管理流程，标准化工艺管理文件，量化工时定额和材料定额，改善作业环境，全面降低工成本，实现科学化、系统化、精细化的生产现场管理。

1. 科学化生产现场管理

精益工艺管理技术的发展，离不开基础科学理论的支撑。精益工艺管理的基础理论群不仅包括自然科学中的基础科学和工程基础科学，还包括人文社科的相关基础理论，这些是精益工艺管理的支撑理论群和主体理论群赖以生存和不断进取的基本理论知识基础。

大连交通大学王秀伦教授提出的相似制造论是现代制造理论的重要基础理论之一，深入研究相似制造论及全面、深入地应用相似制造论，对提升我国制造业的水平具有极其重要的理论价值和应用价值。

根据大量的相似性统计分析，任何一种机械产品中的组成零件都可以分为三类。只有5%~10%的零件需要专门设计与制造，20%~25%的零件是标准件，65%~70%零件是相似件。相似件利用现有图样或只进行局部修改就可以制造。按照相似性原理，根据零件的几何相似性和工艺相似性对零件分类、编码、成组，按照组别组织生产。采用成组工艺进行成组加工，变单件中小批量生产为大批量生产，从而提高产品的标准化程度，提高效率，降低成本，确保产品质量，提高规模效益。

2. 系统化生产现场管理

本书应用系统工程的思想，把生产现场作为一个大系统来看待，全局进行优化，从宏观到微观，方能收到良好的效果。从系统论的角度看，现代精益工艺管理系统是由相互作用和相互依赖的若干组成部分结合成的、具有现代精益工艺管理特定功能的有机整体。

3. 精细化生产现场管理

本书从精益工艺管理精细化、价值流的角度，对影响产品价值的工艺流程、车间布局、工艺定额进行分析优化。将以往定性研究的问题定量化，为企业进行成本预算、成本决策和成本控制提供了有效的手段。

第2章
现代精益工艺管理基本理论研究

2.1 精益工艺管理研究

工艺管理是苏联工艺管理模式在我国企业运用至今的企业技术管理模式，在我国企业进行精益工艺管理是一个新的课题。本书经过研究认为，精益工艺管理蕴含于精益制造模式之中，是精益制造的核心部分，是精益制造的特色所在。精益工艺管理与精益生产运作相结合，以实现多品种、小批量、高效率、低成本准时制造为目标，进行制造流程再造，对产品的制造流程（process）进行根本性（fundamental）再思考和彻底性（radical）再设计，从而获得在成本、质量、服务和速度等方面业绩的戏剧性的（dramatic）改善，使得企业能最大限度地适应以"顾客、竞争和变化"为特征的现代企业经营环境。

2.1.1 精益工艺管理定义

本书在第1章"绪论"中将精益工艺管理定义为"科学地指挥、计划、组织、控制和协调各项精益工艺工作的全过程"。精益工艺工作是企业经营的基础工作，贯穿于企业经营的全过程，是实现产品设计制造、保证产品质量、发展生产、降低消耗、提高生产率的重要手段。精益工艺管理的基本任务是在一定生产、经营条件下，应用现代管理科学理论，对各项精益工艺工作进行计划、组织和控制，使之按一定的原则、程序和方法协调有效地进行。

精益工艺管理的对象是企业生产、经营过程中精益工艺的所有相关者，包括精益制造的责任者（组织、个人等）、承担者（产品、过程、项目等）、精益工艺本身、精益工艺利益相关者等。精益工艺既包括使企业经营过程增值或结果有效实施的相关技术与过程，也包括现在和未来需要实施的相关技术与过程；既包括企业内部价值链内的精益工艺，也包括产品供应链、价值链整合所涉及的客户和供应商的精益工艺。精益工艺管理的对象最终是精益工艺的实施，凡是和企业经营过程相关的精益工艺都属于精益工艺管理的范围。

精益工艺管理在精益制造方面充分考虑产品全生命周期的工艺性问题，基于工业工程，将人、设备、物料、信息和环境等生产要素进行优化配置，对经营过程进行系统规划与设计、实践与监控、评价与创新，实现产品全生命周期工艺精细化管理，对产品的工艺流程进行优化，从工程技术的角度估算产品工艺成本，基于企业资源能力进行工艺规划，从系统工程的角度建立精益工艺流程、精益工序质量管理、精益供应链，从六西格玛出发进行精益工序能力资源规划，等等，以实现精益制造协同的精益工艺管理，从而提高企业生产率和经济效益。

2.1.2 精益工艺管理思想与原则

精益工艺管理思想与原则以精益制造专家詹姆斯·沃麦克（James Womack）和丹尼尔·琼斯（Daniel Jones）在《精益思想》中提炼出的精益思想及其五原则为基础。其中五原则为确定价值（identify value）、识别价值流（identify value stream）、价值流动（create product flow）、拉动（let customer pull）、尽善尽美（perfection）。精益工艺管理的核心思想可概括为消除工艺过程中的浪费，优化精益工艺管理价值流，创造精益工艺管理价值。精益工艺管理价值流以持续追求浪费最小、价值最大的精益工艺技术和精益工艺过程为目标，将这些原则在精益工艺管理工作中综合运用，并在运用过程中不断理解和丰富这些原则，为企业经营保持稳定发展提供精益工艺管理技术支持。

1. 根据终端客户需求定义工艺价值

当且仅当企业能够为终端客户确定价值和创造价值，企业才有能够存在的理由。当且仅当价值由终端客户来确定，并且由具有特定价格的、能在特定时间内满足终端客户需求的企业所创造的特定产品或者服务来表达，价值才有意义。企业过去的价值观都是以企业本身为中心的。完全由企业设计和制造的产品、完全由企业设计好的服务项目，并不一定是客户所需要或必需的，而客户只能被动地调整自己的需求来适应企业的产品。精益工艺管理的价值观要求企业根据终端客户的需求定义价值，将企业和客户的利益统一起来，企业所要创造的价值必须是以终端客户来确定的价值，是终端客户愿意为此支付的增值价值。企业必须通过与终端客户沟通，为具有特定功能、以特定价格提供的产品精确定义价值。用以客户为中心的价值观来审视或者重新思考企业产品从概念到投产的设计过程、从客户提出订货到产品送货的信息流动过程、从原材料到客户手中物质产品的全部制造过程的价值，以及这些过程的工艺价值，直接受益者既是客户也是企业。

2. 识别产品工艺价值流并据此规划产品工艺过程

工艺价值流是指一个特定产品从原材料转变为成品的一组与下述三项关键性任务相关的特定活动。这三项关键性任务是：①从概念设计、产品设计、工艺设计到投产的设计流程任务；②从订单承接、进度计划到产品配送的信息流程任务；③从原材料采购、最终产品制成到用户送达全过程的制造流程任务。对这三项任务过程的问题解决，以及产品全生命周期过程的支持和服务的特定活动的每一步骤的工艺价值流进行识别和描述。工艺价值流分析将会暴露出大量错综复杂的浪费。这里浪费被定义为所有占用资源而不能创造价值的活动。工艺价值流分析可以快速显示出沿价值流的三种活动：

（1）增值活动　即明确能够为客户创造价值的活动，如切削成形、装配等。

（2）第一种浪费活动（一型浪费）　即不能创造价值，但在现有技术与生产条件下，工艺上需要、不可避免或者不能马上取消的活动，如质量检验、必需的物料搬运等。

（3）第二种浪费活动（二型浪费）　即不能创造价值，而且在工艺上不必要，可以立即去掉的活动，如停工待料、整理在制品、二次搬运等。

价值流分析首先以产品族为单位画出当前的价值流图，再以客户的观点分析每一个活动的必要性，进行优化，画出未来价值流图，规划精益产品工艺过程，作为精益工艺管理的改善方向。本书提出多维工艺价值流的概念，从不同的角度进行工艺价值流分析。从系统工程的观点来看，工艺价值流之内有时间价值流、物流价值流、技术装备价值流、布局价值流、质量价值流、团队价值流等，工艺价值流之外有制造价值流、企业价值流、供应链价值流等。从产品全生命周期的观点来看，有产品研发工艺价值流、产品制造工艺价值流、产品使用工艺价值流、产品维修工艺价值流、产品再造工艺价值流等。从供应链的观点来看，有供应商工艺价值流、制造商工艺价值流、使用商工艺价值流、维修商工艺价值流等。所有价值流的分析和判断都必须是站在终端客户的立场进行，才具有真正的意义。

3. 使产品在工艺价值增值过程中持续流动

如果正确地确定工艺价值是精益工艺管理思想的基本观点、识别工艺价值流是精益工艺管理思想的准备和入门的话，流动（flow）和拉动（pull）则是精益工艺管理思想实现工艺价值的中流砥柱。精益工艺管理思想要求创造工艺价值的各个活动（步骤）流动起来，强调的是不间断地流动。工艺价值流本身的含义就是流动的，但是由于根深蒂固的传统观念和做法，如部门的分工（部门间交接和转移时的等待等）、大批量生产（加工设备旁边等待的在制品等）等阻断了本应流动起来的工艺价值流。精益工艺管理将所有的停滞作为工艺的浪费，激励所有员工都必须和部门化的、批量生产的思想做斗争，用持续改进、JIT、单件流（one-piece flow）等方法在任何批量生产条件下创造工艺价值的连续流动。当然，使工艺价值流流动起来，必须具备必要的环境条件：没有过失、废品和返工所造成过程的中断、回流。实现连续的流动要求每个过程和每个产品都是正确的。全面质量管理和 6σ 都成为精益工艺管理思想的重要组成部分；环境、设备的完好性都是流动的保证；6S（seiri 整理、seiton 整顿、seiso 清扫、seiketsu 清洁、shitsuke 素养、security 安全）和 TPM 都是工艺价值流动的前提条件；具备与终端客户需求相匹配的正确规模的人力和设备能力，是避免瓶颈造成阻塞的必要保证。

4. 由终端客户需求拉动工艺价值流

拉动就是按客户的需求投入和产出，使客户精确地在他们需要的时间得到需要的东西。实行拉动以后客户或制造的下游就像在超市的货架上一样，取到他们所需的东西，而不是把客户不太想要的产品强行推给客户。拉动原则使生产和需求直接对应，消除了过早、过量的投入，从而减少了大量的库存和现场在制品，大量地压缩了提前期。拉动原则更深远的意义在于企业具备了当客户一旦需要，就能立即进行设计、计划和制造出客户真正需要的产品的能力，最后实现抛开预测，直接按客户的实际需要进行生产。实现拉动的方法是实行 JIT 生产和单件流。JIT 和单件流的实现最好采用单元布置，对原有的制造流程做深刻的改造。流动和拉动将使产品开发时间减少 50%、订货周期减少 75%、生产周期降低 90%，这对传统的技术革新来说是一个无法想象的奇迹。

5. 持续改善追求尽善尽美

奇迹的出现是上述四个原则相互作用的结果。改进的结果必然是使工艺价值流动速度显著加快。这样就又使企业必须不断地用价值流分析方法找出更隐藏的浪费，做进一步的改进。这样的良性循环成为工艺价值趋于尽善尽美的过程。精益工艺管理的目标是：通过尽善尽美的工艺价值创造过程（包括设计、制造和对产品或服务整个生命周期的工艺支持）为用户提供尽善尽美的价值。尽善尽美是永无止境的，而持续地对尽善尽美的追求，将造就一个永远充满活力、不断进步的企业。把精益管理运用于企业所有工艺相关层面，从工艺管理方法流程上有效杜绝浪费，从工艺管理文化上竭力追求持续改善，为实现企业经营业绩卓越、持续及核心竞争力增强，提供精益工艺管理技术支持。

2.1.3 精益工艺管理战略

1. 精益工艺管理战略概念

精益工艺管理战略是指为实现多品种、小批量制造，提高效率降低成本，杜绝无效劳动和浪费，使企业在经济低速增长时代，在市场竞争中立于不败之地，提供的精益工艺管理技术支持。

2. 精益工艺管理战略思想

精益工艺管理战略思想的核心是消除浪费；以越来越少的投入（较少的人力、较少的设备、较短的时间和较小的场地）创造出尽可能多的价值；同时也越来越接近客户，提供客户确实需要的产品。

3. 精益工艺管理战略目标

精益工艺管理战略目标为企业的整体经营战略目标服务，包括为企业内外部的相关利益者决策提供其所需的各种精益工艺信息和通过各种经济、技术和组织手段保证精益工艺管理水平。在市场竞争性经济环境中，精益工艺管理战略目标主要依企业经营竞争战略而定。在成本领先战略指导下，精益工艺管理战略目标是在保证产品质量的前提下，追求效率的绝对提高和成本水平的绝对降低；而在差异化战略指导下，精益工艺管理战略目标则是在保证实现产品、服务等方面差异化的前提下，对产品全生命周期精益工艺进行管理，实现效率的持续性提高和成本的持续性降低。总之，精益工艺管理战略目标是实现产品 TQCSE（T——time，时间；Q——quality，质量；C——cost，成本；S——service，服务；E——environment，环境）的最优化，消除企业经营过程中的浪费、波动僵化。

4. 精益工艺管理战略重点

对于已经具有历史的企业来说，精益工艺管理战略重点是克服现有组织中的惰性和惯性，尽快实现从大批量制造模式到精益制造（多品种、小批量）模式的转变；对于一个新建企业来说，精益工艺管理战略重点是克服大批量制造模式思想的束缚，实现精益制造模式的创新。总之，精益工艺管理战略重点是寻求全面的成功的精益转型，寻求整个系统的改善，达到按需生产、精益制造、柔性应变的最高境界，使精益工艺管理拥有自我校正的能力，能够以最少的资源与配置成本快速响应客户需求。

5. 精益工艺管理战略对策

精益工艺管理战略对策是首先找到具有相应精益工艺管理知识和具有强有力决策力执行力的领导人，带领精益工艺管理团队，从工艺价值流本身开始，迅速地在日常工作中创造出令人瞩目的变化。然后使这种变化范围稳步地扩展至企业的全部组织机构和全部经营程序，尽快使这一过程在企业中达到不可逆转的程度，实现企业整体乃至供应链企业整体精益优化。

6. 精益工艺管理战略战术

精益工艺管理战略战术可以用精益工艺管理 PDCA 循环（将质量工程的 PDCA 运用于精益工艺管理）来描述。运用精益工艺管理 PDCA 循环，可以迅速地在日常精益工艺管理工作中创造出令人瞩目的变化，例如使产品开发时间减少 50%、订货周期减少 75%、生产周期降低 90%、库存减少 90%、产品废品率降低 50%、产品市场缺陷减少 50%、安全指数提升 50% 等。精益工艺管理 PDCA 的战略战术如下：

（1）P（计划）　为消费者正确地确定价值。这包括精益工艺管理方针和目标的确定，以及精益工艺管理活动规划的制定。

（2）D（执行）　确定一个产品从概念到问市，从订货到发货，从原材料到用户手中的成品，及至正常使用寿命结束所需要的全部工艺行为，即精益工艺管理价值流。根据已知的信息，设计具体的方法、方案和计划布局；再根据设计和布局，进行具体运作，实现计划中的内容。

（3）C（检查）　消除一切不产生价值的工艺行为，并使产生价值的工艺行为按用户拉动的连续流方式进行。总结执行计划的结果，明确正误，明确效果，找出问题。

（4）A（处理）　分析精益工艺管理行为的结果，并再次开始评价过程。对检查的结果进行处理，对成功的经验加以肯定，并予以标准化；对于失败的教训也要总结，引起重视。对于没有解决的问题，应提交给下一个 PDCA 循环中去解决。

2.1.4　精益工艺管理主要内容

借鉴现代工艺管理的主要工作内容，精益工艺管理的主要内容包括：基础性、方向性、共同性的工作，产品生产的技术准备，制造过程中的组织管理和控制工作，售后服务精益工艺工作的管理与控制等。

1. 基础性、方向性、共同性的工作

1）编制精益工艺发展规划。

2）编制精益工艺技术改造规划。

3）制订与组织贯彻精益工艺标准和精益工艺管理规章制度，明确各类有关人员和有关部门的精益工艺职责和权限，参与精益工艺纪律的考核和监督检查等。

4）开展新精益工艺试验研究。

5）组织开展精益工艺技术革新和合理化建议活动。

6）开展精益工艺信息和知识的收集、整理、分析和研究，及时掌握国内外精益工艺技术和精益工艺管理的发展动态，并不断提出有利于企业精益工艺工作发展的新思想、新建议。

2. 产品生产的技术准备

广义产品生产应包括产品全生命周期的产品研发、产品投产等精益工艺过程。其技术准备工作包含以下内容：

1）精益工艺调研及产品设计的精益工艺性审查。

2）精益工艺方案、精益工艺路线设计和精益工艺规程编制。

3）精益工艺定额编制。精益工艺定额包括精益工艺材料和精益工艺工时的技术定额，以及由此产生的工艺成本技术定额。

4）专用精益工艺装备的设计、制造及生产验证，通用精益工艺装备标准的制定。

5）各种必要的精益工艺技术分析和试验验证，确保产品投产后的精益制造过程正常进行，质量稳定。相关验证工作包括精益工艺验证、精益工艺标准验证、精益工时定额的验证等。

3. 制造过程中的组织管理和控制工作

精益制造过程中的精益工艺管理工作，是要保证精益工艺能力和产品质量的稳定和提

高，最大限度地提高劳动生产率和减少物耗，实施精益文明生产和改善劳动条件等。

1）科学地分析产品零部件的精益工艺流程，合理地规定投产批次和批量，结合企业能力与产品特点，尽可能减小批量，增加批次。

2）监督和指导精益工艺文件的正确实施。

3）及时发现和纠正精益工艺设计上的差错；不断总结精益工艺实施过程中的各种先进经验，并加以实施和推广，以求精益工艺过程最优化。

4）确定精益工序质量控制点，规定有关精益工艺管理和控制的技术内容，进行精益工序质量重点控制。

5）指导和配合生产部门实现精益文明生产和定置管理等；按精益工艺要求，保证毛坯、原材料、半成品、精益工艺装备等准时供应。

4. 售后服务精益工艺工作的管理与控制

售后服务精益工艺管理主要是与产品的使用保养与维护、产品故障的诊断与排除、产品的拆卸与维修、废旧产品的回收及处理等有关的精益工艺技术及其管理工作。

2.1.5 精益工艺管理协同

精益工艺管理协同包括精益工艺管理优化团队协同、精益领导团队协同、精益产品研发团队协同、精益制造团队协同、精益供应链团队协同等。

（1）精益工艺管理优化团队协同 为了使企业在从大批量制造向精益制造转变的过程中进行不断的改善，需要建立精益工艺管理团队，将企业不同部门精益工艺管理能力很强的人员集中在一起工作，包括对企业的精益制造改善工作进行系统筹划和协调、精益工艺管理培训，使精益思想（认识价值流、流动、拉动和对尽善尽美的无限追求）、精益技术（标准化操作、节拍时间、可视化控制、拉动计划，特别是单件流等）深入人心，使整个企业的各项改善工作任务，一个价值流接着一个价值流地加速进行和不断优化。精益工艺管理团队与具体精益团队的领导共同评价一个项目的价值流，决定在什么时候进行什么类型的突破性改善活动或者重大改善活动。具体精益团队领导和精益工艺管理团队的协调员领导与协调相关精益改善团队完成改善任务及后续工作。

（2）精益领导团队协同 为了迅速产生使组织不可小觑的精益工艺管理效果，需要一位变革代理人，还需要掌握精益工艺管理知识精髓的人，需要某种类型的危机作为变革的杠杆，需要建立一个价值流图，需要对创造价值的活动迅速进行彻底改善的决心。精益制造在一个企业能够获得成功，要有三种必不可少的领导角色：掌握并创新精益知识者、铁腕变革代理人、持续的影响力者。变革代理人是精益制造转变的实施者，是具有开拓精神的、能够承担挑战的、愿意进行真正精益改革创新的、具有丰富企业经营管理经验的管理者。掌握并创新精益知识者为铁腕变革代理人进行精益制造转变提供有效的精益思想指导。持续的影响力者是在精益制造转变与传统制造发生冲突的时候一贯坚定支持变革代理人的企业决策者。

（3）精益产品研发团队协同 建立真正具有从事下述活动所需的全部技能的产品研发团队：能够进行产品价值规范、总体设计、工艺设计、采购、工装、生产计划、成本、财务、售后服务等。团队成员能够在短时间内集中在一起使用标准化质量功能展开（QFD）方法进行精益产品研发团队协同决策。严格运用 QFD 方法来确定价值，消灭返工和倒流，使研发工作不停向前，直至产品投产、制造、使用、维护……精益产品研发团队协同的结果是，开发时间减少50%以上，花费人力总计减少50%以上，得到一个真正为用户所需要的、命中率高的产品。

（4）精益制造团队协同　精益制造模式是采用面向产品或者零部件的制造流水线来完成一个产品或者零部件的制造。一个制造流水线的操作者及其制造物流的责任者就是一个精益制造团队，而完成一个产品制造的所有精益制造团队的集合是更大的精益制造团队。个人技术与集体行动相结合，才能够形成团队的真正实力。精益制造使团队协同变得越来越重要，团队完成了几个产品，比一个人干了多少工序、钻了几个孔更重要。以体育团队项目比赛的协同为借鉴，把体育团队协同原理运用于精益制造团队协同，提高团队整体制造效率。

（5）精益供应链团队协同　精益供应链团队包括产品精益制造供应链和产品精益售后供应链，沿价值流的所有企业都参与，在各个成员企业精益工艺管理职能部门的技术人员协助下，定期进行浪费分析，然后采取快速出击改善行动，以达到产品准时制造和产品准时售后服务。精益供应链团队的领导者，从逻辑上应该由最终产品制造的核心企业担任，因为核心企业将所有的设计和部件组成一个完整的产品提供市场。参加者必须相互平等，信息共享，风险共担，利益共享，并将浪费作为共同的敌人，以提高产品供应链效率、降低产品供应链成本作为协同目标。

2.2　产品全生命周期精益工艺管理研究

产品全生命周期是指一个产品从构思到出品、从使用到报废及再生的全过程。根据可持续发展的理念，产品全生命周期包括从产品构思设计和原材料采购制造，到产品使用生命终止的全部过程。从产品制造商的角度，根据产品的自然生命周期，产品全生命周期从宏观上可以划分为四个阶段：产品规划阶段、产品设计阶段、产品制造阶段、产品售后阶段。集成现代工艺管理与精益制造，精益工艺管理根据产品全生命周期不同阶段的目标、特征采取不同的策略，科学地计划、组织和控制各项精益工艺工作的全过程，为企业产品全生命周期经营提供精益工艺技术和管理支持。

目前我国产品全生命周期现代精益工艺管理的作用与需求差距较大。一方面，精益工艺标准尚待建立，精益制造模式与传统制造模式存在巨大的理念差异和方法差异，要求借鉴大批量制造的模式实现多品种、小批量制造（甚至是单件流制造）的目标，精益工艺管理准则、目标、方法等需要根据精益工艺标准进行重新定义。另一方面，产品全生命周期的精益工艺管理工作与各个阶段企业经营工作的并行协同的实时性较差，致使产品全生命周期各个阶段存在很多精益工艺问题，影响产品全生命周期质量，迫切需要尽快建立产品全生命周期精益工艺管理标准体系和协同体系，为企业经营提供行之有效的精益工艺技术与管理支持。

1. 产品规划阶段精益工艺管理

产品规划阶段要进行产品市场调研、需求分析和明确产品规划，包括获取客户需求信息、表达客户需求信息、建立产品需求模型等所有属于与市场有关的产品开发所要求的组织方面的任务。作为某项产品规划的成果，要完成满足客户需求的产品概念设想及所期望的产品特性的系统配置，并详细描述与市场关系重大的产品特性模型，提出产品设计任务书。

产品规划阶段精益工艺管理与产品规划并行协同，进行产品市场工艺调研、工艺需求分析、产品工艺规划，包括研究客户需求信息，表达所衍生的工艺需求信息，建立产品工艺需求模型等所有属于与市场有关的产品工艺开发所要求的组织方面的任务。作为某项产品规划精益工艺管理的成果，要完成满足客户需求的产品概念设想、产品特性系统配置所涉及的工艺规划，并详细描述产品特性模型所涉及的工艺特性，提出产品工艺设计任务书。根据客户需求和产品需求模型，进行产品关键零部件的制造精益工艺可行性、产品使用保养与维修精益工艺可行性、产品全生命周期精益工艺成本估算等，为产品规划可行性提供精益工艺技术支持。

2. 产品设计阶段精益工艺管理

产品设计从物理的角度，全面确定整个产品策略、外观、结构，以满足产品的功能需求，包括概念设计、技术设计和工程设计三个不同的阶段。概念设计阶段构思概念产品的主要功能、采用的主要技术、基本工作原理、简单的装配结构、基本的制造与装配信息、市场竞争力与成本信息、使用与维修信息。技术设计在产品概念模型的基础上形成完整的产品开发方案，包括产品配置、零部件的几何形状、尺寸、精度以及零部件之间各种约束关系。工程设计阶段在技术设计的基础上完成产品制造用的工作图样和随产品出厂用的设计文件。

产品设计阶段精益工艺管理包括与产品不同设计阶段并行协同的产品设计方案精益工艺论证和精益工艺性审查，连接产品设计与产品制造、使用与维修的精益工艺规划等。

精益工艺论证和精益工艺性审查从精益工艺的角度，要考虑产品功能和质量实现的精益工艺可行性，要考虑产品决策生产批量、使用与维修实现的精益工艺可行性，还要考虑产品制造、使用与维修等全生命周期精益工艺成本的经济性。

精益工艺规划是对产品制造、使用、维修、回收、再造的定义，是连接产品设计与产品制造、使用、维修、回收、再造的桥梁，为产品的制造、使用、维修、回收、再造，企业经营的设备、工装、原材料、能源、成本、人力资源等企业经营主流业务的计划与实施提供精益工艺技术和管理支持。精益工艺规划包含技术和管理两个方面的要素。从产品制造、使用与维修的技术角度，精益工艺规划包括对精益工艺方案、精益工艺路线、精益工艺规程、数控代码、精益工艺装备、精益工艺定额等的设计、改善、管理等。从企业经营的管理角度，精益工艺规划为产品制造、使用与维修的精益工艺质量，建立管理、保证和监督体系等提供解决方案，为企业资源计划等产品生产准备及制造过程（人力、资金、设备、工装、原材料、能源等）提供精益工艺技术与管理方面的数据支持。

目前我国产品设计现代精益工艺管理的作用与需求差距较大，一方面，精益工艺规划标准尚待建立，另一方面产品设计的精益工艺论证、精益工艺性审查、精益工艺规划与产品设计并行协同的实时性较差，致使产品设计制造过程存在很多精益工艺问题，影响产品设计质量，迫切需要尽快建立产品设计现代精益工艺管理标准体系和协同体系，为企业产品设计提供行之有效的精益工艺技术与管理支持。

3. 产品制造阶段精益工艺管理

产品制造包括产品生产准备、供应、加工、外协、装配等过程，是产品在物理上形成的阶段。这个阶段不仅是产品的制造技术过程，也是产品的生产运作过程，在内容上不是仅局限于车间的范围，还包括生产准备及相关管理方面。

产品制造阶段精益工艺管理与生产运作管理并行协同，现场精益工艺管理包括对精益工艺服务、精益工艺质量、精益工艺纪律、精益工艺定额（工时、材料、成本）、设备工装、6S管理等的实施与监控，操作者精益工艺培训、考核等，为产品生产制造提供精益工艺技术和管理支持。产品制造现代工艺管理是产品全生命周期的四个阶段中，实施工艺管理时间最长、经验最丰富的工艺管理阶段，可以作为其他阶段特别是产品售后阶段现代工艺管理的参考。产品制造阶段精益工艺管理是目前产品全生命周期精益工艺管理中最有机会率先转化和改善的部分，借鉴产品制造现代工艺管理的成功经验，与精益制造的精益工艺管理需求结合，集成创新、总体规划、效益驱动、重点突破、分步实施。产品制造阶段精益工艺管理在精益制造流水线工艺管理、精益制造协同工艺管理、精益制造价值流与工艺效率和工艺成本管理、精益制造准时制工艺管理、精益制造自动化工艺管理、精益制造设备工装工艺管理、精益制造可视化工艺管理、精益制造 6S 工艺管理、精益制造快速换模工艺管理等方面取得突破，取得经验，建立精益工艺管理示范样板。

4. 产品售后阶段精益工艺管理

产品使用表明产品进入了提供其使用功能和使用价值的生命阶段，产品的使用价值主要是以满足可靠的产品性能来衡量的。一个能够为客户带来价值和满意的好产品，要求有功能好、效率高、可靠性高、使用成本低和一流的售后服务。

对产品的性能、安全性、可靠性、服务快捷的特殊要求，决定着产品售后阶段精益工艺管理工作的内容，其重要性随着市场竞争的激烈程度不断提高。产品售后阶段精益工艺管理对提高企业产品售后服务水平和培养客户的忠诚度具有重要意义。目前我国产品售后阶段精益工艺管理比较薄弱，迫切需要尽快建立售后阶段精益工艺管理体系，借鉴产品制造阶段精益工艺管理，为企业产品售后提供精益工艺技术与管理支持。产品售前精益工艺管理可以提供科学的产品全生命周期的工艺成本，产品性能、价格、使用成本的比例等数据，吸引新老客户。产品售中精益工艺管理在制造过程中为产品准时供货提供工艺技术与管理支持，在销售过程中为产品库存、运输、安装、调试提供精益工艺技术与管理支持。产品售后阶段精益工艺管理可以建立健全相应有效的售后精益工艺管理体系、精益工艺保证体系和精益工艺监督体系；建立正确、完整、一致的与售后服务相关的精益工艺文件，包括产品安装、调试、维护、保养、故障诊断、拆装、维修等文件；实现 6S 精益文明售后服务、绿色售后服务，确保安全高效；做好服务现场记录，及时将有关信息反馈给企业相关部门；进行售后服务网点、人员精益工艺培训与考核认证等，售后服务人员必须持证上岗，售后服务网点必须具备一定资质；实现售后精益工艺远程或在线帮助；为售后服务方面的企业资源计划提供精益工艺数据等，为企业售后服务精益工艺水平的提高、为企业在市场的激烈竞争中赢得主动提供精益工艺技术和管理支持。

2.3 精益工艺管理关键技术研究

2.3.1 精益制造精细化工艺管理

现代管理学认为，科学化管理有三个层次：第一个层次是规范化，第二个层次是精细化，第三个层次是个性化。精细化管理是对工作细节的质量控制和持续改善，通过管理规则的系统化和细化，使组织管理各个单元精确、协同和高效运行，推动组织内部不同单元的工作品质在稳定可控的基础上不断提高。精细化管理衍生自工业工程、质量工程、精益制造，于 21 世纪初在我国有了开拓性的发展，被企业管理产学研各界广泛接受，得到不同产业各类组织的重视和实践，不断提高组织的日常管理水平。

精益制造中的"精"表示产品及其制造过程的精良、精确、精美、少而精、没有冗余等。一般来说，大多数同行同档次企业之间在产品质量方面的差异并不大，但是细节往往会放大这个差异。精益制造工艺管理为保证产品精良、精确，有必要借鉴精细化管理的思想，进行精细化工艺管理，实现工艺设计精细化、工艺实施精细化、工艺完善精细化、工艺管理精细化，保证第一次就把事情做正确、做准确、做精确，不断完善，确保工艺工作的质量。

工艺设计精细化、工艺实施精细化、工艺完善精细化、工艺管理精细化，是指在工艺管理不同阶段，从工艺管理的不同角度，对工艺技术精细化、工艺参数精细化、工艺过程精细化、工艺定额精细化等方面的优化。工艺技术精细化是指对工艺所采用的加工技术、设备工装的研发、选择、验证精细化，从技术先进性、目标性、效率性、柔性、小型化、标准化、可行性、经济性等方面进行综合考量。工艺参数精细化是指工艺参数要有科学依据，包括工艺参数对工件加工应力乃至未来运用应力的影响、工艺参数对设备工装负荷承载的影响、工艺参数对效率成本的影响等，要按照相似制造论对工艺参数进行分类基础性研究，加强试验，建立相关工艺参数图谱；借鉴计算机辅助工程（CAE）方法采用现代计算机模拟手段进行静力学、动力学等的应力分析；借鉴质量工程方法优化工艺参数组合等，保证工艺质量，提高工艺效率，降低工艺成本。工艺过程精细化是指按照精益制造战略战术，借鉴工业工程方法，从相对宏观到微观，对工艺过程进行细节优化。工艺定额精细化是指从精益制造价值流的角度，借鉴工业工程的方法实现材料定额、工时定额、成本定额的科学化和精细化。

2.3.2 精益制造自働化工艺管理

精益制造自働化包括设备工装的自働化、人的自働化、人与设备工装结合的自働化。精益制造自働化工艺管理就是要在工艺技术、工艺资源、工艺过程、工艺定额中实现这三方面的自働化。自働化要求：①有异常时能立刻检测并停止工作；②结构简单、成本低廉；③主体部件都是通用部件，关键部件才采用专用装置；④转换简单、灵活；⑤追求人和设备的最佳组合；⑥追求的不是高速，而是适速。

设备工装的自働化是让设备或系统拥有人的智慧，而不是仅仅用机械代替人力的自动化。当被加工零件或产品不合格时，设备或系统能即时判断并自动停机。通过自働化改善的设备或系统，可以达到两个目的：一个是不生产不合格品（实现零缺陷），用自働化设备替代人的监控和操作，减轻作业强度，提高工作效率；另一个是可以节省监控设备运行的看护人工（实现省人化），设备具有异常发生时的自动停机功能。自働化要求实现低成本自动化（low cost intelligent automation，LCIA）。自働化设备的选取要通过设计周期短、转换灵活、投资少、功能柔性、维护成本低等特点来考量。

人的自働化，要求精益团队协同，培训操作者成为多能工，授权员工高度自治。在各个生产线上，操作者具有在不同的岗位上进行不同工种操作的素质；每个工位都设置可随时停线的"安灯"拉绳装置，每个员工一旦发现团队不能马上解决的制造不合格问题，都有权立即拉绳点亮"安灯"示警，全线停工直至问题解决，绝不容许制造不合格问题继续发生。

自働化强调人机最佳结合，根据工业工程人因工程学和工作研究，制造现场的一切作业动作、作业布置、设备工装都按照动作经济原则实施，把有限的操作者用在非用人不可的作业岗位上面，改善作业环境，采用科学合理的作业方法，采用防止操作失误及体现人本理念的劳动保护装置及设施，采用适当的自働化设备工装等，充分发挥人机结合的潜力。

2.3.3 精益制造价值流与工艺定额管理

产品的价值由产品的需求者确定，可以依据为满足产品的 TQCSE 五大要素做出贡献的程度而定。经典价值理论把功能、成本作为衡量价值的基本要素，进一步的研究把进度（时间、交货期）、风险纳入衡量价值的基本要素。本书提出，功能、成本、时间、风险、质量、服务、环境，都应该作为衡量价值的基本要素。其中，风险是时间与工艺过程（process）的函数；质量是功能与工艺过程的函数；成本是功能、时间、风险、质量、服务、环境的函数，是这些要素综合效益的货币化描述。由此，产品的价值仍然可以利用经典的价值公式来描述，见式（2-1）。成本、风险、质量函数见式（2-2）~式（2-4）。

$$V = F/C \tag{2-1}$$

式中　V——价值；

　　　F——功能；

　　　C——成本。

$$C = C(F,T,R,Q,S,E) \tag{2-2}$$

式中　T——时间（交货期、进度）；

　　　R——风险；

　　　Q——质量；

　　　S——服务；

　　　E——环境。

$$R = R(T,P) \tag{2-3}$$

式中　P——工艺过程。

$$Q = Q(F,P) \tag{2-4}$$

从综合效益的角度，提高价值有五种途径：①成本降低，功能提高，价值大幅度提高；②成本降低，功能不变，价值提高；③成本不变，功能提高，价值提高；④成本略有增加，功能大幅度提高，价值提高；⑤成本大幅度降低，功能略有下降，价值提高。

精益思想指出，企业产品价值（value）的增值流，体现在从产品概念形成到实现，或者产品从订单到交付，或者产品从原材料到产成品的一切活动按顺序构成的价值增值链的价值增值流动组合中。依据是否对客户等所有利益相关者认可的产品价值做出贡献，整个价值流中的所有活动和任务可以划分为三种活动（增值活动、第一种浪费活动、第二种浪费活动）。

工艺定额是影响成本的重要因素，而工艺定额又与上述三种活动密切相关，优化工艺定额就是降低成本，提高产品价值。工艺定额包括材料定额、工时定额、成本定额。我国传统的工艺定额制定方法基本是照搬苏联体系，采用历史数据统计分析、经验估计等，缺少理论依据研究，缺少科学性、合理性、规范性，可信度差，导致企业经营管理的数据不可靠。需要借鉴现代成本控制与管理方法，从工艺出发，形成精益工艺定额管理规范。

1. 工时定额

工时定额是指在一定的生产技术和生产组织条件下，为生产一定量的合格产品或完成一定量的工作，所规定的劳动消耗的一种数量标准，由作业时间、布置工作地时间、休息与生理需要时间、准备与结束时间四部分组成。我国传统制定工时定额一般采用经验估计法、统计分析法、技术测定法。虽然由工艺参数确定的作业机动时间可以通过计算获得，具有科学依据，但是凡是与人工手动相关的工时，包括作业辅助工时、布置工作地技术性时间、准备与结束时间等，基本上是经验数据，缺少科学方法，无法为企业经营生产计划提供技术数据支持。工业工程的工作研究（方法研究和作业测定）是源自美国的制定工时的科学方法，其优越性已经在工业发达国家工时定额研究应用100多年的历史中得到反复的证实。通过对作业过程的程序分析、作业分析、动作研究，对企业的生产组织、劳动组织、设备和工艺装备、工作方法和环境综合考虑，制定出工作标准和时间标准，以此为依据制定的时间定额标准先进合理。它克服了传统方法的不科学性因素，解决了单位、工种、工步之间标准水平不平衡的问题，提高了标准的科学性和可信度。其中的预定动作时间标准法，可以事先科学预测作业工时，得到了广泛运用和完善。

精益工时定额管理需要借鉴工业工程方法对工时定额的制定进行分析研究与规范，找出改善的切入点。实行精益工时定额管理策略，例如按照相似制造论进行工件、工艺、作业分类，采取技术工时与宽放工时分离、技术宽放与政策宽放分离，实行老产品老办法、新产品新办法等。从现在做起，总体规划，效益驱动，重点突破，分步实施，不断积累工时定额基础数据，使工时定额规范化标准化，使工时定额数据真正成为工艺管理、产品制造、企业经营的管理决策支持数据。

2. 材料定额

材料定额是指在一定的生产和技术条件下，生产单位产品或完成单位工作量所必须消耗材料的数量和质量标准。材料定额的估算方法主要包括选料法、下料利用率法、下料残料率法、材料综合利用率法等。经过多年的实践，我国材料定额的估算已经形成了比较规范的材料定额体系，但是在现代制造环境中仍存在材料定额与实际材料消耗吻合度较差的情况。究其主要原因：一是材料定额与实际下料所基于的毛料规格不一致；二是材料定额与实际材料消耗所基于的生产组织方式不同，或者说是所基于的时间点不同。精益材料定额管理需要借鉴产品设计过程面向制造的设计（design for manufacturing，DFM）的方法，彻底改变材料定额制定思路，在材料定额制定伊始就要充分考虑产品制造的现场下料相关因素，使材料定额满足产品制造的要求，在事前事中事后都具有良好的下料指导性，并在运用中不断改善，为产品以最低的成本、最短的时间、最适当的质量制造出来提供技术支持。

3. 成本定额

成本定额是指在一定的生产和技术条件下，生产单位产品或完成单位工作量所必需的消耗定额和费用定额标准，是以正常的技术、设备和经营管理水平为基础，根据合理的耗用量、费用耗用水平和生产能力利用程度，科学制定的、通过努力能够达到的、切实可行的目标成本。我国传统成本控制与管理由财务部门负责，脱离企业经营主体业务，脱离产品设计与工艺，仅仅依据历史数据统计分析，实施宏观控制，收效甚微。精益成本定额管理要由工艺管理部门主导，与相关部门协同，需要借鉴工业工程方法，按照相似制造论，从产品设计与工艺出发，进行产品全生命周期事前事中事后成本控制与管理。采用基于工序的工艺成本估算、基于工作中心的工艺成本估算、基于特征与智能计算的工艺成本估算等方法，进行精益制造事前工艺成本估算，结合目标成本、责任成本，确定多维标准工艺成本。在精益制造事中进行实时工艺成本核算、标准工艺成本差异计算分析，实施实时精益工艺成本控制。事后进行精益工艺成本控制与管理业绩评估。借鉴项目成本控制与管理，把每一个产品的研发、每一个批次产品的制造都作为项目进行成本控制与管理，包括资源计划、成本估算、成本预算、成本核算、成本控制、成本决算，形成精益成本定额管理规范。

2.3.4　精益制造工艺管理布局

工艺管理布局是指制造要素在一定区域范围的空间和物流分布，包括制造的具体地点、规模、制造要素相互联系和分布结构，又称工艺设施布局与物流规划。工艺管理布局既反映了制造的空间形式，又反映了制造生产力的发展方面，是企业制造生产力的一种表现形式。从传统发展角度看，在一定区域进行制造，需要相应的劳动、设备和投资，布局一旦形成，就难以改变，工艺管理布局的变化往往落后于企业经营的发展进程，具有相对的稳定性。工艺管理布局的变化是阶跃性的，又有一定的连续性。工艺管理布局受到企业经营、制造生产力发展的制约，对企业经营、制造生产力发展又起到促进或制约作用。精益制造要求工艺管理布局实时满足客户需求，相对于传统布局有着质的创新和飞跃。

精益制造工艺管理布局借鉴工业工程思想与方法，根据精益制造需求，科学化系统化规范化地进行工艺管理布局，简化工艺过程，实现实时的面向对象的流水线工艺过程；有效地利用设备、空间、能源和人力资源；最大限度地减少物料搬运；由客户拉动制造，缩短生产周期；力求投资最低；为操作者提供方便、高效、舒适、安全和职业卫生的制造环境条件。采用系统布置设计（system layout planning，SLP）分析方法，研究分析精益制造 PQRST（production——产品或者服务、quantity——批量、route——工艺过程、supporting service——辅助服务、time——生产计划）主要因素及其相互关系，分析各工序（作业单位）之间的物流强度和非物流强度，确定作业单位的布局位置。减少或消除不必要的作业，在时间上缩短生产周期，空间上减少占地，物料上减少停留、搬运和库存，保证投入的资金最少、生产成本最低。以流动的观点作为精益工艺管理布局的出发点，贯穿始终，使制造的人流、物流、信息流科学化合理化。运用系统的观点和系统分析的方法求得系统的整体优化；重视人的因素，运用人因工程学，进行综合设计，考虑环境条件（包括空间大小、通道配置、色彩、照明、温度、湿度、噪声等因素）对人的工作效率和身心健康的影响。实现面向对象流水线布局，"一个流"制造，通过模拟仿真对布局进行不同层次的产品制造能力综合评价和优化。

2.3.5　精益制造工艺管理水平评价

工艺管理水平对企业的生存和发展具有决定性作用，工艺管理系统是企业主流业务经营系统中最基本、最重要、涉及面最广的子系统，也是指导产品制造的主要信息源，起着制约全局的作用。工艺管理水平评价对企业制造与经营具有重要意义。工艺管理水平评价是对企业工艺管理的战略导航，是企业工艺管理控制、项目管理的指示器，是企业制造与经营管理实现现代化的基础和关键支持。

精益制造工艺管理水平评价借鉴现代工艺管理水平评价，结合精益制造工艺管理特色，采用系统综合评价技术方法，通过对企业的精益制造工艺管理水平进行全面、客观、科学的评价，帮助企业与国内外先进企业精益制造工艺管理水平进行对比分析，找出差距，确立奋斗目标，使企业精益制造工艺管理与时俱进，为提高企业的综合竞争力提供必要的保证。建立和完善具有精益制造工艺管理特征的、具有示范价值的精益制造工艺管理水平评价指标体系、评价标准、评价方法，科学评价企业精益制造工艺管理水平现状，对企业的精益制造工艺管理进行规范、监督、考核、评价，对于企业了解自身定位，识别自身优劣，制定精益制造工艺管理发展战略，改善和提高精益制造工艺管理水平，进而提高企业的核心竞争力，具有重要的理论意义和实践意义。

2.4 现代精益工艺管理研究

2.4.1 现代精益工艺管理理论体系

现代精益工艺管理的学科理论体系目前还没有相关的论述。本书借鉴现代制造学科理论体系、精益制造有关文献的论述，结合自己的研究成果，在现代工艺管理理论体系研究与精益工艺管理理论体系研究的基础上，形成现代精益工艺管理理论体系框架模型。现代精益工艺管理理论体系划分为如图 2-1 所示的四个理论群：创新理论群、主体理论群、支撑理论群、基础理论群，这四个理论群相互联系，相互促进，在相互交叉、融和、发展与应用的过程中，发挥整体功能效益。可以把现代精益工艺管理系统的理论体系看作一个宝塔形的理论体系结构，基础理论群是宝塔的地基，支撑理论群是宝塔的底座，主体理论群是宝塔的塔身，创新理论群是宝塔的高峰塔顶。

从图 2-1 可看出，现代精益工艺管理是跨越技术科学、自然科学和社会科学体系中许多学科知识的一门综合性创新性科学，其特点在于多品种小批量制造模式的创新性、学科复合性与技术集成性，所涉及的学科较多，所包含的内容较为广泛，理论体系较为复杂，具有综合、交叉的特点。现代精益工艺管理解决的是制造实践中遇到的具体而复杂的精益工艺工作相关问题，因而也是一门实践性很强的工程技术。

1）六论是现代精益工艺管理理论体系宝塔的基本理论基础。六论包括老三论和新三论，老三论是系统论、控制论和信息论，新三论是协同论、突变论和耗散结构论。

① 从系统论的角度。现代精益工艺管理系统是由相互作用和相互依赖的若干组成部分结合成的、具有现代精益工艺管理特定功能的有机整体。例如，从工艺职能方面来看，现代精益工艺管理系统包括精益工艺调研、精益工艺规划、精益工艺准备、精益工艺执行、精益工艺责任、精益工艺监督、精益工艺保证等系统；从企业经营精益工艺管理方面来看，包括产品设计（价值设计、概念设计、功能设计、结构设计、工艺设计、使用设计、维修设计、回收设计、再造设计等）、产品制造（制造布局、制造加工、制造物流、制造质量、制造材料、制造工时、制造成本、制造资金、制造人力资源等）、产品售后等系统。而系统本身又是它所从属的更大的企业精益制造、经营系统的组成部分。

② 从控制论和信息论的角度。精益工艺管理系统提供精益工艺管理相关信息的收集、加工、传输、反馈等功能，通过信息反馈来揭示系统要素与标准之间的差异，对系统进行高效的实时控制，使系统稳定在预定的目标状态上。精益工艺管理控制采用扁平化、多维和多时段控制相结合的方法。扁平化控制是指精益工艺管理控制系统要按照产品进行分权管理，组织结构减少管理层次，增加管理幅度，一个产品精益工艺管理团队的人力资源与职能几乎

涵盖企业产品经营的方方面面，尽量形成一条最短的产品快速响应控制链。多维控制是指从不同的视角进行精益工艺管理，发挥不同的控制职能。多时段控制是指精益工艺管理控制系统按照产品全生命周期过程设计、制造、销售、使用、维修、回收、再造等不同时段进行有针对性的控制。

③ 从协同论的角度。现代精益工艺管理系统的协同不仅包括精益团队内部成员之间、团队与团队之间的协同，也包括系统内部子系统之间、不同应用系统之间、不同数据资源之间、不同终端设备之间、不同应用情景之间、人与人之间、人与机器之间、不同学科之间、创新与传统之间等全方位的协同，取得 1+1>2 的结果。特别强调基于体育理论的集体项目比赛协同战略战术在精益制造中的运用，例如：多人赛艇需要大家的力量配合，按照同一个深度下桨，按照同一个节拍、同一个力量划桨，才能够使赛艇沿着正确航线快速前进；田径接力可以通过交接接力棒助跑，由强手弥补弱手的不足，获得比每人各跑一段的最好纪录之和更好的成绩。又如棒球、垒球各垒的协同作战，足球、篮球的传球进球协同，等等。把体育比赛的团队协同原理运用于精益制造团队协同，可提高团队整体制造效率。

2）精益工艺管理创新理论体系群是现代精益工艺管理理论体系宝塔的塔顶楼阁。塔顶楼阁的基础楼板是人才团队、精益协同、精益文化，塔顶楼阁的支柱是在精益工艺管理原则指导下的精益制造准时制、精益制造自动化，塔顶楼阁的承重墙是精益工艺方法，塔顶楼阁的横梁是精益工艺管理战略，精益工艺管理是塔顶楼阁屋顶，如图2-1所示。

① 精益工艺管理战略包括实现多品种小批量制造工艺管理，提高效率降低成本，杜绝无效劳动和浪费。克服大批量制造模式思想对工艺管理的束缚，实现从大批量制造模式到精益制造模式的转变，进行精益制造模式工艺管理的创新。为使企业在经济低速增长时代，在市场竞争中立于不败之地，提供工艺技术与工艺管理支持。

② 精益工艺管理在组织体系上打破传统金字塔模式，采用扁平化团队方式，面向产品任务或项目组建集成的团队组织，把产品开发、制造、检验等各方面人员集中在一起，简化组织体系，改善团队成员之间的信息交流与共享，并行协同，简化产品开发与制造的整个过程，全面提高整个系统的柔性和效率。精益工艺管理人力资源在精益工艺管理文化氛围下，掌握精益工艺管理思想与知识，具备精益工艺管理技能与素质，成为企业经营精益化的中流砥柱。

③ 精益工艺管理原则在价值工程的基础上利用价值流对精益制造进行优化，包括：由客户确定产品价值；通过工艺流程分析识别价值增值流程；通过建立面向产品的流水线，减小产品批量，降低在制品库存，使价值保持流动状态；通过由始于客户需求的拉动实现价值流；不断完善价值流过程，尽善尽美。精益制造准时制要求在需要的时候按需求量制造和搬运所需物料，采用超市模式，通过看板管理实现由后道工序拉动前道工序制造，实现在制品零库存，提高精益制造效益。精益制造自动化把人工智能与自动化相结合，通过设备在线智能监控、防错方法、可视化管理，实现工件零废品、设备工装零故障，为精益制造准时制提供保障。

④ 精益工艺方法颠覆传统单件小批量生产理论，采用精益流水线，根据对象原则布局；实现一人多能，一人多机，团队协同布局；根据需要采用相似制造工艺管理，组织多品种混流制造，配套同步同节拍平准化作业；按照标准节拍、标准作业顺序、标准在制品数量实现标准作业；减小批量，实现单件流，缩短生产周期，采用快速换模技术以减少准备时间，根据客户需求按照少人化控制制造节拍，进行微调自适应制造；运用成本控制、TPM、6S、5

现代精益工艺管理理论体系

精益工艺管理创新理论群

精益工艺管理

精益工艺管理战略：多品种小批量 提高效率降低成本 杜绝无效劳动和浪费

精益工艺管理支柱1：准时制	精益工艺管理五项原则	精益工艺管理支柱2：自动化
拉式系统	价值	智能停工
看板管理	价值流	可视化管理
超市模式	流动	零废品
零库存	拉动	零故障
	尽善尽美	防错

精益流水线 对象原则 一人多机团队协同布局 混线平准化 标准化作业 单件流 少人化 自适应 快速换模 成本控制 TPM 6S 5WHY 5W1H 现场现物 PDCA 6σ

精益协同 精益人才 精益领导队 精益研发团队 精益制造团队 精益物流团队 精益优化团队 精益供应链团队 精益文化

精益工艺管理主体理论群

工艺管理系统共性技术理论

工艺管理体系	工艺资源规划布局
工艺管理组织	工艺定额管理
工艺管理BPR	工艺质量管理
工艺管理规划	工艺成本管理
工艺管理评价	工艺知识管理
工艺管理系统	工艺数据管理
数字工艺管理系统	工艺文件管理
工艺管理数据库	工艺情报管理
工艺管理标准	工艺发展规划
工艺纪律标准	工艺管理责任制
工艺资源标准	工艺管理文化
工艺装备管理	工艺教育与培训

面向工艺工作全生命周期管理工作流程PDCA循环理论

工艺工作规划	工艺工作反馈
工艺工作设计	工艺工作评价
工艺工作验证	工艺工作总结
工艺工作审批	工艺工作整顿
工艺工作发布	工艺工作改进
工艺工作文档	
工艺工作实施	
工艺工作监控	

面向产品全生命周期工艺管理理论

产品工艺调研管理	产品零件工艺过程管理
产品结构工艺性管理	产品装配工艺过程管理
产品工艺方案管理	产品工艺质量管理
产品工艺路线管理	产品工艺成本管理
产品工艺规程管理	产品物流工艺管理
产品工艺试验管理	
产品工艺设备管理	产品使用保养工艺过程管理
产品工艺装备管理	产品诊断维修工艺过程管理
产品工艺时间定额管理	产品回收再造工艺过程管理
产品工艺材料定额管理	产品使用维修培训管理
产品工艺成本定额管理	

精益工艺管理支撑理论群

系统理论

系统论	概率论	企业资源计划	计算机应用
控制论	运筹学	供应链管理	软件工程
信息论	分形理论	客户关系管理	系统分析与设计
耗散结构论	模糊理论	生产运作管理	数据库与数据仓库
突变论	灰色理论	质量管理	数据结构
协同论	可靠性理论	物流管理	计算机硬件
超循环论		成本控制与管理	计算机网络
相似论	信息经济学	财务管理	
博弈论	技术经济学	营销管理	企业文化
方法论	工程经济学	人力资源管理	知识管理
混沌学		项目管理	

工程理论

制造系统学	数字制造	相似制造
制造信息学	网络制造	可持续制造
计算制造学	全球制造	机械制造及其自动化
制造智能学	虚拟制造	机械电子工程
机械动力学	创新制造	工业工程	微型机电系统
机械设计学	协同制造	系统工程	标准化理论
制造工艺学	智能制造	质量工程	协议与规范理论
	生物制造	价值工程	工程图学
	敏捷制造	知识工程	
	柔性制造	人机工程	
	纳米制造	控制工程	
	绿色制造		

精益工艺管理基础理论群

自然科学理论

数学	材料科学	信息科学
物理	生物科学	计算机科学
化学	环境科学	知识科学
力学		

哲学理论

物质论	思维科学
意识论	逻辑学
认识论、反映论	伦理学
思想方法与工作方法	美学
	心理学

人文社科理论

统计学	教育学
社会学	经济学
管理学	会计学
人才学	信息与知识传播
体育学	组织行为科学

图 2-1 现代精益工艺管理理论体系

问（5WHY）、现场现物、PDCA、6σ 等理论方法实时发现问题、分析问题、解决问题，不断提高精益工艺管理水平。

2.4.2 现代精益工艺管理知识的管理

精益制造是继大批量制造之后的又一个制造模式的里程碑。精益工艺管理是精益制造的核心。现代精益工艺管理知识的管理对于精益制造模式的传播、推广、实施具有重要意义。

1. 现代精益工艺管理知识构成

在现代精益工艺管理理论体系和现代工艺管理知识研究的基础上，按照产品全生命周期的观点，将精益工艺管理知识划分为精益工艺基础理论知识、精益工艺管理创新知识、精益工艺设计知识、精益工艺管理实操知识和精益工艺情报知识五大部分。精益工艺管理知识的分类体系如图 2-2 所示。

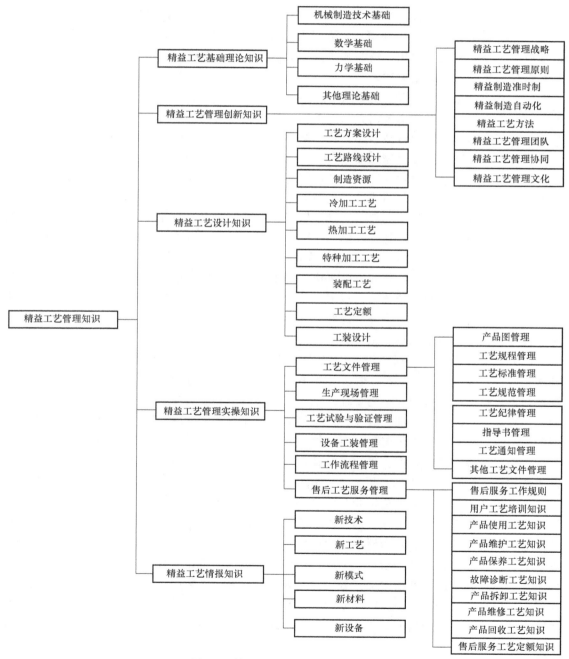

图 2-2　精益工艺管理知识构成框图

（1）精益工艺基础理论知识　这包括机械制造技术基础、数学基础、力学基础、其他基础理论等方面的精益相关知识。机械制造技术基础知识包括精益设备知识、精益工艺装备基础知识、精益工艺基本理论知识、切削理论知识、材料基础知识、热处理基础知识等；数学基础知识包括高等数学、线性代数、模糊数学、矩阵分析、概率统计、数值分析等；力学基础知识包括材料力学、理论力学、系统动力学、断裂力学、流体力学、弹性力学、塑性力学等；其他基础理论包括机械设计理论、优化理论、成组技术、图形学、计算机理论、系统论、信息论、控制论、管理科学、经济学、逻辑学、决策理论、计量学等知识。

（2）精益工艺管理创新知识　这包括精益工艺管理战略、精益工艺管理原则、精益制造准时制、精益制造自动化、精益工艺方法、精益工艺管理团队、精益工艺管理协同、精益工艺管理文化等方面的相关知识。

（3）精益工艺设计知识　这包括工艺方案设计、工艺路线设计、制造资源、冷加工工艺、热加工工艺、特种加工工艺、装配工艺、工艺定额、工装设计等方面的精益相关知识。其中：工艺方案设计知识包括精益工艺方案设计原则、依据、精益工艺方案类型、精益工艺方案设计程序、精益工艺方案分析知识、精益工艺方案优化知识、精益工艺方案评价知识等；工艺路线设计知识包括加工方法选择知识、加工阶段划分知识、加工工序划分知识、机械加工顺序安排、精益工艺路线分析、精益工艺路线优化、精益工艺路线评价等知识；制造资源知识包括设备、刀具、材料、夹具、辅具、量具等知识；冷加工工艺知识包括车削、铣削、刨削、磨削、镗削、钻削、铰削、拉削、插削、锯削、挤光、滚轧等精益工艺知识；热加工工艺知识包括铸造、锻造、铆接、焊接等精益工艺知识；特种加工工艺知识包括电火花、化学、超声、微波、红外线、电子束、离子束、激光束等精益工艺知识；装配工艺知识包括装配方法选择、装配精益工艺规程、装配检验、静动平衡检测等精益工艺知识；工艺定额知识包括材料定额和工时定额制定两部分知识；工装设计知识包括刀具、夹具、模具、量具、检具、辅具、钳工工具、工位器具等设计知识。

（4）精益工艺管理实操知识　这包括工艺文件管理、生产现场管理、工艺试验与验证管理、设备工装管理、工作流程管理、售后工艺服务管理等方面的精益相关知识。工艺文件管理知识包括产品图管理、工艺规程管理、工艺标准管理、工艺规范管理、工艺纪律管理、指导书管理、工艺通知管理、其他工艺文件管理等知识；生产现场管理知识包括投产批次和期量的确定、产品精益工艺流程分析、精益工艺规程指导和监督、工序质量控制、数据的记录和管理、合理化建议管理、先进经验管理、现场定置管理、现场精益工艺纪律管理、外协件质量控制、生产现场精益工艺服务、车间精益工艺布局管理、物流管理等知识；工艺试验与验证管理知识包括精益工艺试验与验证的范围、内容、任务、方法、依据、程序等知识；设备工装管理包括投资决策、正确使用、检查、维护保养、修理、维修制度、修理计划、更新改造、设备经济管理、寿命周期费用评价、设备的折旧、技术诊断与事故处理、备件管理等知识；工作流程管理包括精益工艺设计流程、精益工艺规划流程、定额制定流程、试验验证流程、审批会签流程、精益工艺分析流程等知识；售后工艺服务管理知识包括售后服务工作规则、用户工艺培训知识、产品使用工艺知识、产品维护工艺知识、产品保养工艺知识、故障诊断工艺知识、产品拆卸工艺知识、产品维修工艺知识、产品回收工艺知识、售后服务工艺定额知识等。

（5）精益工艺情报知识　这包括新技术、新工艺、新模式、新材料、新设备等方面的精益相关知识。其中：新技术包括可靠性设计技术、系统动态设计技术、摩擦学设计技术、优化设计技术、创新设计技术、快速响应设计技术、智能设计技术、仿真与虚拟设计技术、工业设计技术、全生命周期设计技术、并行设计技术、面向制造的设计技术、绿色设计技术、数控技术、工业机器人技术、柔性制造技术等；新工艺包括精密洁净铸造精益工艺、精确高效塑性金属成形精益工艺、优质高效焊接精益工艺、优质低耗洁净精益工艺、优质清洁表面工艺、超高速加工精益工艺、超精密加工精益工艺、微型机机械加工精益工艺、非传统加工精益工艺、快速原型制造精益工艺、虚拟成形与加工精益工艺等；新模式包括现代集成制造、敏捷制造、精益生产、并行工程、智能制造、全能制造、绿色制造等；新材料包括高硬度材料、高弹性材料、耐磨材料、耐腐蚀材料、超轻材料、超导材料等；新设备包括超精密加工设备、特种加工设备、热加工设备、数控设备、自动化设备、智能化设备等。

2. 现代精益工艺管理知识的来源、获取与传播

（1）现代精益工艺管理知识的来源　现代精益工艺管理知识的来源主要有以下几个方面：

1）精益工艺管理专家头脑中的经验，经归纳总结成为精益工艺管理知识。例如制定精益工艺规程和进行工装设计方面的经验等。

2）研究部门经过科学研究，创造或发现新的精益工艺管理知识。例如在精益工艺试验研究过程中，发现和完善新的精益工艺方法等。

3）职能部门根据精益工艺信息整理出的精益工艺管理知识，做出决策，包括精益工艺发展规划和精益工艺改造规划等。

4）精益工艺部门根据决策和制造资源等情况设计出的精益工艺方案、精益工艺路线、精益工艺规程、工装图及其他各种精益工艺文件等。

5）制造部门根据设计图、精益工艺文件、指导书等进行制造，制造过程中精益工艺师所凭借的经验、守则、现场质量管理等方面的精益工艺管理知识。

6）产品售后服务过程中有关保养、拆卸、维修、回收处理等方面的精益工艺管理知识。

7）其他所有与产品全生命周期精益工艺知识相关的精益工艺管理情报知识。

（2）现代精益工艺管理知识的获取　必须尽快建立精益工艺管理知识获取机制，使精益工艺管理知识获取制度化。从现在做起，采用从传统到高科技的各种合法技术手段，做好所有精益工艺管理相关学科前沿知识情报搜集，做好所有精益工艺管理现场案例记录，建立关键词和知识索引，为精益工艺管理知识积累案例和素材，科学管理精益工艺管理知识。与普通知识一样，精益工艺管理知识当中的每一类中都包括显性知识和隐性知识，即编码型知识和意会型知识。对于已经研究整理好的显性知识要加强归档、归纳与分类管理。不少资深精益专家认为，精益管理大都是隐性知识，不容易学习掌握。精益工艺管理知识工程要为学习精益隐性知识提供可行的手段方法。本书提出通过案例学习和使精益隐性知识显性化的方法，进行精益隐性知识的学习，采取两种方式促使精益隐性知识显性化。

1）获取专家知识和案例。有大量精益工艺管理知识存在于精益工艺管理专家和能工巧匠的头脑中或者潜意识中，存在于他们分析问题解决问题的案例中。要自上而下地鼓励和帮助精益工艺管理专家和能工巧匠著书立说；促使他们记录、归纳、总结自己的知识、经验与技巧；促进专家之间、专家与员工之间的知识交流，使经验丰富、掌握技巧的专家和能工巧匠的知识显性化。特别需要提出的是，要建立精益工艺管理知识抢救机制，为资深专家和能工巧匠配备知识助手，采用现场记录、多媒体等方法，尽可能保留他们的宝贵工作范例。

2）挖掘精益工艺管理知识。通过数据挖掘工具对于已经存在的精益工艺管理大数据进行分析和判断，得到未知的精益工艺管理知识，使隐含在精益工艺管理大数据中的精益工艺管理知识显性化，不断丰富精益工艺管理知识。

（3）现代精益工艺管理知识的传播　就我国目前的精益制造发展情况来看，从理论界到产业界，从教学到科研，从理论到实践，大多数人对精益知识并不理解甚至并不了解；精益理论和精益技术方法在我国还远远没有形成体系；缺少精益人才，推广精益制造任重道远。现代精益工艺管理知识的传播对于精益制造模式的推广与实施至关重要。要使企业在市场经济低速发展的情况下具有核心竞争力，应尽快实现由大批量制造模式向精益制造模式的转变。要按照不同层次对企业员工开展有针对性的现代精益工艺管理知识教育与培训，进行全员的精益意识和技能再教育，为精益制造转变奠定思想基础和方法基础。

1）针对高层管理者的培训。高层管理者是企业精益制造转变的决策者和领导者。通过精益工艺管理知识培训，使精益制造转变的领导角色成为精益知识的掌握者和创新者、精益制造变革的铁腕执行者、精益制造尽善尽美的持续影响力源头。

2）针对中层管理人员的培训。通过理论培训，使管理层自己去发现精益制造的优越性，自觉地接受精益制造的理念，使他们本人对这种制造模式产生向往之情，从而在自己的心中建立精益制造模式提高生产效率的想法。

3）针对基层负责人和 IE 人员的培训。基层负责人包括工段长、班组长等，基层负责人和 IE 人员是直接和操作者打交道的人，他们对精益制造的态度和工作方式会直接影响到操作者的工作积极性和改善的态度。他们大多接受了高等或以上教育，有很好的技术和一定的管理能力，但是容易依靠经验来做事情。采用理论与实践相结合的培训方式，使其转变传统的被动管理观念，主动管理，并树立对精益制造方式必然成功的信心，掌握现代精益工艺管理的理论、技术和管理工具的使用，发挥精益制造成功范例的示范作用。

4）对操作者的培训。一线操作者是精益制造价值的直接创造者。操作者的受教育程度参差不齐，技能发展不均衡，对精益制造模式可能存在畏惧的情绪，对精益制造系统缺乏信心，受非标准动作习惯的影响比较大。通过技能训练来培养操作者的精益理念、职业道德、团队意识，帮助操作者克服畏难情绪，树立杜绝浪费观念、品质观念、设备保养观念等，提高操作者的精益工艺技能和素质。

2.4.3　现代精益工艺管理平台框架

在现代工艺管理研究的基础上，现代精益工艺管理平台框架如图 2-3 所示，包括：精益工艺管理特色技术支持、产品全生命周期精益工艺管理支持、精益工艺管理技术基础支持、精益工艺管理业务基础支持、精益工艺管理现代制造支持、精益工艺管理信息基础支持等。

（1）精益工艺管理特色技术支持　这包括精益工艺价值流管理、准时制造管理、自动化管理、精益流水线/单件流管理、混线平准化管理、标准化作业管理、快速换模管理、零库存/零废品/零故障管理、可视化管理、精益团队管理、精益协同管理等。精益工艺价值流管理包括工艺价值确定、工艺价值流定义、工艺价值流实施、工艺价值流拉动、工艺价值流改善管理等。准时制造管理包括拉式制造、看板管理、少人化管理、质量保证、制造同步化

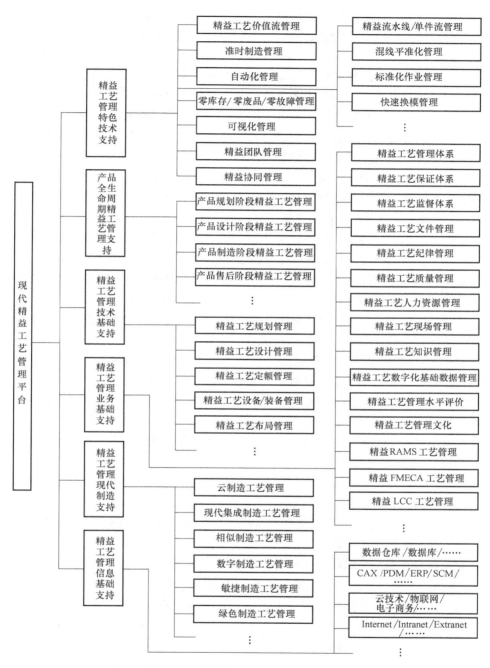

图 2-3　现代精益工艺管理平台框架

管理等。自动化管理包括自动化制造流水线、设备自动故障检测、员工、设备自动停止、自动报警、5WHY 分析管理等。精益流水线/单件流管理包括布局对象化、制造多工序化、工序同期化、批量单件化、物流先进先出化、设备工装适宜化、员工多能化管理等。混线平准化管理包括下游需求统计分析、缓存决策、混线平准化工艺顺序优化、上游同步供应免检上线管理等。标准化作业管理包括精益标准作业卡片的标准作业顺序、标准节拍、标准在制品的设定、完善管理等。快速换模管理包括内外作业分离、内外作业研究（方法研究、作业测定）、快速换模标准化、快速换模实施、快速换模改善管理等。零库存/零废品/零故障管理包括以实现物料无库存、产品无不合格、设备无故障为目标的 PDCA 工艺管理循环等。可视化管理包括现场人员状态可视化、设备工装状态可视化、物流状态可视化、作业标准可视化、质量状态可视化管理等。精益团队管理包括精益领导团队、精益产品研发团队、精益产品制造团队、精益工艺优化团队、精益供应链团队、精益产品售后团队管理等。精益协同管理包括精益产品研发协同、精益产品制造协同、精益工艺优化协同、精益供应链协同、精益产品售后工艺协同、内部工艺协同、外部工艺协同的管理等。

（2）产品全生命周期精益工艺管理支持　这包括产品规划阶段精益工艺管理、产品设计阶段精益工艺管理、产品制造阶段精益工艺管理、产品售后阶段精益工艺管理等。

1）产品规划阶段精益工艺管理包括工艺调研、工艺可行性分析、工艺成本估算等。工艺调研包括产品需求分析调研、产品设计情报调研、产品工艺情报调研等。工艺可行性分析包括产品精益工艺 RAMS（reliability——可靠性、availability——可用性、maintainability——维修性、safety——安全性）、产品设计、产品制造、产品调试、产品运输、产品安装、产品保养、产品维修、产品回收、产品再造等方面的精益工艺可行性分析。工艺成本估算包括产品精益工艺 RAMS、产品设计、产品制造、产品调试、产品运输、产品安装、产品保养、产品维修、产品回收、产品再造等方面相关精益工艺成本估算。

2）产品设计阶段精益工艺管理包括产品概念设计精益工艺管理、产品初步设计精益工艺管理、产品详细设计精益工艺管理等。按照并行工程的思想，产品精益工艺性审查伴随着产品设计的全过程。随着产品设计的不断深入，产品精益工艺性审查从宏观精益工艺性审查、装配精益工艺性审查过渡到结构精益工艺性审查，包括 RAMS、可装配性、可制造性、可保养性、可回收性、可再造性等方面的相关精益工艺性审查。产品详细设计精益工艺管理还包括工艺设计、工艺布局、工艺资源、工艺定额、工艺验证等方面相关设计精益工艺管理。

3）产品制造阶段精益工艺管理包括工艺服务、工艺纪律、工艺定额、工艺质量、工艺资源、工艺物流、工艺 6S、工艺文化等方面相关现场精益工艺管理。精益工艺服务包括现场工艺指导、工艺监督、工艺改善、工艺协同、工艺验证等。精益工艺纪律包括现场工艺纪律宣传贯彻、监督检查、考核评价等。精益工艺定额包括现场材料定额、工时定额（方法研究、作业测定）、成本定额（工艺成本）的控制改善。精益工艺质量包括现场工艺质量标准、工艺质量控制点、工序能力指数、工艺质量分析等。精益工艺资源包括现场工艺设备资源、工艺装备资源、工艺知识资源、工艺人力资源、工艺资金资源等。精益工艺物流包括现场工艺物流布局、物流路线、物流量、物流距离、物流方式、物流手段、看板管理、设备移动、操作者移动等。精益工艺 6S 包括：工艺整理（seiri）、工艺整顿（seiton）、工艺清扫（seiso）、工艺清洁（seiketsu）、工艺素养（shitsuke）、工艺安全（security），以及定置管理、工艺卫生、工艺人因工程、绿色工艺等。精益工艺文化包括现场工艺思想、工艺价值、工艺目标、工艺精神、工艺道德、工艺环境等。

4）产品售后阶段精益工艺管理包括产品销售和产品售后等阶段的精益工艺管理，即产品库存、产品送达、产品安装、产品调试、使用培训、产品提交、产品使用、产品保养、故障诊断、拆装维修、产品回收、产品再造、产品处理等方面。产品售后阶段是产品全生命周期中时间最长的阶段，该阶段的精益工艺管理具有重要的理论意义和现实意义。按照相似制造论原理，产品售后阶段的精益工艺管理的理论、技术、方法、过程等与产品制造阶段精益工艺管理相似，可以借鉴产品制造阶段精益工艺管理进行。

（3）精益工艺管理技术基础支持 这包括精益工艺规划管理、精益工艺设计管理、精益工艺定额管理、精益工艺设备/装备管理、精益工艺布局管理等。精益工艺规划管理包括精益工艺发展规划，精益工艺技术改造规划，精益工艺标准、规章制度、责任制度的规划、组织、贯彻、实施、监督，精益工艺技术革新、合理化建议活动的规划、组织、运作管理等。精益工艺设计管理包括工艺质量功能配置、工艺方案、工艺路线、工艺规程的设计准则、设计方法、设计实施管理等。精益工艺定额管理包括材料定额、工时定额、成本定额的制定与改善管理等。精益工艺设备/装备管理包括工艺设备和装备的决策、安装、调试、运用、保养、维修、TPM 管理等。精益工艺布局管理包括工艺布局的决策、实施、改善管理等。

（4）精益工艺管理业务基础支持 这包括精益工艺管理体系、精益工艺保证体系、精益工艺监督体系、精益工艺文件管理、精益工艺纪律管理、精益工艺质量管理、精益工艺人力资源管理、精益工艺现场管理、精益工艺知识管理、精益工艺数字化基础数据管理、精益工艺管理水平评价、精益工艺管理文化、精益 RAMS 工艺管理、精益 FMECA 工艺管理、精益 LCC 工艺管理等。精益工艺管理体系、保证体系、监督体系包括各个体系的相关组织架构、人员架构、管理制度、责任制度、考核制度等。精益工艺文件管理包括所有相关工艺文件的正确性、完整性、一致性、先进性、创新性、标准化管理等。精益工艺纪律管理包括工艺纪律规章制度、岗位责任制、贯彻实施、监督考核、ABC 分类管理、操作者三定（定人、定机、定工种，一人多岗、一人多机、多专多能，培训认证、持证上岗）、制造三按（按技术标准、按设计图样、按工艺文件）管理等。精益工艺质量管理包括工序能力、工序质量控制点、工序质量控制分析（控制图、排列图、直方图等）管理等。精益工艺人力资源管理包括工作设计、员工招聘、教育培训（应知应会、工艺文化、职业道德、工艺技术、操作技能等）、人才培养、再教育、绩效评价管理等。精益工艺现场管理包括现场工艺服务、工艺协同、工艺改善、工艺质量、工艺布局、工艺物流、工艺设备、工艺装备、工艺 6S、工艺定置、工艺看板、工艺纪律、现场记录管理等。精益工艺知识管理包括工艺知识获取、工艺知识研究、工艺知识组织、工艺知识挖掘、工艺知识表达、工艺知识存储、工艺知识传播、工艺知识运用管理等。精益工艺数字化基础数据管理包括工艺数据获取、工艺数据数字化、工艺数据处理、工艺数据挖掘、工艺数据存储、工艺数据运用管理等。精益工艺管理水平评价包括评价指标、评价标准、评价方法、评价主体、评价客体、评价专家、评价组织管理等。精益工艺管理文化包括企业战略、工艺战略、工艺管理战略、工艺价值、工艺精神、工艺道德、工艺管理氛围等。精益 RAMS 工艺管理包括对产品可靠性（reliability）、可用性（availability）、可维修性（maintainability）和安全性（safety）的管理等。精益 FMECA（fault modes, effects and criticality analysis，故障模式影响与危害度分析）工艺管理包括产品故障模式、影响和危害性工艺分析等。精益 LCC（life cycle cost，生命周期成本）工艺管理包括对产品全生命周期成本、工艺全生命周期成本、工艺资源全生命周期成本等的估算、决策、预算、监控管理等。

（5）精益工艺管理现代制造支持 这包括云制造工艺管理、现代集成制造工艺管理、相似制造工艺管理、数字制造工艺管理、敏捷制造工艺管理、绿色制造工艺管理等。现代制造支持为精益工艺管理提供了广阔的发展空间。

（6）精益工艺管理信息基础支持　这包括数据仓库/数据库、CAX/PDM/ERP/SCM、云技术/物联网/电子商务、Internet/Intranet/Extranet 等。信息基础支持为精益工艺管理提供了强有力的工具支持，云精益工艺管理必将成为未来精益工艺管理的发展方向。

在云工艺管理构想的基础上，云精益工艺管理平台和运行图构想如图 2-4、图 2-5 所示。

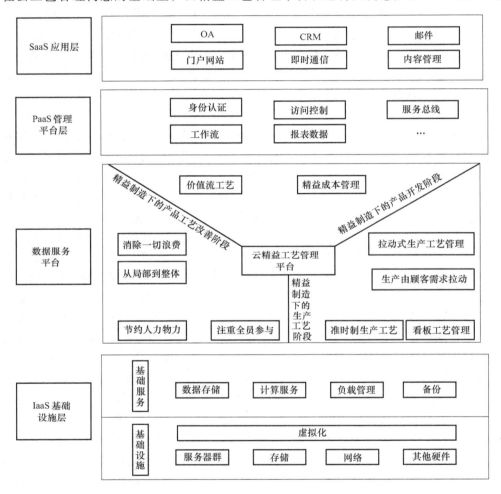

图 2-4　云精益工艺管理平台

2.4.4　某产品现代精益工艺管理模型

参考系统工程三维模型和 CIMS-OSA 开放式计算机集成制造参考体系结构模型，根据王秀伦教授提出的面向产品全生命周期的现代工艺管理理论，借鉴现代工艺管理系统体系结构 CPM-OSA，提出现代精益工艺管理开放系统体系结构（ELB-CLPM-OSA）四维模型框架，如图 2-6 所示。它是一个面向某产品全生命周期的多层次开放体系结构。某产品全生命周期包括产品规划、产品设计、产品制造、产品售后服务四个阶段，按照精细化管理的思想，每

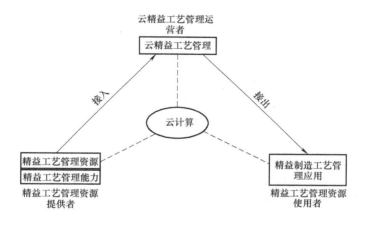

图 2-5 云精益工艺管理运行图

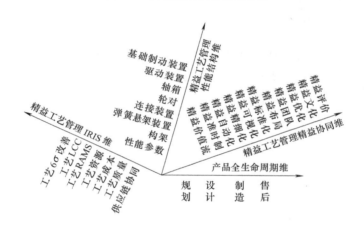

图 2-6 现代精益工艺管理开放系统体系结构四维模型

一个阶段又可以向下划分成更细化的阶段，逐级展开，直到不可划分的单元阶段。

ELB-CLPM-OSA 四维模型在现代精益工艺管理知识工程的指导下，在现代精益工艺管理系统平台的支持下，沿着产品全生命周期时间维，不断展开多层次的现代精益工艺管理体系结构。沿着产品全生命周期时间维，各个层次之间具有继承和拓展的关系，后面的层次基于前面的层次，又根据本层次所处的生命周期阶段的需求，具有本层次的特色。

结构上，ELB-CLPM-OSA 四维模型由三部分组成：一是其模型结构框架，二是其知识工程架构，三是其数字化支持基础结构。模型结构框架从某产品的结构角度、建模的不同层次和实施的不同阶段出发给出现代精益工艺管理模型的结构以及实施现代精益工艺管理的方法体系，从而对某产品现代精益工艺管理模型的优化设计、建立和最佳运行提供指导与支持；知识工程架构给出了现代精益工艺管理的理论体系和知识工程方法，为某产品现代精益工艺管理提供了大量的、多学科的、综合性的理论与知识支持；数字化支持基础结构意在为某产品现代精益工艺管理模型提供一组公共服务组合，实现精益工艺管理信息集成、功能集成所需要的基本处理和通信功能，支持现代精益工艺管理模型的建立、企业现代精益工艺管理系统的设计、实施、运行与扩充，为某产品精益工艺管理模型的实现提供基础支撑环境。

ELB-CLPM-OSA 四维模型每一层次由三维框架组成：①精益工艺管理性能结构维；②精益工艺管理精益协同维；③精益工艺管理 IRIS 维。精益工艺管理性能结构维分为产品的性能参数和产品的主要组成部分。其中，构架是产品的骨架，用于承受和传递电力机车垂向力和水平力。弹簧悬架装置用来保证一定的轴重分配，缓和铁道线路不平顺对电力机车的冲击，保证电力机车运行的平稳性。连接装置是连接电力机车车体与产品的装置，传递车体与产品间的垂向力与水平力，使产品在机车通过曲线时能够相对于车体回转一定的角度。轮对直接向钢轨传递机车重量，通过轮轨间的黏着力产生牵引力或者制动力，通过轮对的回转实现电力机车在钢轨上的运行。轴箱是连接构架与轮对的活动关节，保证轮对进行回转运动，使轮对适应铁道线路条件，相对于构架上下、左右、前后有限活动。驱动装置将电力机车动力装置的功率传递给轮对。基础制动装置通过制动机构对电力机车进行制动。精益工艺管理精益协同维包括产品精益工艺管理创新的相关工作及协同，分为：精益价值流、精益准时制、精益自动化、精益精细化、精益可视化、精益标准化、精益布局、精益团队、精益优化、精益文化、精益评价等。精益工艺管理 IRIS 维从为某产品实现国际铁路行业标准（IRIS）进行现代精益工艺管理支持出发，分为供应链协同、工艺质量、工艺成本、工艺资源、工艺 RAMS、工艺 LCC、工艺 6σ 改善等。

第3章
轨道交通装备现代工艺管理模型

现代工艺技术工程管理存在的主要问题之一，是面向轨道交通装备的现代工艺技术工程管理模型尚未建立，工艺管理基础相对薄弱，制约了企业战略目标的实现，工艺管理体制的再造与创新有待进一步展开。因此，迫切需要对轨道交通装备现代工艺管理（简称现代工艺管理或工艺管理）进行系统研究，建立网络环境下现代工艺管理系统框架，借鉴归纳先进制造模式的已有成果对工艺管理的贡献，从系统论、控制论、信息论、方法论等的高度进行集成创新，为企业轨道交通装备制造的现代工艺技术工程管理跨越式发展提供支持。

3.1 轨道交通装备现代工艺管理理论模型

参考系统工程三维模型和 CIMS-OSA 开放式计算机集成制造参考体系结构模型，本书根据王秀伦教授提出的面向产品全生命周期的现代工艺管理理论，借鉴现代工艺管理系统体系结构 CPM-OSA，提出轨道交通装备现代工艺管理系统体系结构 R-CPM-OSA（railway transportation equipment-contemporary technology and process management-open system architecture）三维模型框架，如图 3-1 所示。R-CPM-OSA 是一个面向轨道交通装备全生命周期的开放体系

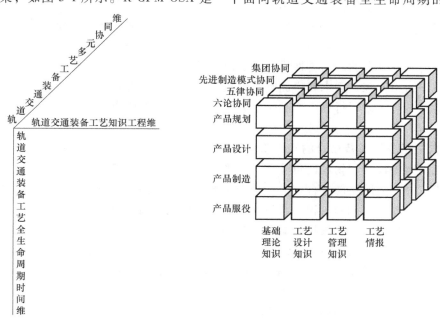

图 3-1 R-CPM-OSA 三维模型框架

结构。结构上，R-CPM-OSA 由三部分组成：①模型结构框架；②多元协同基础结构；③知识工程架构。模型结构框架从不同企业的角度、建模的不同层次和实施的不同阶段出发，给出现代工艺管理参考模型的结构以及实施现代工艺管理的方法体系，从而对轨道交通装备现代工艺管理的优化设计、建立和最佳运行提供指导与支持；多元协同基础结构意在为轨道交通装备现代工艺管理系统提供一组公共服务组合，实现工艺管理信息集成、功能集成所需要的基本处理和通信功能，支持现代工艺管理模型的建立、企业现代工艺管理系统的设计、实施、运行与扩充，为现代工艺管理体系结构的实现提供基础支撑环境；知识工程架构给出了轨道交通装备现代工艺管理的知识体系和知识工程方法，为轨道交通装备现代工艺管理提供大量多学科的综合性理论与知识支持。

轨道交通装备现代工艺管理系统体系结构三维模型包括：轨道交通装备工艺全生命周期时间维、轨道交通装备工艺知识工程维、轨道交通装备工艺多元协同维。

3.2　产品全生命周期的现代工艺管理

产品全生命周期是指一个产品从构思到出品、从报废到再生的全过程。根据可持续发展的理念，产品全生命周期包括从产品构思和原材料采购制备，到产品使用生命终止的全部过程。从轨道交通装备制造商的角度，根据产品的自然生命周期，轨道交通装备现代制造产品的全生命周期从宏观上可以划分为四个阶段：产品规划阶段、产品设计阶段、产品制造阶段、产品服役阶段。轨道交通装备现代工艺管理根据产品全生命周期不同阶段的目标、特征采取不同的战略战术，科学地计划、组织和控制各项工艺工作的全过程，为企业产品全生命周期经营提供工艺技术和管理支持。

1. 面向轨道交通装备规划的现代工艺管理

轨道交通装备规划也称为市场调研，或需求分析，包括获取客户需求信息、表达客户需求信息、建立产品需求模型等所有与产品开发相关的组织方面的任务。作为某项轨道交通装备规划的成果，要完成满足客户需求的产品概念设想及所期望的产品特性的系统配置，并详细描述与市场关系重大的产品特性模型，提出产品设计任务书。面向轨道交通装备规划的现代工艺管理包括根据客户需求和产品需求模型，进行产品关键零部件的制造工艺可行性、产品使用保养与维修工艺可行性、产品全生命周期工艺成本调研等，为产品可行性提供工艺技术支持。

2. 面向轨道交通装备设计的现代工艺管理

轨道交通装备设计从物理的角度，全面确定整个产品的策略、外观、结构，以满足产品的功能需求。对产品的功能进行定义，是一个面向目标功能，进行功能逐步分解和配置，再把它们总装成为整体功能的过程。轨道交通装备设计包括概念设计、技术设计和工程设计三个不同的阶段。概念设计阶段构思概念产品的主要功能、采用的主要技术、基本工作原理、简单的装配结构、基本的制造与装配信息、市场竞争力与成本信息、使用与维修信息。技术设计在产品概念模型的基础上形成完整的产品开发方案，包括产品配置、零部件的几何形状、尺寸、精度以及零部件之间各种约束关系。工程设计阶段在技术设计的基础上完成产品制造用的工作图样和随产品出厂用的设计文件。

面向轨道交通装备设计的现代工艺管理包括不同设计阶段的产品设计方案工艺论证、产品工艺性审查、工艺规划等。工艺论证和工艺性审查从工艺的角度,不仅要考虑产品功能和质量实现的工艺可行性,也要考虑产品决策生产批量、使用与维修实现的工艺可行性,还要考虑产品制造、使用与维修等全生命周期工艺成本的经济性,为产品设计提供工艺技术支持。工艺规划是对产品制造、使用与维修的定义,是连接产品设计与产品制造、使用与维修的桥梁,为产品的制造、使用与维修,企业经营的设备、工装、原材料、能源、成本、人力资源等的企业经营主流业务的计划与实施提供工艺技术和管理支持。工艺规划包含技术和管理两个方面。从产品制造、使用与维修等技术角度,工艺规划包括工艺方案、工艺路线、工艺规程、数控代码、工艺装备、工艺定额等的设计与制定。从企业经营的管理角度,工艺规划为产品制造、使用与维修的工艺质量,建立管理、保证和监督体系等提供解决方案,为企业资源计划提供工艺数据。目前我国面向轨道交通装备设计的现代工艺管理的作用不是十分理想,产品设计的工艺论证、工艺性审查、工艺规划的实时性较差,致使产品设计制造使用存在很多工艺问题,影响产品全生命周期质量。需要尽快建立产品设计现代工艺管理协同体系,为企业产品设计提供行之有效的工艺技术与管理支持。

3. 面向轨道交通装备制造的现代工艺管理

轨道交通装备制造包括产品生产准备、供应、加工、外协、装配等过程,是产品在物理上形成的阶段。加工和装配的概念也可理解为对产品的虚拟制造和物质制造的重要的功能扩展。因此这一概念在内容上不是仅局限于车间的范围,还包括生产准备及相关管理方面。在面向产品制造的现代工艺管理中,工艺规划的成果为企业资源计划等产品生产准备及制造过程,包括人力、资金、设备、工装、原材料、能源等,提供了工艺技术与管理方面的数据支持。而现场工艺管理包括工艺规程、工艺质量、工艺纪律、工艺定额(工时、材料、成本)、设备工装、6S管理等的实施与监控,操作者工艺培训、考核等,为产品的生产制造提供工艺技术和管理支持。面向轨道交通装备制造的现代工艺管理是产品全生命周期的四个阶段中,实施工艺管理时间最长、经验最丰富的工艺管理阶段,可以作为其他阶段特别是产品服役阶段现代工艺管理的参考。

4. 面向轨道交通装备服役的现代工艺管理

面向轨道交通装备服役的现代工艺管理在客户方面通过用户手册和售后工艺远程或在线帮助为操作者正确地进行产品使用、故障诊断、保养与维护提供技术支持;建立健全相应有效的售后工艺管理体系、工艺保证体系和工艺监督体系;建立正确、完整、一致的售后服务相关的工艺文件,包括产品安装、调试、维护、保养、故障诊断、拆装、维修等;实现6S文明、绿色售后服务,确保安全高效;做好服务现场记录,及时将有关信息反馈给企业相关部门;进行售后服务网点、人员工艺培训与考核认证等,售后服务人员必须持证上岗,售后服务网点必须具备一定资质;为售后服务方面的企业资源计划提供工艺数据等,为企业售后服务工艺水平的提高和企业在市场的激烈竞争中赢得主动提供工艺技术和管理支持。

随着我国铁路运输的快速发展和市场竞争的日益加剧,高速重载已经成为趋势,高速重载机车车辆的需求越来越迫切,对高速重载机车车辆的 RAMS 以及 LCC 的要求不断提高。我国轨道交通装备制造业的生产能力能够满足运输需要,但是运用实践表明,在设计、制造、运用、维修各个环节存在质量上的问题,在 RAMS/LCC 方面与工业发达国家存在差距。因此,应从轨道交通装备制造企业现代工艺管理的角度建立 RAMS/LCC 工程数据仓库,对来自各个方面的在高速重载机车车辆故障诊断、拆装和维修中发现的故障数据进行收集归纳处理，采用数据挖掘技术进行基于 RAMS/LCC 的分析研究，建立高速重载机车车辆 RAMS/LCC 工程的标准代码系统、标准文件格式，RAMS/LCC 工程的数据仓库和数据挖掘模型，RAMS/LCC 的数据收集、处理、分析和研究规范流程，以及 RAMS/LCC 的评价指标体系。同时，利用现代可靠性理论方法，结合数据仓库和数据挖掘理论方法，借助信息化和网络化手段，最大限度地收集利用故障数据资料，节省人力和物力、时间和空间，得出极有价值的结论，为产品近期和长远期发展提供决策支持，对于实现高速重载机车车辆 RAMS/LCC 优化及可持续发展具有重要理论意义和实用价值。综上，从轨道交通装备制造企业高速重载机车车辆 RAMS/LCC 工程方面进行研究突破，将国外铁路 RAMS/LCC 工程技术移植到高速重载机车车辆上，结合数据仓库数据挖掘技术，研究高速重载机车车辆使用的 RAMS/LCC 工程数据收集、处理、分析和研究规范流程，为保证企业高速重载机车车辆在设计、制造、运用、维修各个环节的质量提供决策支持和管理支持，为国内铁道机车车辆 RAMS/LCC 工程提供一个范例，具有广阔的应用前景和非常可观的经济效益与社会效益。

3.3 基于多元协同的现代工艺管理

自然界和人类社会的各种事物普遍存在有序、无序的现象，在一定的条件下，有序和无序之间会相互转化，无序就是混沌，有序就是协同，这是一个普遍规律。协同是指元素对元素的相干能力，表现了元素在整体发展运行过程中协调与合作的性质。各结构元素之间的协调、协作形成拉动效应，推动事物共同前进。对事物双方或多方而言，协同的结果使单体获益，整体加强，共同发展。导致事物间属性互相增强、向积极方向发展的相干性即为协同性。在一个系统内，若系统中各子系统（要素）能很好配合、协同，多种力量就能集聚成一个总力量，形成大大超越原各自功能总和的新功能。协同现象在宇宙间的一切领域中都普遍存在。没有协同，人类就不能生存，生产就不能发展，社会就不能前进。

轨道交通装备现代工艺管理的多元协同体系包括：六论协同、五律协同、先进制造模式协同、相似制造协同、集团协同等多个方面，如图 3-2 所示。直接指导、服务于企业制造经营过程的现代工艺管理提纲挈领，在网络技术的支持下，突破时间地域限制，纵向融会贯通于产品全生命周期过程，将企业制造经营系统中的工艺相关工作（包括物流管理、人力资源管理、生产计划控制管理、工艺装备管理、设备能源管理、现代质量工程、财务管理等）有机地联系在一起；横向维系全局，实现企业各子公司间、子公司各职能部门间、供应链企业间工艺工作的并行与协同，进而提高企业的市场响应速度，提高企业的竞争能力。

3.3.1 现代工艺管理六论协同

系统论、控制论和信息论是 20 世纪 40 年代先后创立并获得迅猛发展的三门系统理论的分支学科，被称为"老三论"，取这三论的英文名字的第一个字母，统称 SCI 论。耗散结构论、协同论、突变论是 20 世纪 70 年代以来陆续确立并获得极快进展的三门系统理论的分支学科，被称为"新三论"，取这三论的英文名字的第一个字母，统称 DSC 论。本书将"老三论""新三论"合称为"六论"，下面重点阐述本书用到的几个重要理论。

（1）系统论 系统论是研究系统的一般模式、结构和规律的科学，研究各种系统的共同特征，用数学方法定量地描述其功能，寻求并确立适用于一切系统的原理、原则和数学模

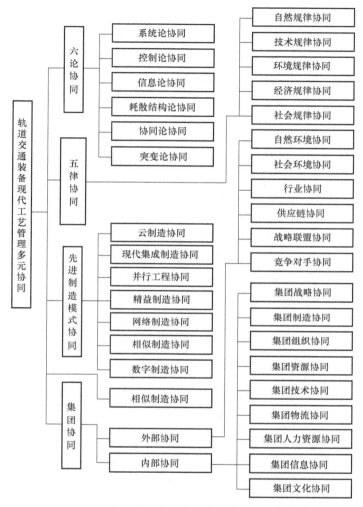

图3-2 轨道交通装备现代工艺管理多元协同体系

型。系统论要求用系统观点、动态观点和等级观点，把事物当作一个整体或系统来研究，并用数学模型去描述和确定系统的结构和行为。

系统是由相互作用和相互依赖的若干组成部分结合成的、具有特定功能的有机整体。系统本身又是它所从属的一个更大系统的组成部分，具有目的性、动态性、有序性三大基本特征。系统向环境充分开放，获得物质、信息、能量交换，系统的有机整体能够保持动态稳定。系统所有有机体都处于积极运动状态，系统的功能远大于某个组成因果链中各环节有机体的简单总和。系统论强调系统整体与局部、局部与局部、系统本身与外部环境之间互为依存、相互影响和制约的关系。世界上任何事物都可以看成是一个系统，系统是普遍存在的。

系统工程用系统观点看问题，把所研究和处理的对象作为一个系统，分析系统的结构和功能，研究系统、要素、环境三者的相互关系和变动的规律性。利用这些特点和规律去控制、管理、优化或创造系统，使系统的存在与发展满足目标的需要。

（2）控制论 控制论是研究生物（包括人类）和机器内部的控制与通信的一般规律的科学，是研究动态系统在变化的环境条件下如何保持平衡状态或稳定状态的科学，着重于研究过程中的数学关系。控制系统按照控制规律，组建由控制对象和控制装置所构成，能对控制对象的工作状态进行遥控或自控的，具有预定的稳定状态或平衡状态的动态系统。

控制是对事物起因、发展及结果的全过程的把握，控制能预测和了解并决定事物的结果，是为实现既定的目标，对系统的工作特性进行调节或操作，掌握住对象使其活动不超出范围，或使其按控制者的意愿活动。控制的基础是信息，一切信息传递都是为了控制，进而任何控制又都有赖于信息反馈来实现。控制系统通过信息反馈来揭示系统要素与标准之间的差异，并实时采取纠正措施，使系统稳定在预定的目标状态上。

（3）信息论　信息论是用数理统计方法来研究信息的度量、传递和变换规律的科学，是研究通信和控制系统中普遍存在着信息传递的共同规律以及研究最佳解决信息的获取、度量、变换、储存和传递等问题的基础理论。信息系统根据各种信息的获取、变换、传输、处理、利用和控制的一般规律，设计和研制各种信息机器和控制设备，实现操作自动化，以便尽可能地把人脑从自然力的束缚下解放出来，提高人类认识世界和改造世界的能力。

（4）协同论　协同论是研究不同事物共同特征及其协同机理的学科，采用统计学和动力学相结合的方法，通过对不同领域的分析，提出了多维相空间理论，建立了一整套的数学模型和处理方案，在微观到宏观的过渡上，描述了各种系统和现象中从无序到有序转变的共同规律。协同论认为，千差万别的系统，尽管其属性不同，但在整个环境中，各个系统间存在着相互影响而又相互合作的关系。其中也包括通常的社会现象，如不同单位间的相互配合与协作，部门间关系的协调，企业间相互竞争的作用，以及系统中的相互干扰和制约等。协同论指出，大量子系统组成的系统，在一定条件下，由于子系统的相互作用和协作，将使控制系统发生不同的变化。应用协同论方法，可以找出影响系统变化的控制因素，进而发挥系统内子系统间的协同作用，促使系统功能产生倍增效应。

系统论、控制论、信息论、耗散结构论、协同论、突变论等是现代工艺管理系统科学理论的思维基础，六论协同为现代工艺管理跨越式发展提供理论支持。

在"老三论"的指导下，现代工艺管理系统可以认为是一个具有多元耗散结构的复杂系统。现代工艺管理系统是由相互作用和相互依赖的若干组成部分（例如，工艺调研、工艺规划、工艺准备、工艺执行、工艺责任、工艺监督、工艺保证等）结合成的、具有现代工艺管理特定功能的有机整体；而系统本身又是它所从属的更大的轨道交通装备集团现代制造、经营系统的组成部分。从集团企业组织角度，现代工艺管理系统内部的子系统与系统有着自相似、自组织的结构。工艺管理系统提供工艺管理相关信息的收集、加工、传输、反馈等功能，通过信息反馈来揭示系统要素与标准之间的差异，对系统进行高效的实时控制，使系统稳定在预定的目标状态上。这种大系统的工艺管理控制，采用多级、多层和多段结合控制。多级控制是指工艺管理系统要按照企业管理的组织形式分为集团、集团职能部门、企业、企业职能部门、车间、班组、岗位等几级，上一级控制下一级，并进行协调，形成递阶控制结构。多层控制是指工艺管理系统要按照三个层次，基层进行作业控制，中层进行管理控制，高层从事经营控制，不同的层次发挥不同的控制职能。多段控制是指工艺管理系统要按产品全生命周期过程分为设计、制造、销售、使用、维修、回收、再造等不同阶段进行控制。

在"新三论"的指导下，工艺管理系统是它所从属的更大的轨道交通装备集团现代制造、经营系统的组成部分，工艺管理系统通过不断地与外界交换物质和能量，多元协同，在工艺管理系统内部某个参量的变化达到一定的阈值时，通过涨落，系统可能发生突变，由原来的混沌无序状态或者一种有序状态转变为另外一种在时间上、空间上或功能上的有序状态，实现现代工艺管理的跨越式发展。这种在远离平衡的非线性区形成的新的稳定的宏观有序结构，需要不断与外界交换物质或能量才能够维持。现代工艺管理系统协同不仅包括系统内部子系统之间的协作，也包括不同应用系统之间、不同数据资源之间、不同终端设备之间、不同应用情景之间、人与人之间、人与机器之间、不同学科之间、科技与传统之间等全方位的协同。

站在更高更宏观的角度，21世纪的中国已经成为制造大国而让世人瞩目，然而中国至今并没有成为制造强国。关键问题之一是：在制造领域缺少具有中国特色的创新工艺管理理论、方法和先进的工艺管理技术。因此，工艺管理研究面临着新的机遇和严峻的挑战。作为制造核心基础的工艺管理必须在六论协同的理论指导下，把握科技革命可能带来的发展先机，拓展自身的发展空间，克服工艺管理对设计制造的制约，为我国尽快从制造大国走向制造强国提供强有力的核心基础支持，而现代工艺管理科学自身也将在其中得到质的飞跃，实现跨越式发展。

从系统论的角度，现代工艺管理内含要素极多，结构复杂，功能综合，每项功能具有至少一个优化目标，牵涉企业主流业务经营的方方面面；系统内部各要素之间纵横交错，上下联系，互相影响和制约，使系统显得十分复杂。可见现代工艺管理是现代制造领域的一个系统工程，需要从系统的角度、应用系统的理论和方法来研究和处理工艺管理过程的有关问题。现代工艺管理系统工程的研究对象是现代工艺管理系统及其各类具体的子系统，其主要内容是工艺管理系统的分析、决策、规划、设计、管理、运筹和评价等，重点是研究和处理工艺管理过程中的综合性技术问题及相关的管理问题，以整体最优为目的，从整体的角度和系统的角度研究工艺管理系统。通过规划和协调系统内各子系统、各要素之间的联系和制约关系来组织系统的层次结构和网络结构等，使系统内的要素、单元、子系统或模块按照综合性能最优的原则配置并发挥作用。现代工艺管理系统工程的研究以计算机辅助的数学定量计算和经验判断相结合，达到研究系统和调控系统的目的。对于结构化问题，利用数学模型来描述，通过数学模型的分析、求解或仿真，再将结果应用于原系统；对于非结构化问题，系统工程运用决策支持系统、专家系统等来描述。

现代工艺管理系统工程研究的基本内容是研究现代工艺管理系统的有关理论，以及如何基于这些理论，从整体性、综合性、最优性的角度来研究现代工艺管理的分析、决策、建模、规划、设计、运行和管理的方法，以取得现代工艺管理过程的最佳效益。轨道交通装备现代工艺管理系统工程的基本内容如图3-3所示。

3.3.2 现代工艺管理五律协同

在人类生产生活的实践活动中，制约人们认识自然、改造自然的规律可以划分为五类，自然规律、技术规律、环境规律、经济规律和社会规律，统称为五律。

人类实践活动的目标方法过程与规律作用方向之间一般表现为三种状态，如图3-4所示。当目标方法过程与规律作用方向一致时称为协同，此时规律是实现目标的前进动力；当目标方法过程与规律作用方向相反时称为阻抗，此时规律是实现目标的反作用力。当目标方法过程与规律作用方向不完全一致时称为偏离，规律会形成实现目标的偏离力，根据方向不

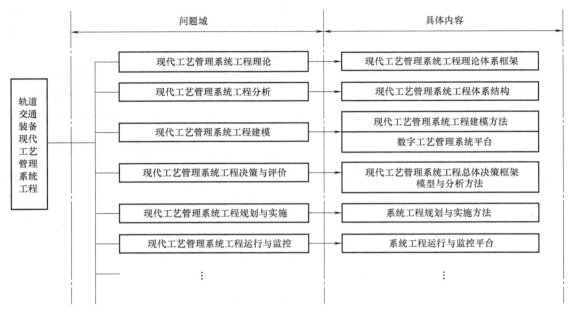

图 3-3　轨道交通装备现代工艺管理系统工程的基本内容

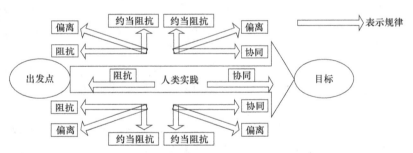

图 3-4　人类实践活动的目标方法过程与规律作用方向的关系

同，可以将偏离力分解为相对目标方向的正向力（夹角为 0°，协同）或者反向力（夹角为180°，阻抗），以及离心力（夹角为 90°或者 270°）。离心力虽然没有直接阻抗人类实践的目标方法过程，但是离心力会消耗人类的实践活动，导致无用功，是实现目标的无效力，视为约当阻抗。

　　如图 3-5 所示，在人类实践活动中，往往同时受到多种规律甚至五律的联合作用，是广义的五律协同。根据五律协同的程度不同，任何一个发生作用的规律产生背离作用，既定目标就不能实现；当规律产生偏离作用时，会产生人类预期以外的负面效应；当人类实践活动的目标方法过程与五律作用方向都一致时，五律都将成为实现目标的动力，这种状态是广义五律协同的最佳状态，是人类可持续发展所期待的五律协同。人类实践活动的目标方法过程都必须尽可能实现五律协同，在自然科学、技术科学、环境科学、经济科学和社会科学各个方面都能够很好配合、协同，形成互相拉动增强效应，良性循环，共同推动事物向积极方向发展前进，其能量往往会大大超越原各自能量的总和，其效益往往也会大大超越原各自效益的总和。反之亦然，形成恶性循环。五律协同原理具有两层含义：第一，人类行为必须同时遵守五类规律；第二，五类规律彼此间相互作用，人类行为要达到预期效果，必须取得五类规律的协同效应，协同度越高，越能实现预期效果。五个规律彼此相对独立而又相互关联，组成一个协同的、有机的系统。五律协同原理提供了一个高屋建瓴、统观全局的总视野，它是判别可持续发展与否、衡量可持续发展程度高低的一把尺子，有助于总结历史，审视现在，展望未来。借鉴五律协同实践，运用五律协同理论方法对现代轨道交通装备制造业工艺管理领域相关关键问题进行五律解析，将其放到自然、技术、环境、经济、社会五维空间中，全面系统地分析影响工艺管理发展的各种因素以及相关因素之间的联合作用，有利于准确把握工艺管理发展的一般规律，从中寻求工艺管理调控空间、调控机遇，进而寻求工艺管理五律协同的系统综合，为工艺管理工作制定合理可达的调控目标、高效可行的调控途径提供理论依据。现代轨道交通装备制造业工艺管理的五律协同研究具有重要的理论和实践意义。

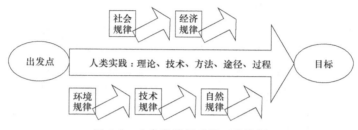

图 3-5　人类实践活动的五律协同

工艺是使各种原材料、半成品加工成为产品的方法和过程。一般来说，工艺要求采用合理的手段、较低的成本完成产品制造，同时必须达到设计规定的性能和质量，其中成本包括制造时间、制造人员投入、设备工装投入、质量损失等多个方面。通常工艺被定义为劳动者利用生产工具对各种原材料、半成品进行加工和处理，改变它们的几何形状、外形尺寸、表面状态、内部组织、物理和化学性能以及相互关系，最后使之成为预期产品的方法及过程。对应英文名称应是 technology and process。轨道交通装备工艺是使各种原材料、半成品加工成为轨道交通装备产品的方法和过程。自然约束、技术促进、环境制约、经济平衡、社会引导对轨道交通装备工艺管理的五律协同作用至关重要。

1. 自然规律

自然规律是存在于自然界客观事物内部的规律，是自然现象固有的、本质的联系。自然科学是通过特殊的社会实践活动而形成的关于自然事物及规律的知识体系。现代自然科学按照科研活动的不同阶段，可以分为基础科学和应用科学。基础科学是对客观世界基本规律的认识，构成了现代科学技术的基石。应用科学研究生产技术和工艺过程中的共同性规律，研究具体对象的特殊运动规律，与生产实践的关系密切，其规律可以应用到技术科学中。基于自然科学的现代轨道交通装备工艺管理，应运用自然科学的理论和方法，认识工艺现象、解决工艺问题，通过化学解析、生物解析、物理解析和地学解析等手段系统解析工艺多样性，全面认识工艺要素的性质、工艺过程和工艺效应等，从自然科学角度揭示工艺机理，并建立量度基准。自然科学是认识工艺的起点，为工艺技术、工艺监测技术、工艺控制技术、工艺治理技术、工艺修复与建设技术开发提供理论源泉，为工艺管理、工艺纪律、工艺伦理、工艺经济等工艺管理手段提供科学依据。

2. 技术规律

技术规律是技术发展的不同形态与不同阶段之间稳定的、必然的联系，是以技术原理为依托不断完善、发展的一个动态的过程概念。技术涵盖了人类生产力和社会发展水平的几乎所有标志性事物，是生存和生产工具、设施、装备、语言、数字数据、信息记录等的总和。在众多的技术规律中，有些已经通过人类对自然规律的揭示而为人们所认识，从而形成相关的技术原理；有些技术规律依然处于混沌状态，人们仅能凭借经验，通过实验和研究，利用经验参数建立相关影响因素之间的科学关系。各类工程技术参数和工程技术手册就是人们对于当前掌握的各类技术规律的总结。基于技术科学的现代轨道交通装备工艺管理，运用工程技术科学的理论和方法，认识工艺和寻求解决工艺问题的途径。技术科学是创造工艺的起点，新思想、新方法、新工艺是人们创造财富的创新源泉，工艺监测是人们认识控制工艺要素的重要手段，工业工程是改善工艺质量的重要途径。

3. 环境规律

环境规律研究人类社会发展活动与环境演化之间相互作用的规律。世间万物的生存与发展都依赖于其周围环境，需要利用并适应其生存环境。人们通过对环境规律的研究，寻求人类社会与环境协同演化、持续发展的途径与方法。基于环境科学的现代轨道交通装备工艺管理，在工艺技术与环境的相互作用中，认识和解读环境多样性的基础规律，揭示工艺与环境和谐的核心规律，度量、维系和提高工艺与环境的和谐程度，制定符合客观环境规律的工艺规则，实现工艺管理的可持续发展。

4. 经济规律

经济规律是人类经济活动中不以人们意志为转移的内在的、本质的、必然的联系和趋势。人们对于经济规律的认识和利用可以极大地提高社会生产力的发展，自觉或不自觉地背离经济规律的客观要求，必然遭受经济规律的"惩罚"。对经济规律研究和认识的成果构成了人类的经济科学。基于经济科学的现代轨道交通装备工艺管理，研究经济规律与技术规律联合作用领域内的特征规律，运用经济科学的理论和方法，对工艺现象进行经济解析，建立与贯彻工艺经济规则，为工艺经济、工艺成本提供理论与方法支持。

5. 社会规律

社会规律是指社会现象或社会事物之间的本质的、必然的联系，是社会发展的必然方向和推动社会发展进步的动力。社会发展的基本规律认为人的需要是推动社会向前发展进步的原始动力，并且决定着社会发展进步的方向，人的知识是推动社会向前发展进步的直接动力。工艺管理体系是一个由政治、经济、思想、文化等不同领域所组成的复杂的子社会系统，因而其社会规律也必然是复杂的、多系统的规律体系，由人们相互作用的合力所形成的客观规律不仅不由人的意志所决定，相反它影响着人们的目的、意志的实现程度和活动的成败，并规定着工艺工作发展的基本趋势。人与工艺和谐是工艺工作的核心规律，度量、维系和提高人与工艺的和谐程度，是工艺管理研究的重要科学问题。基于社会科学的现代轨道交通装备工艺管理，研究社会规律与技术规律联合作用领域内的特征规律，运用社会科学的理论和方法对工艺工作进行社会解析，建立与贯彻工艺社会规则，主要包括工艺伦理学、工艺法学、工艺管理学等，以和谐工艺管理促进工艺管理体系的工艺工作。

工艺工作涉及众多领域，工艺工作的多样性和复杂性往往受到五类规律的共同作用，如果运用单一科学的理论和方法研究这些事物发展的一般规律，容易以偏概全，甚至走入误区。五类规律各自发挥作用，彼此协调，工艺工作的良性循环才有望得到保证。工艺工作要实现预期目标，必须取得五类规律分别作用和联合作用的协同效应，协同度越高，越能更好地预期效果。工艺管理五律解析是认知工艺问题的系统分析方法，工艺管理五律协同是确定解决工艺问题最佳策略的系统综合方法。将轨道交通装备工艺工作放到自然、技术、环境、经济、社会五个要素组成的五维空间中，全面系统地分析影响工艺工作发展的各种因素以及相关因素之间的联合作用，准确把握工艺工作的一般规律，结合工艺工作的特定条件，对工艺工作目标和途径进行五类规律、五类影响因素的系统综合，从中寻求工艺工作的空间和机遇，为制定合理可达的工艺工作目标、高效可行的工艺工作途径奠定理论基础。工艺管理五律协同对于提高现代轨道交通装备制造业工艺管理水平、事半功倍地促进企业经营效益提高具有重要的理论和实践意义。

3.3.3 现代工艺管理先进制造模式协同

现代工艺管理以现代制造中的云制造、数字制造、网络制造、集成制造、虚拟制造、创新制造、协同制造、智能制造、生物制造、敏捷制造、柔性制造、纳米制造、绿色制造、可持续制造、相似制造、快速原型制造等在学科交叉中产生的先进制造模式作为指导思想。先进制造模式从理论和实践上对现代工艺管理提出了创新的需求，给现代工艺管理带来了挑战和机遇。

近30年来，许多先进制造模式、现代制造系统方面的研究与应用，诸如 CAD/CAPP/CAM、敏捷制造、并行工程、精益生产、工业工程、质量体系认证、六西格玛工程、全面质量管理、全员设备管理等，都从不同的侧面对工艺管理的发展做出了一定的贡献。现代工艺管理需要系统地对这些成果进行研究与集成创新，实现工艺管理的快速发展。现代工艺管理强调从不同角度集成创新，包括设计、工艺与管理的集成与创新，信息的集成与创新，过程的集成与创新，企业的集成与创新，知识的集成与创新，人、技术、经营的集成与创新，物流、资金流、能量流、信息流的集成与创新等。

1. 现代集成制造协同

现代集成制造（contemporary integrated manufacturing，CIM）是我国计算机集成制造（computer integrated manufacturing，CIM）的进一步发展。计算机集成制造是在信息技术、自动化技术与制造的基础上，通过计算机技术把分散在产品设计制造过程中各种孤立的自动化子系统有机地集成起来，形成适用于多品种、小批量生产，实现整体效益的集成化和智能化制造系统。集成化反映了自动化的广度，智能化则体现了自动化的深度，它不仅涉及物流控制的传统体力劳动自动化，还包括信息流控制的脑力劳动的自动化。现代集成制造在广度与深度上拓展了计算机集成制造的内涵。其中，"现代"的含义是计算机化、信息化、智能化。"集成"有更广泛的内容，现代集成制造技术就是制造技术、信息技术、管理科学与有关科学技术的集成。它包括信息集成（知识的集成）、过程集成（设计过程的集成、生产过程的集成、全生命周期过程的集成）及企业集成（即管理的集成，包括生产信息、功能、过程的集成；也包括企业内部的集成、企业外部的集成）等三个阶段的集成优化，企业活动中三要素及三流的集成优化，现代集成制造有关技术的集成优化及各类人员的集成优化等。现代集成制造不仅仅把技术系统和经营生产系统集成在一起，而且把人（人的思想、理念及智能）也集成在一起，使整个企业的工作流程、物流和信息流都保持通畅和相互有机联系，现代集成制造是人、经营和技术三者集成的产物，是企业管理运作的一种手段，是一种战略思想的应用。

集成化是指技术的集成、管理的集成和技术与管理的集成，其本质是知识的集成，亦即知识表现形式的集成。现代集成制造技术是制造技术、信息技术、管理科学与有关科学技术的集成。集成是取人之长，补己之短。现代制造集成化主要是指：现代技术的集成、加工技术的集成、企业集成（管理的集成，包括生产信息、功能）、过程的集成（包括生产过程的集成、全生命周期过程的集成，也包括企业内部的集成、企业外部的集成）。

现代工艺管理在现代集成制造协同中起着承上启下的重要作用。产品从设计变为现实，实现使用价值，是必须通过工艺才能完成的。工艺是制造技术的关键，设计的可行性往往会受到工艺的制约。工艺工作是连接设计、制造、管理的桥梁。在现代集成制造协同的过程集成与企业集成中，现代工艺管理是一个纲，纲举目张。在产品全生命周期过程中，工艺规程中的备料、毛坯图、材料定额为物料管理的生产物料采购计划、成本管理会计的成本核算等提供管理数据；工艺过程、工序为生产计划管理、生产布局、车间布局等提供技术依据，为操作者提供制造技术规程；设备、工装、工艺参数为设备与工装管理、能源管理的能源计划等提供技术和管理数据；工时定额为人力资源管理的劳动定额，成本管理会计的成本核算，能源管理的水、电、气、汽、煤等能源计划等提供管理数据；工序质量要求为工序质量控制点、质量管理、操作者等提供技术数据；拆卸、维修与处理为售后服务管理、产品维修、回收、再制造等提供技术和管理数据。工艺管理是企业经营最基本的管理工作，诸如工艺分析、工艺路线设计、工艺方案制定、工艺规程编制、采用新工艺、新装备的决策与措施等，都是以工程技术为基础的。工艺管理体系，包括总工艺师、工艺科室、车间工艺组等具有企业生产直接指导的职能，是以生产环节的形式存在的。工艺管理通过采用新工艺、新技术、新装备、新材料等带来了节约材料、能源、工时、台时，保证安全和改善劳动环境等效果，成为推动生产力发展最直接的因素。企业经营中大约有 70%~75% 的费用与工艺有关，工艺成本的计量、控制、管理对企业的经济效益起到决定性的作用。

2. 并行工程协同

并行工程（concurrent engineering，CE）是集成地、并行地设计产品及其相关过程（包括制造过程和支持过程）的系统方法。并行工程是对产品及其相关过程（包括制造过程和支持过程）进行并行、一体化设计的一种系统化工作模式。这种工作模式力图使开发者从一开始就考虑到产品全生命周期中的所有因素，包括质量、成本、进度和用户需求。并行工程在产品的设计开发期间，将概念设计、结构设计、工艺设计、最终需求等结合起来，保证以最快的速度、最可靠的质量完成。各项工作由与此相关的项目小组完成。进程中小组成员各自安排自身的工作，但可以定期或随时反馈信息并对出现的问题协调解决。利用 CIM 技术，在产品的研制与开发期间，辅助项目进程的并行化。

面向产品全生命周期现代工艺管理在并行工程中为面向产品全生命周期的产品设计提供支持，包括面向制造的设计、面向装配的设计、面向维修的设计、面向拆卸的设计、面向使用的设计、面向回收的设计等。当那些本来在设计中就能够避免的制造失败、使用故障与事故、维修失败等，暴露、出现在产品制造、使用、维修等阶段时，依靠补救措施来解决和处理，需要付出高昂的人力、财力、物力及时间代价。现代工艺管理从产品设计初期直至产品设计全过程，充分考虑产品全生命周期的工艺性问题，以满足用户需求为前提，通过分析和研究产品生命周期中各阶段的工艺特征，从保证产品制造、装配、使用、维修、拆卸、回收的工艺可行性出发，对产品设计进行跟踪、综合评价和权衡，对产品的功能及可制造性的潜在问题进行预测，在产品实际制造前就采取预防措施，保障产品一次性制造成功，提高设计质量、降低成本、缩短产品开发周期、增强产品竞争力、提高工艺效率，使得产品设计的成果具有尽可能高的产品 TQCSE 特性和 RAMS 特性保障，使得产品能以最少的制造、使用、维修等资源（工艺时间、工艺人力、工艺费用、工艺设备、工艺装备等）消耗获得最大的产品效益、企业效益、客户效益和社会效益，使企业的制造达到高度的柔性化，能够对市场要求做出敏捷快速的反应，提高企业的市场竞争能力。

3. 精益制造协同

精益制造也称精益生产（LP），是在多品种、小批量混合生产条件下的高质量、低消耗的制造方式，是以整体优化的观点，以社会需求为依据，以发挥人的因素为根本，有效配置和合理使用企业资源，最大限度地为企业谋求利益的生产方式。精益制造核心思想在于：消除浪费、强调精简组织机构；不断改善。前者指的是从组织管理到生产过程，侧重于分析产品流、物料流和信息流，及时暴露问题，删繁就简，消除一切浪费，去掉生产环节中一切无用的东西，每个工人及其岗位的安排原则是必须增值，撤除一切不增值的岗位，精简产品开发设计、生产、管理中一切不产生附加值的工作。目标是零故障、零缺陷、零库存，杜绝浪费，从而使价值流连续流动起来。后者则强调充分发挥人的潜能，力争精益求精，追求尽善尽美。把责任下放到组织结构的各个层次，采用小组工作法，充分调动全体职工的积极性和聪明才智，把缺陷和浪费及时地消灭在每一个岗位。精益制造模式所要实现的目标是以最优品质、最低成本和最高效率的制造经营对市场需求做出最迅速的响应，使客户完全满意。

工业工程是将人、设备、物料、信息和环境等生产要素进行优化配置，对工业等生产过程进行系统规划与设计、评价与创新，从而提高工业生产率和社会经济效益的专门化的综合技术，并且内容日益广泛。工业工程既具有鲜明的工程属性，又具有显著的管理特征，是一门工程技术与组织管理有机结合的交叉学科。该学科具有 100 多年的发展历史，时至今日仍然朝气蓬勃，汲取现代科学的成果，工业工程的工具箱日益扩展，工作范围更是遍及各行各业，在我国也具有很好的发展势头和较快的发展速度。工业工程的学科范畴包括方法研究与作业测定、人因工程、人机工程、应用数学（含运筹学、管理数学、统计质量控制、统计与概率等）、成本管理、工程经济、设施规划（含工厂设计、维修保养、物料搬运等）、材料加工（含工具设计、工艺研究、自动化等）、生产计划与控制（含库存管理、运输路线、调度、发货等）、组织规划与理论、数据处理与系统设计、销售与市场、生物力学、实用心理学（含心理学、社会学、工作评价、奖酬激励等）、工资管理、安全工程、职业卫生与医学等。

现代工艺管理在精益制造方面要充分考虑产品全生命周期的工艺性问题，基于工业工程实现产品全生命周期工艺精细化管理，对产品工艺流程进行优化，从工程技术的角度估算产品工艺成本，基于企业资源能力进行工艺规划，从系统工程的角度实现精益工艺流程、精益工序质量管理、精益供应链，从六西格玛出发进行工序能力资源规划，等等，实现精益制造协同的精益工艺管理。

4. 云制造协同

云制造是在"制造即是服务"理念的基础上，借鉴云计算思想发展起来的一个新概念。云制造是先进的信息技术、制造技术以及新兴物联网技术等交叉融合的产物。云制造需要云工艺的支持，云工艺基于云制造，通过运用包括云计算在内的当代信息技术前沿理念，支持现代制造业在广泛的网络资源环境下，为产品提供高附加值、低成本和全球化制造的工艺服务。在生产过程中，只有将工艺问题考虑进来后，才能够往高端发展。针对大型集团企业的工艺问题，云制造协同的应用可以在云工艺的三个方向上逐步展开。云工艺首先是针对大型集团企业的工艺研发设计能力的服务平台。利用网格技术等先进信息技术，整合集团企业内部现有的计算资源、软件资源和数据资源，建立面向复杂产品工艺研发设计能力的服务平台，为集团内部各下属企业提供技术能力、软件应用和数据服务，支持多学科优化、性能分析、虚拟验证等产品工艺研制活动，促进产品工艺创新设计能力。云工艺第二个重要方向是集团性工艺资源共享服务平台。大型集团企业拥有比较丰富的制造加工资源，针对集团内部各下属企业、相关行业工艺资源分散和利用率不高的问题，利用信息技术、虚拟化技术、物联网以及射频识别（radio frequency identification，RFID）等先进技术，建立面向集团内部和行业的工艺资源共享与服务平台，实现集团内和行业内工艺资源的高效共享与优化配置，促进集团和行业制造业发展。集团制造工艺服务化支持平台也是云工艺可以重点发展的方向之一。针对服务成为制造企业价值主要来源的发展趋势，可以建立制造工艺服务化支持平台，支持集团制造企业从单一的产品供应商向整体解决方案提供商及系统集成商转变，提供在线监测、远程诊断、维护和大修等工艺服务，促进集团制造企业走向产业价值链高端。

5. 网络制造协同

网络制造利用网络技术开展产品设计、制造、销售、采购、管理等一系列活动，涉及企业生产经营活动的各个环节。面对市场需求与机遇，针对某一个特定产品，利用以因特网为标志的信息高速公路，在产品设计、制造与生产管理等活动乃至企业整个业务流程中，快速调集、有机整合与高效利用有关制造资源，灵活而迅速地组成一种突破时间地域限制的、依靠计算机网络联系的制造协同系统，实现产品设计、制造、销售、采购、管理等一系列活动的远程控制与管理，快速高效地响应市场需求。制造资源的分布性、生产经营管理决策的分布性、制造过程与组织的分布性，依靠计算机网络作为支撑环境，是网络制造协同的突出特点。集团企业大量存在制造资源的分布性、生产经营管理决策的分布性、制造过程与组织的分布性，基于相似制造技术应用网络制造，可以实现下属企业制造资源共享、远程工艺管理共享，实现集团经营远程协同。

6. 数字制造协同

数字制造在数字化技术和制造技术融合的背景下，在虚拟现实、计算机网络、快速原型、数据库和多媒体等支撑技术的支持下，根据客户的需求，迅速收集资源信息，对产品信息、工艺信息和资源信息进行分析、规划和重组，实现对产品设计和功能的仿真以及原型制造，进而快速生产出达到客户要求的产品。数字制造包括三个层面：以设计为中心的数字制造技术、以控制为中心的数字制造技术、以管理为中心的数字制造技术。对制造设备而言，其控制参数均为数字信号。对制造企业而言，各种信息（如图形、数据、知识、技能等）均以数字形式，通过网络在企业内传递，以便根据市场信息，迅速收集资料信息，在虚拟现实、快速原型、数据库、多媒体等多种知识协同数字化技术的支持下，对产品信息、工艺信息与资源信息进行分析、规划与重组，实现对产品设计和产品功能的仿真，对加工过程与生产组织过程的仿真，或完成原型制造，从而实现生产过程的快速重组与对市场的快速响应，以满足客户化要求。在数字制造环境下，企业、车间、设备、员工、经销商乃至有关市场均可成为网上的数字化节点，在研究、设计、制造、销售、服务的过程中，彼此交互，围绕产品所赋予的数字信息，成为驱动制造业活动的最活跃的因素。

7. 相似制造协同

（1）相似制造论　大连交通大学王秀伦教授提出的相似制造论是现代制造理论的重要基础理论之一，深入研究相似制造论及全面、深入地应用相似制造论，对提升我国制造业的水平具有极其重要的理论价值和应用价值。相似制造论是用相似论的基本观点对制造活动中大量存在的相似现象和原理进行探讨，研究制造领域广泛存在的相似运动、相似联系与相似创造规律，以求提高对制造活动的认识与创造水平。具体对装备制造而言，就是运用相似论的基本观点对面向产品全生命周期制造活动中大量存在的相似现象和原理进行探讨，包括对产品的设计开发、生产的技术准备、现场的制造、产品的售后服务、企业管理等领域广泛存在的相似运动、相似联系与相似创造规律进行研究，以求提高制造水平和竞争力，使企业获得最大的综合效益。在深入研究相似制造论的同时，重点在运用相似制造论的规律以解决制造中深层次的问题，使其在将我国从制造大国变为制造强国的进程中发挥应有的作用。

在运用相似制造论时，需要紧紧把握住相似的三个关系：相似现象与本质的关系、静态相似和动态相似的关系、宏观相似与微观相似的关系。要认识相似现象后面的本质，一般说来，应从静态相似和动态相似的关系以及宏观相似与微观相似的关系来认识。研究相似事物静态与动态的关系必须更重视动态，即从事物的运动中和运动相互关系中去认识事物的特点和本质。研究宏观相似与微观相似的关系，实质上就是研究结构问题，即组成事物的那些基本单元或层次之间的关系。重点是认识宏观与微观运动中的那些相互关系和转化的相似关系。例如，在引进精益生产模式同时，不是仅看生产现场是否使用了看板这样一种表面现象，更重要的，看其是否真正用看板由后向前拉动了整个生产过程；是以机器为中心，还是以人为本；是串行工作，还是采用了并行工作方式；是否以简化手段，对所有业务流程进行了再造；是否实现了尽善尽美的目标，即是否实现了零缺陷、零准备、零库存、零搬运、零故障停机、零提前量和批量，等等。另外，需要紧紧把握住相似的三条规律：相似运动律、相似联系律、相似创造律。

1）相似运动律。客观物质运动的相似性和人们认识运动的相似性，决定了人在改造客观世界中思维与行为的相似性以及在创造产品上的相似性。例如，新产品研究开发思维的运动规律，一定要从系统的相似性入手，才能获得良好的设计结果，即要运用运动相似、结构相似、关系相似、功能相似等一系列相似性去把握思维活动中的相似性原理，才能深刻地认识思维运动的相似规律。所以，一切制造活动，都是这样由低级到高级、由简单到复杂，在相似的同与变异中进行的。

2）相似联系律。一切事物都是通过相似性中介而联系的。原来认为本质不同的东西可以通过相似性中介而联系，从而使它们能相互转化、相互作用、相互依存和相互制约。系统中各个单元、各个层次、各子系统之间也是要通过某种相似性的中介而联系的。例如，快速原型制造技术就是综合利用数控技术、材料科学、机械工程、电子技术及激光技术等的集成以实现从零件设计到三维实体原型制造一体化的系统技术。并且运用（软件）离散/（材料）堆积原理相似为联系中介，创造了立体印刷、分层实体制造、选择性激光烧结及熔融沉积成形等各种典型的技术。

3）相似创造律。要使中国成为制造强国，最根本的动力在于创新。一切创造，都是基于某种相似性进行的。新产品的创造：一方面是以认识自然界相似运动、相似联系中某些原理而进行的创造；另一方面是在前人所取得的成果的基础上，进行某些相似性改进、相似的综合集成而进行的创造。例如，并联机床就是综合利用计算机技术、数控技术、机械工程等技术的集成形成新的加工系统，并以并联机构原理的相似性为中介而创造的。

（2）轨道交通装备现代工艺管理相似制造协同　制造业广泛应用的成组技术是研究如何识别和发掘生产活动中有关事物的相似性，把相似问题归类成组，寻求解决这一组问题相对统一的最优方案，以期取得良好的经济效益。成组技术的理论基础是相似制造论，运用相似制造论挖掘机械加工中的相似性就是成组工艺，运用相似制造论进行工艺装备设计就是成组工装，运用相似制造论进行机床设计就是成组机床，运用相似制造论进行生产单元设计就是成组生产单元，运用相似制造论进行生产管理就是成组生产管理，等等。从相似制造论的观点出发，不仅要注意形式上的相似，更重要的是要注意本质的相似。要做到这一点，就要注意事物中运动过程的相似、宏观结构的相似、微观结构的相似、联系过程中的相似、关系中的相似性。这些就要进一步涉及原材料的相似、加工工艺的相似、管理过程的相似和知识水平相似等问题。根据大量的相似性统计分析，任何一种机械产品中的组成零件都可以分为三类。只有5%～10%的零件需要专门设计与制造，20%～25%的零件是标准件，65%～70%零件是相似件。相似件利用现有图样或只进行局部修改就可以利用。按照相似性原理，根据零件的几何相似性和工艺相似性对零件分类、编码、成组，按照组别组织生产。采用成组工艺进行成组加工，变单件中小批生产为大批大量生产，从而提高产品的标准化程度，提高效率，降低成本，确保产品质量，提高规模效益。

轨道交通装备集团经营涵盖铁路机车车辆（含动车组）、城市轨道车辆、工程机械、机电设备、电子设备及相关部件等产品的研发、设计、制造、修理、服务业务，产品销售、技术服务及设备租赁业务，进出口业务，与以上业务相关的实业投资业务，资产管理，信息咨询等业务，产品品种繁多，成系列化，相似制造协同大有可为。以机车车辆为例，可以分别面向电力机车相似制造协同，内燃机车相似制造协同，铁路客车相似制造协同、铁路动车组相似制造协同、城市轨道车辆相似制造协同、城市地铁车辆相似制造协同，敞车、棚车、集装箱平车、罐车、漏斗车等各型货车相似制造协同，以及机车车辆售后服务现代工艺管理相似制造协同等，按照相似制造协同原理，依据相似结构、相似工艺、相似业务、相似组织与人力资源、相似地域等分类成组，做好机车车辆现代工艺管理的基础工作，进而优化轨道交通装备集团的各项机车车辆相关工艺协同操作，使之规范化、系列化、标准化，以提高机车车辆现代制造工艺协同科技水平，提高效率，降低成本，为提高轨道交通装备集团整体协同经营效益提供支持。

1）相似制造论在轨道交通装备设计中的应用。相似制造论在设计中的应用就是挖掘产品在设计中的相似性，以使产品、部件、组件、零件的设计达到通用化、系列化、模块化、标准化，以提高设计质量，缩短设计周期，降低设计成本。创新产品的设计开发是企业的生命线，是企业核心竞争力的体现，运用相似制造论寻求产品及零部件在原理、功能、结构等方面的同中之异，是创新产品设计的重要形式。运用相似制造论进行设计，首要的问题就是对产品、零部件及其要素进行科学的分类。分类应当从宏观到微观、层层递进，即产品→部件→组件→零件，以及零件→零件类→零件级→零件组→外、内部形状→主、副特征→尺寸等元素，全面、深入地分析其有关的相似性，实现产品及其零部件设计的通用化、系列化、标准化，取得最优的综合效益。对相似产品进行分析时，要建立起产品的综合，充分挖掘各层及其层与层之间拓扑关系的相似性，以便进行设计和组织零部件的加工和装配等面向产品全生命周期的一系列制造活动，取得最优经济效益。

2）相似制造论在轨道交通装备工艺设计中的应用。运用相似制造论进行工艺设计时，除应考虑零部件结构等设计特征的相似性之外，还应考虑诸如工艺路线（包括加工装配、拆卸、维修、回收、处理）、材料、精度、毛坯、工艺方法、工序、安装、工步、操作、动素、设备、工艺装备、工时定额等方面的相似性。在进行工艺设计时，根据工艺的相似程度将零件工艺分为标准工艺、典型工艺和实例工艺三种原型工艺，根据待设计零件的上述有关特征与原型工艺有关特征进行加权对比，迅速生成目标零件的工艺。该种方法不仅工艺设计效率高，而且质量高、成本低、实用化，受到企业的普遍欢迎。这样，能较彻底地实现工艺路线、工序（含工序图）、设备与工艺装备、工时定额等工艺文件上的一系列工艺要素的有效继承。

3）相似制造论在轨道交通装备工序质量控制中的应用。现代制造业生产类型的发展趋势是多品种、小批量，同时，对于产品质量的要求也更为严格。多品种、小批量生产的关键在于小批量，由于在相同工况下加工同一规格的零件数目有限，如果直接按传统的方法，则很难保证统计所需的样本容量。为了解决这个矛盾，其中一种思想就是依然利用价格低廉而且又已经被广为认同的控制图法，这种思想的关键是想办法取得大量的数据，常用的有相似工序法。相似工序法主要是运用相似制造论，将相似零件和工艺条件分类成组，进而将相似工序的数据，即同类型分布的数据，经过数学变换成为同一分布的数据，积少成多，按时间的先后顺序在同一张控制图上进行控制。相似工序具有六个方面的相似性：同一类型的质量指标（经济精度等级相同）；同一台或精度等级相似的设备和工艺装备；加工难易程度相近的加工件（材料性能相似）；同等级的操作人员；同一类型的加工方法（车外圆）；在相似环境内（振动、温度、噪声等）。这类方法有通用图法、相对公差法等。

3.3.4 现代工艺管理集团协同

轨道交通装备现代工艺管理的集团协同包括两个方面：一是现代工艺管理与现代制造系统及其管理运作的外部协同，二是现代工艺管理的内部协同。

1. 现代工艺管理集团企业外部协同

轨道交通装备现代工艺管理集团企业外部协同包括自然环境协同、社会环境协同、行业协同、供应链协同、战略联盟协同、竞争对手协同等。

（1）自然环境协同 在物质生产力高度发展、非再生产性资源日渐减少的今天，自然资源的价值越来越高，节约自然资源成为影响可持续发展的一个重要环节。在环境问题上，传统的经济增长是以对环境的污染为代价的，自然环境被认为是一个具有无限自我修复能力的巨大的公共排污场所。在人口剧增、生产力高度发展的今天，自然界已经没有能力消化人类日益增多的环境污染，自然环境日益恶化，已经严重影响到了人类的生存，环境保护成为影响可持续发展的一个重要环节。人类在采取一系列可持续发展战略的同时，需要在产品价值中考虑经济过程对不可再生性资源的占用和对环境污染破坏的代价。

轨道交通装备制造业在可持续发展战略中必须认识到企业与自然环境之间和谐相处、协同发展的重要意义。传统的经济理论认为，企业是"经济人"，企业管理的根本目的就是利润最大化，在这种观念指导下的企业往往选择最大限度地利用自然资源和劳动资源，而不顾及生态环境的承受能力，企业在实际的经营活动中充当自然环境的索取者、破坏者角色。自然环境协同要求企业重视自身发展同生态环境相协调，支持国家社会的可持续发展战略，勇于承担起保护自然环境的社会责任，将环境保护的观念融入企业文化中，融入企业的日常经营管理和企业员工及管理者的头脑当中，从企业经营的各个环节着手来控制污染并节约资源，建立一种生态经济模式，推行绿色制造，使工艺过程生态化，与自然环境协同，逐步降低人类给予大自然的环境承载负荷。制造和提供与环境协调的绿色商品，革新、构筑以减少环境负荷为目标的所有工作程序，持续改进环境管理系统等，在这样的"和谐"当中，企业发现并实践着企业与自然的协同发展之路，也为企业赢得良好的社会公众形象。如今，企业与自然环境之间的协同具有道德伦理的约束性、社会法律的强制性和企业公民的自觉性特征。只有努力使企业成为有道德、守法律的社会责任"公民"，才能提高企业经营行为与自然环境协同的效果。

（2）社会环境协同　集团企业社会环境协同如图 3-6 所示。

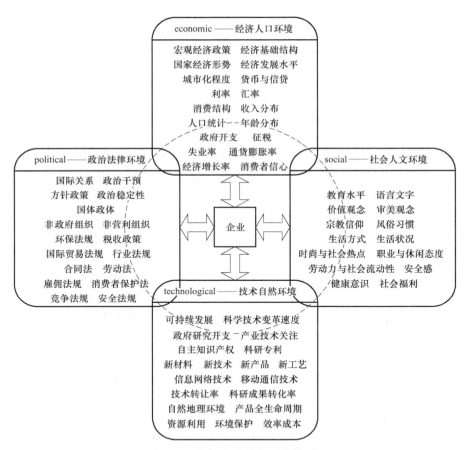

图 3-6　集团企业社会环境协同

企业是社会大环境的一个组成部分，为了实现企业与社会宏观环境的协同发展，一方面，要求企业在制定发展战略时应首先进行 PEST 分析，根据宏观环境提供的机遇和挑战制定合适的企业经营战略。协同管理思想要求企业的发展战略必须与社会环境的政治状况以及政府制定的宏观经济政策、产业发展政策、区域发展政策相适应、相协同，必须与社会环境的经济状况——经济发展水平、经济发展速度、人民生活水平、生活方式相适应，必须与社会环境的居民习惯和文化相协同，必须与技术发展水平相协同。另一方面，为了实现企业和社会宏观环境的和谐相处，企业应勇于承担起自身的社会责任，如通过积极参与社会公益物品的提供、参与公共基础设施的建设、参与公益事业来赢取良好的企业形象，使企业与社会协同发展。

随着全球经济一体化，企业面对的是一种以多变性和不确定性为主导的市场竞争环境，在日益激烈和复杂的市场竞争环境中，企业与非营利组织协同发展作为一种必然趋势，已经引起全球的广泛关注。企业为实现其战略，不仅需要加速推进以技术投入、零部件国产化为核心的本土化战略，而且从战略高度审视与非营利组织的协同，通过广泛地参与社区活动以及与地方非营利组织的合作，在慈善战略上抢得先机。在现今开放经济和知识经济的条件下，企业不可能独立于社会，企业竞争力在很大程度上依赖于企业竞争环境。而企业协同非营利组织进行的社会公益行为常常可以改善企业的竞争环境。

（3）行业协同　行业协同是企业集团与行业的经营协同，是与行业内部企业之间的制造协同。在知识经济时代，企业不但需要考虑自身企业价值链的竞争，还需要考虑企业所处行业企业间共同营造的价值网的竞争，考虑充分整合行业企业间的优势，实现行业整体实力的竞争。要想在激烈的竞争环境中脱颖而出，实现企业的利润价值，就必须充分发挥行业协同的优势，联合整个行业，实现行业内部物流、信息流、资金流、工作流和人力资源流的协同与标准化，实现行业供应链的协同，在价值网的每一个节点上创造价值。轨道交通装备集团作为行业的龙头企业，应该对行业的总体目标、总体原则、总体思想、总体框架的构建提出主导性解决方案，实现行业企业各类业务流程的行业标准化管理，实现行业协同化、动态化管理的跨组织协同、松散组织协同、动态流程协同，带动行业整体在激烈的竞争环境中脱颖而出，促进行业供应链的良性循环，实现行业内部企业共赢，集团自身也将在行业协同发展的过程中得到更广泛、更深入的发展。

（4）供应链协同　供应链协同是企业集团外部的制造协同，是企业集团与集团外部企业之间的制造协同。供应链协同围绕核心企业的产品设计、开发、制造、服务任务和目标要求，采取资源优化与互补的方式，对产品供应链综合网络各个节点企业制造环节的物料、资金、设备、信息等资源进行计划、调度、调配、控制与利用，形成用户、零售商、分销商、制造商、采购供应商等的产品全部供应过程的功能整体。供应链中每个节点企业都具有自身的核心竞争力，通过"竞争-合作-协调"的自组织运行机制组合在一起，形成一个供应链整体。供应链企业之间是战略合作伙伴关系，具有共同的市场目标，相互依赖，相互协同，风险共担，利益共享，信息共享。发挥各自优势，降低风险，技术互补，产品创新，缩短供应链物流周期，提高供应链效率，降低供应链成本，提高服务质量，快速响应市场和用户的需求，获得更大的市场份额，实现供应链企业间的共赢。轨道交通装备集团的产品种群、规模更为庞大，供应链更为庞大，依照相似制造进行供应链协同，效益会更加明显。

（5）战略联盟协同　战略联盟协同是企业集团与集团外部合作伙伴之间，为了实现共同的战略目标而采取的相互合作、共担风险、共享利益的组织协同模式。根据产品的特点、行业的性质、竞争的程度、企业的目标和自身优势等因素的差异，企业间采取的战略联盟形式可以分为五种：合资、研发协议、定牌生产、特许经营、相互持股。战略联盟强调如何利用技术变化带来好处，以及如何对市场上不断加深的竞争性做出反应。

轨道交通装备集团企业战略联盟从价值链的角度，可以分为企业战略联盟和政产学研用战略联盟。

1）企业战略联盟又分为横向战略联盟和纵向战略联盟。横向战略联盟是行业企业间的战略联盟，企业通过行业内部的横向联盟，积极参与行业范围竞争，利用各种有利条件，避免一些局部的过度竞争。这种合作方式体现了行业战略联盟企业在某些方面和范围内合作、在其他方面展开竞争的格局，局部合作不仅可以在一定程度上避免战略联盟企业间的竞争，而且由于联盟的合作关系，产品更加具有竞争力，对于非联盟方具有更强的竞争优势，对于供应链具有更多的话语权，达到联盟企业共赢的效果。纵向战略联盟是企业与供应商企业间的战略联盟，企业通过与供应商的纵向联盟，不但可以降低独立生产的风险，而且可以得到廉价零部件，达到了降低成本的目的，从而使企业获得成本优势；供应商在创新、工程、制造及整体信赖度方面的优异表现为保证产品质量提供了支持，从而使企业获得质量优势；良好的供应链体系可以保证企业对市场的及时响应，从而使企业获得时间优势，企业与供应链方互补长短和互通有无，在激烈的全球竞争中占到先机，实现战略联盟共赢。

2）政产学研用战略联盟是企业在科学技术和管理层次上与政府、高校、科研院所的战略联盟。企业谋求政产学研用更高层次的跨学科长期合作，根据政府的政策导向，争取国家资助作为产学研合作的催化剂，打破高校、科研院所和企业彼此割裂的格局，实现企业的技术需求、研发方向与高校和科研机构的实验室、仪器设备与科研成果的无缝对接。企业与高校、科研院所通过技术培训、人才培养、成果转让、联合开发、专项委托开发、技术服务等多种形式展开合作，双方通过协商签约保持稳定、长期的联络关系。政府相关部门利用有形或无形之手，推出的一系列优惠、资助政策，强势推进，牵线搭桥，引导产学研用开展形式多样的合作，形成战略联盟，在前瞻性技术领域进行布局。共建、共享、共赢的政产学研用模式，打造以企业为主体、高校为依托、市场为导向的政产学研用技术创新体系，把握世界技术发展趋势，促进自主创新、技术引进消化吸收再创新的科研成果之花孕育绽放，使科研成果从实验室走向产业化，第一时间在企业结果，不仅促进了企业经济效益成倍增长，也让高校和科研机构资源有用武之地，更能使政府相关部门因此创造出区域、国家的新的经济增长点。

（6）竞争对手协同 轨道交通装备制造业涉及铁路运输安全和人民生命财产安全，集团为了有效分散研发风险，达到与其他企业技术优势互补的目的，在组建自己的研发团队的同时，创建与世界上著名的轨道交通装备厂商以技术合作为核心、以合作开发新产品为目标的合作方式，借用或间接转换外来技术。与轨道交通装备行业中某项技术具有国际领先地位的竞争对手合作，联手开发新产品，并将合作范围扩展到相关部件、元器件的开发，达到相辅相成的效果。与竞争对手协同合作将为合作方带来巨大的利益，更将有助于我国轨道交通装备集团在技术上的发展壮大，在竞争激烈的世界市场上占据一席之地，实现规模效益。

2. 现代工艺管理集团企业内部协同

轨道交通装备现代工艺管理集团企业内部协同包括战略协同、制造协同、组织协同、资源协同、技术协同、物流协同、人力资源协同、信息协同、文化协同等。

（1）集团战略协同 企业集团战略是企业集团对未来发展做出的总体性谋划，决定了企业集团发展的总体目标以及实现这一目标的基本措施。从系统论的观点看，企业集团战略的制定就是要设计和构建系统内各子系统间的关联机制，使系统产生最佳的功能效果。

协同学中以序参量作为处理系统自组织问题的一般依据。在企业集团的发展过程中起着关键性支配作用的序参量是企业集团的战略。借助序参量，通过分析企业集团战略和企业集团协同的关联，可以看出企业集团战略协同的重要性。首先，序参量是宏观参量。企业集团战略不侧重描述子系统的微观行为，而是重点研究和揭示企业集团各子系统的关联，以此为基础确定企业集团未来发展的总体性谋划。所以企业集团战略具有序参量是宏观参量的特性。其次，企业集团战略序参量是微观子系统集体共同作用的产物。集团战略产生和发展的动因来自集团经营活动和管理实践本身。随着企业集团的发展，其内部各要素的关联性加强，加强其内部协调会对企业集团发挥整体效果产生巨大影响。这促使集团制定和实施战略，并保持其协同。最后，企业集团序参量主宰了系统的整体演化过程，支配着子系统的行为。企业集团战略一旦制定和实施，其战略思想必然会渗透到集团经营活动的各个领域，在很大程度上支配和主宰集团内各自的经营管理活动。

现代工艺管理战略是以企业集团战略为依据，以工艺开发和加速工艺技术发展为前提，以贯彻工艺标准、提高产品质量、发展产品品种、增加产品产量、提高劳动生产率、节约能源、降低消耗、改善劳动条件为目标，对解决生产技术关键、调整工艺路线和更新改造工艺装备所采取的工艺技术措施和工艺组织措施，以及对研究、开发、引进、采用和推广新工艺、新材料、新装备、新技术有关工艺等活动做出的全面的长期的行动目标和计划。其中，工艺发展规划应保证在坚持科学技术进步的前提下，把科学技术成果应用于工艺工作的各个环节，用先进技术代替落后的技术，用先进的工艺和装备代替落后的工艺和装备，走以内涵为主的发展道路，达到工艺上水平的目的。工艺发展规划的作用就是从工艺工作的角度出发，有计划、有步骤地通过提高企业的工艺素质来增强企业的技术素质；统筹安排企业的工艺技术开发活动，保证企业工艺技术的进步，进而保证企业总体科技发展规划的全面实现；使企业内部各个生产环节的工艺活动（包括机器设备、工艺装备等硬技术素质和工艺，生产新产品的工作质量、能力等软技术素质）和各项工艺管理工作顺利进行，保证企业工艺活动处于最佳受控状态；保证充分挖掘及合理利用企业的人力、物力和财力，使企业的生产达到低成本、低消耗，进而取得生产的高质量、高效益，以保证企业的生产取得好的经济效益，达到提高企业业务素质的目的。为了达到这一目的，就要围绕企业上品种、上质量、上水平、上成套、提高经济效益、提高服务质量等方面的目标，针对企业发展生产的客观条件以及企业的人员素质水平、技术素质水平和管理素质水平的不断变化，并考虑到企业在不同时期、不同阶段的要求，提出每一个时期或每一个阶段的工艺技术主攻方向，提出规划性发展决策，使企业不断进步和发展。

（2）集团制造协同　集团制造协同是指集团内部企业的制造协同，是将集团内部相关的、分布的制造工作中心，通过"竞争-合作-协调"的自组织运行机制组合在一起，相互配合、协调一致工作，完成任何单一制造工作中心不能完成或虽然能完成但不经济的任务，从而实现总体效果优于多个单独效果之和的一种制造形式。工作中心是借用ERP的一个概念，是企业制造加工单元实体的统称，在完成一项加工任务的同时也产生了加工成本。工作中心可以由一台或几台功能相同的设备，一个或多个工作人员，一个小组或一个工段，一个成组加工单元或一个装配场地等组成，甚至一个实际车间也可作为一个工作中心，这根据企业管理的精细化程度而定。例如：产品设计工作中心、产品工艺设计工作中心、产品加工工作中心、产品成组加工工作中心、产品装配工作中心、产品调试工作中心、产品售后维修工作中心等。工作中心是企业工艺规划和工艺管理的基本单元实体,同时工作中心也是工艺成本核算的基本单元实体。一个车间可以由一个或多个工作中心组成,一条生产线也可以由一个或多个工作中心组成。

集团制造协同是运用协同学的自组织原理,围绕集团企业的制造任务和目标要求,采取资源优化与互补的方式,从集团企业的成员企业中选择满足协同制造要求的各个制造工作中心,并将它们组成一个具有自组织能力的制造体系,协同一致工作,共同实现统一的制造目标的一种制造管理活动。集团制造协同的特点是:以协同学的自组织原理作为主要理论依据;各制造工作中心来自于集团内部成员企业,这些成员企业在利益分配、组织等方面存在相对的独立性;是研究集团企业整个制造系统的协同;各制造工作中心协同一致工作;最终任务是建立起能协调一致工作的协同制造系统,取得协同绩效。

集团内部成员企业一般具有法人资格,具有特定的产品、特定的客户和特定的供应商,可能分属不同的行业。集团制造协同有其特殊性和不可比拟的优越性。集团制造协同可以是面向产品的制造协同,针对某一产品的设计、制造、销售、售后等,在成员企业间进行制造协同;可以是面向工作的制造协同,针对某项职能工作的制造协同,依据相似制造原理,对集团成员企业的某项工作进行分解集成,取长补短,获得最佳效益。

(3)集团组织协同 集团组织是为了实现集团既定的战略目标,按一定规则和程序而设置的多层次岗位及有相应人员隶属关系的权责角色结构,是一个有明确目标的、有不同层次的分工合作的、时刻与环境相互作用的、有机的开放系统。在集团组织协同下,集团上下齐心协力,为实现集团总体效益最大化发挥整体优势。

在现代制造系统中,扁平化的灵活的团队工作已经变成了一种最常见的组织形式,每个员工在工作中不仅是执行上级的命令,更重要的是积极地参与,起到决策与辅助决策的作用。组织团队的原则并不完全按行政组织来划分,而主要根据业务的关系,面向对象来划分。团队成员强调一专多能,要求能够比较熟悉团队内其他人员的工作,保证工作协调顺利进行。团队人员工作业绩的评定受团队内部评价的影响。团队工作的基本氛围是信任,以一种长期的监督控制为主,而避免对每一步工作的稽核,提高工作效率。团队的组织是变动的,针对不同的事务,建立不同的团队。有时候同一个人同时分属于不同的团队,负责完成不同的任务。例如一个庞大的团队负责推动新产品发展计划,团队成员来自各个不同的部门,有营销、设计、实验、验证、工程、制造、采购等,他们在同一个团队中协同作战,大大缩短了新产品推出的时间,而且质量更高、成本更低,因为从一开始很多问题就得到了充分的考虑,在问题带来麻烦之前就已经被专业人员解决。

轨道交通装备集团现代工艺管理体系是在集团技术主管总经理和总工程师领导下,由工艺相关功能部门和成员企业组成的,对从市场调研、开发设计、生产技术准备、采购、生产制造、检验、销售到服务的全过程中始终贯穿着的全部工艺活动进行计划、组织和控制的管理体系,建立健全、统一、有效的工艺管理体系是企业实现生产目标的基本保证。建立行之有效的工艺管理体系的前提条件,是工艺管理体系相关人员,首先是领导者,具有正确、全面的工艺工作的思想意识。在工艺管理体系下,建立健全、统一、有效的工艺管理组织机构,是工艺管理工作目标得以实现的根本保证,是建立科学工艺管理体系的基础。在工艺管理体系下建立完善的工艺管理标准和制度,使负有工艺责任的各个职能部门及成员企业明确各自的工艺职责和权限,各尽其职;使工艺管理组织机构在其他有关组织机构的配合下,正常发挥其应有的作用。

传统的轨道交通装备企业工艺管理组织结构根据企业规模、生产类型、组织制度的不同，按集中领导和分级管理的程度，分为三级管理、二级管理和一级管理组织结构三种不同层次。在现代制造环境下，工艺管理面临业务流程再造的需求，组织结构打破传统金字塔形组织结构，向扁平化组织结构发展，以适合企业员工参与企业工艺管理与实现企业内部各个工艺管理层次的有效沟通，并具有较强的应变能力和较大的灵活性。工艺管理组织协同为达到工艺特定目标的编制建立、统筹计划与运作调度，采用科学合理的工艺过程组织形式和建立系统完善的工艺管理运行机制。为保障工艺过程的各个环节能够协调一致地按预定目标顺利地进行，采用恰当的管理方式和方法，建立有效的工艺管理运行机制，包括建立工艺相关人员的组织与管理系统、指导工艺过程运作的计划调度系统、工艺过程监控系统、工艺执行情况考核系统。在现代制造环境下，工艺管理组织强调以人为本的和谐工艺管理，把人的因素作为管理中的首要因素和本质因素，围绕调动人的积极性、主动性和创造性进行组织运作的一切管理活动，实现人生的价值，促进组织和个人的全面发展，共创轨道交通装备集团现代工艺管理佳绩。

（4）集团资源协同 集团资源协同是为实现集团战略目标及其成员企业制造资源的协同。广义的制造资源是指进行集团经营活动的所有功能实体，包括物料资源（原材料、在制品、半成品、产品、辅助材料等）、技术资源（新材料、新技术、新工艺、软件等）、设备资源（工艺设备、工艺装备等）、人力资源（经营相关领域专家、员工等）、信息资源（经营相关数据、信息、知识等）、财务资源（资金、资本等）、能源资源（水、电、气、汽等）、无形资产资源（品牌、商标、商誉、专利等）和市场资源等。狭义的制造资源主要包括设备、仪器仪表、工装等。狭义的集团资源协同是对空间集聚的集团相似产品集群进行相似工艺活动时的资源协同。将集团内部成员企业相关的、分布的制造资源，通过"竞争-合作-协调"的自组织运行机制组合在一起，相互配合、协调一致工作，完成任何单一成员企业制造资源不能完成或虽然能完成但不经济的任务，从而实现总体效果优于多个单独效果之和。

以轨道交通装备集团的售后服务工艺资源协同为例，集团创新产品集群覆盖我国的所有铁路线路，各路成员企业的售后服务大军以及售后服务工艺设备、工艺装备和备品备件物料汇集在我国铁路的机务段、车辆段。在集团工艺管理的协同下，按照相似制造论的思想，对集团创新产品集群相关维修保养工艺、工艺设备、工艺装备实现成组化，通过"竞争-合作-协同"的自组织运行机制组合在一起，实现集团售后服务工艺资源协同，高效完成售后服务工艺工作，对提高效率、降低成本、提高集团规模经营效益、树立良好的集团形象和商誉具有重要意义。

（5）集团技术协同 集团技术协同包括集团内部成员企业间技术有限共享和工艺工作协同。

技术泛指根据生产实践经验和自然科学原理而发展成的各种工艺操作方法与技能，技术涵盖了人类生产力发展水平的标志性事物，是生存和生产工具、设施、装备、语言、数字数据、信息记录等的总和。技术涵盖了属于工程作业不同环节和细节的技能、技巧、技艺、技法等。技术分为专有技术和专利技术。专有技术又称秘密技术或技术诀窍，是指以书面表示或存在于人们的头脑中的，从事生产、管理和财务等活动领域的一切符合法律规定条件的秘密知识、经验和技能，其中包括工艺流程、公式、配方、技术规范、管理和销售的技巧与经验等。专利技术是指公开的、以书面表示的，被处于有效期内的专利所保护的对产品、方法或者其改进所提出的新的技术方案，产品的形状、构造或者其结合所提出的适于实用的新的技术方案，及产品的形状、图案或者其结合以及色彩与形状、图案所做出的富有美感并适于工业上应用的新设计等。

轨道交通装备集团近年来新产品如雨后春笋般涌现，形成创新产品集群，专有技术和专利技术层出不穷。在集团战略目标规划指导下，成员企业间技术按照相似制造论分组或者分族，实现技术有限共享或者有偿共享，使成员企业间技术互通有无、取长补短，通过技术竞争与共享，在较短的时间内实现集团技术乃至经营的腾飞、成员企业共赢的腾飞。

（6）集团物流协同　集团物流协同包括集团成员企业内部的生产物流协同和集团外部供应链物流协同。

制造业物流可以分为三大类：企业物料需求预测、原材料采购和运输环节通常叫作进向物流，原材料在企业内部工序间的流通环节叫作生产物流，而配送与客户服务环节叫作送向物流。进向物流和送向物流可以统称为供应链物流。生产物流一般是指原材料、燃料、外购件投入生产后，经过下料、发料，运送到各加工点和存储点，以在制品的形态，从一个生产单位（仓库）流入另一个生产单位，按照规定的工艺过程进行加工、储存，借助一定的运输装置，在某个点内流转，又从某个点内流出，始终体现着物料实物形态的流转过程。生产物流起源于原材料、外购件的投入，止于成品仓库，贯穿生产全过程。现代物流不仅单纯地考虑从制造商到消费者的产品配送问题，而且还考虑从供应商到制造商对原材料的运输，以及制造商本身在产品制造过程中的运输、保管和信息等各个方面，全面地、综合性地考虑提高经济效益和效率的问题。现代物流是以满足消费者的需求为目标，把制造、运输、销售等市场情况统一起来考虑的一种战略措施。

精益制造提出的企业中普遍存在的八大浪费包括：过量生产、等待时间、运输、库存、过程（工序）、动作、产品缺陷以及忽视员工创造力。其中物流领域的浪费占据首要位置。物流并不增加产品的使用价值，但是会增加产品的成本。统计数据表明，物流成本占企业经营总成本的40%，物流时间占总时间的90%。集团物流的协同优化对于集团经营的协同优化具有重要意义。

从供应链物流考虑，供应商是企业长期运营的宝贵财富，是外部合伙人，制造商与他们信息共享，风险与利益共担，一荣俱荣、一损俱损。如果制造商希望供应商提供任何优质的支持和服务，就必须担当起领导者的角色，整合出一条精益供应链，建立起供应商体系，使物流供应链每个环节的企业都受益。从生产物流考虑，必须在生产物流中建立无间断流程以快速应变，将流程中不增值的无效时间尽可能压缩以缩短整个流程的时间，从而根据顾客的需要快速应变。降低库存的目的是解决问题和降低成本，而且低库存需要高效的流程、稳定可靠的品质来保证。基于顾客需求的拉动生产，在需要的时候，仅按所需要的数量生产，生产与销售是同步的。也就是说，按照销售的速度来进行生产，这样就可以保持物流的平衡，任何过早或过晚的生产都会造成损失。

轨道交通装备集团物流协同，在供应链物流协同方面，集团将成员企业的物料需求按照相似度和进度分解整合，统一进行物料的集成采购运输，以集团优势获得最佳的采购效益。在生产物流协同方面，从集团出发，按照相似制造论原理，对成员企业的相似生产物流进行分析、优化和再造、规范化和标准化，对每个成员企业的总体生产物流整体分析集成优化整合，实现集中采购，提高成员企业生产物流效率，快速响应客户的需求，提高企业乃至集团的经营效益。

（7）集团人力资源协同　21世纪知识经济时代的竞争是人才的竞争，在日益激烈的市场竞争中，人才是集团的第一核心资源，在集团的发展中具有战略性、决定性和基础性作用。集团人力资源协同进行集团人才队伍的打造、复制、储备、运用和管理，是集团经营不可或缺的重要支柱之一。集合起一批优秀人才对集团经营进行高效研究、指挥、协调和实施，既是跨越时空对集团人才的价值、发展和潜能的开发与管理，也是利用集团人才的因素去放大集团的优势和利益。要对集团不同层次的人力资源进行规划、开发与管理，发挥集团整体人力资源的最大效用，进而实现集团经济效益的最大化，实现集团的整体战略目标。从集团角度，集团人力资源协同对象分为集团高管、成员企业高管、中层管理人员、基层员工等不同层次，对于集团高管和成员企业高管采用具体协同方式，对于中层管理人员和基层员工采用原则协同方式。

忽视员工创造力是企业的最大浪费。员工只需对15%的问题负责，另外85%归咎于制度流程。问题即是机会，出错一定有其内在的原因。当错误发生时，不要责罚个人，要鼓励员工找出自己的错误，不断地自我改进。绝大部分问题是由制度流程本身造成的，责罚个人只会使员工千方百计掩盖问题，对于问题的解决没有任何帮助。要找到原因施以对策，要采取改正行动，并在企业内广泛传播从每个案例中学到的知识，保证企业中不会再出现类似的错误。企业雇用的应该是员工的整个人，而不是只雇用了员工的一双手。员工实行自主管理，在组织的职责范围内各司其职，不必担心因工作上的失误而受到惩罚。尊重员工的智慧和能力，给他们提供充分发挥聪明才智的舞台，员工强，则企业强。

重视轨道交通装备集团的工艺工作和工艺管理、重视轨道交通装备集团工艺人员的培养，提高集团整体工艺技术水平和工艺管理水平，是提高集团素质的关键和基础。我国成为制造大国，是与拥有一支基本成熟了的制造产业大军分不开的。他们在技术上日臻成熟，在管理上吸收了国外先进经验，有较完善的设备和测试手段。但与工业发达国家还有差距，要成为制造强国还有很多亟待解决的问题，如新技术、新产品开发能力不足，新工艺、新技术开发不够等。这说明我国工业技术及人才的储备不足，技术根底不牢。例如：有些企业重人才使用轻人才培养，重设计轻工艺，重技术轻管理，造成工艺和工艺管理人员高中低档次配备不全，技术工人技术进步缓慢；很多企业由于人的因素导致产品质量不稳定，经济效益不高，竞争力不强；有些企业虽然引进了新技术、新设备，但不重视工艺相关人员对引进技术的消化、吸收和再创新，致使新技术、新设备长期不能生效。如此种种，反映了我国工艺及工艺管理工作方面的薄弱环节，亟待加强，尤其要提高工艺相关人员的工艺技术水平，为企业的发展奠定技术基础。要适应现代机械制造业的发展，企业必须建立健全完善、多层次的各种工艺人员的培养体制，对企业全员进行工艺教育与培训，要求企业成为学习型企业，加速工艺人才的培养，从根本上提升企业的竞争力。

传统工艺纪律管理片面强调严格执行工艺纪律的硬约束模式，工艺纪律管理者管理水平低，经常以罚代管，致使工艺管理者与被管理者矛盾激化，适得其反，成为工艺管理的老大难瓶颈问题。现代工艺管理强调以人为本的和谐工艺纪律管理，立足于"依靠人、尊重人、关心人、培养人、提高人"的人力资源管理思维模式。第一，要建立健全科学合理有效的现代工艺纪律管理体制，特别强调采用员工参与式管理的工艺纪律管理模式。第二，要加强工艺教育与培训，通过多层次教育使被管理者真正理解工艺纪律，不仅知其然更知其所以然，认识遵守工艺纪律可以带来的效益和不遵守工艺纪律可能造成的恶果；通过培训使员工掌握相关工艺技能和工艺规程，提高企业员工的职业工艺技能水平。第三，要通过工艺管理文化建立良好的工艺纪律管理氛围，积极开发企业每一位员工的工艺管理潜能，提高企业全体员工的工艺管理职业道德修养与主人翁意识，养成良好的工艺习惯，创造个性化、团队化、和谐化的工艺工作环境和管理环境，充分发挥企业员工、班组乃至各个职能部门遵守工艺纪律的自觉性、积极性、主动性、创造性，实现和谐工艺纪律管理的良性循环。

（8）集团信息协同　信息化是当今世界科技、经济与社会发展的大趋势，信息化水平的高低已成为衡量一个国家和地区国际竞争力、现代化程度、综合实力和经济成长能力的重要标志。信息化不仅拓展和丰富了我国工业化的内涵，而且为解决我国工业化过程中的矛盾、加快工业化进程提供了难得的历史机遇。计算机辅助设计（CAD）、计算机辅助工艺设计（CAPP）、计算机辅助制造（CAM）、柔性制造系统（FMS）、计算机集成制造系统（CIMS）、敏捷制造（AM）、并行制造（CM）、网络制造（NM）等层出不穷的现代制造技术、模式，都是信息技术对制造业渗透的产物，在产品设计制造过程中加入了信息处理和控制能力，通过信息技术对生产设备和流程的控制来提高生产过程的准确性、灵活性、高效性，使制造业的面貌发生了巨大变化。

轨道交通装备集团现代工艺管理系统作为一个复杂的系统工程，它的功能是对产品全生命周期的工艺工作进行全方位的管理和控制，以保证工艺活动按照事先设计的路线、流程、规程等技术要求的进行，达到产品的 TQCSE 要求。工艺活动必须在工艺管理系统的控制之下，才能有效地工作。工艺系统赖以运行的各种技术指令是由工艺管理系统提供的。数字化工艺管理系统是轨道交通装备集团现代工艺管理数字化平台。集团要提升自身工艺管理水平，必须加快工艺管理数字化的步伐，有计划地逐步开展工艺管理数字化工作。将数字化、网络化、智能化等高科技技术应用于现代工艺管理，工艺管理中许多定性的描述，都要逐步转化为数字化定量描述，逐步建立不同层面的数字化模型，使工艺管理从部分定量化、部分经验化和定性化逐步转化为全面数字化和定量化，实现工艺管理对象、工艺管理行为、工艺管理过程的数字化，实现数字化工艺管理系统与 CAD、CAM、PDM、ERP 等其他企业经营数字系统的集成，进而达到工艺管理的智能化，为提高现代制造业的效益提供有力的支持。

（9）集团文化协同　集团文化是集团成员企业文化的集成，集团文化协同是指集团创建和发展过程中将不同特点的成员企业文化进行整合后形成的一种和谐、协调的文化体系。集团文化协同具有企业文化的性质，具有软件性质，不仅表现在集团管理的发展战略、经营思想、管理哲学等方面，同时也表现在集团员工的作风、精神风貌、对集团总体战略目标的认同和支撑等方面。作为复杂系统的集团化企业，必须具备足够雄厚的文化底蕴来对集团的经营提供支撑。

集团文化协同是一个长期动态的过程，在集团总体战略的导向下，在形成"集体协同效应"过程中，人们的观念相互接触、感应、交流，并不断在双边、多边格局中调整自己的价值取向、心理状态、思维模式等，逐渐形成一个共同认定的集团价值体系，并且在集团经营实践过程中得到进一步的完善和拓展。集团文化协同可以增强集团的凝聚力，给集团成员企业与员工提供一个思考、行动的基本准则，增强集团的向心力；构筑集团的共同远景，对集团成员企业起着激励引导的作用；集团文化协同可以在无形之中帮助集团防范、控制、化解集团内部和外部的风险，促进集团经营价值链增值，是集团可持续发展的关键因素之一。

　　轨道交通装备集团工艺管理文化是集团文化的重要组成部分，对于现代工艺管理所具有的导向、凝聚、激励、约束、自控、辐射作用是不可替代的，是以人为本、和谐工艺管理的精神支撑。集团工艺管理文化是在一定历史条件下，集团、成员企业与员工在生产经营活动和适应集团环境变化的过程中，为实现一个共同目标培育而成的一种集团哲学、文化观念、历史传统、价值标准、道德标准、道德规范和生活信仰，是反映集团精神风貌的信念以及增强企业凝聚力、向心力和持久的意识形态的总和。集团哲学是集团文化的灵魂，集团价值观和集团精神是集团文化的核心，对其他文化要素具有决定性影响。共同的价值观体系包括集团经营哲学、价值观、集团精神、优良传统、行为规范等。集团工艺管理文化表现于集团内部，是集团经营过程中的工艺协同与制造现场的工艺秩序；表现于集团外部，是集团的形象和集团的产品。集团通过工艺管理文化提高成员企业与员工的工艺及其管理的职业道德修养与主人翁意识，通过工艺及其管理理论与技术培训提高集团员工的职业工艺技能水平，充分发挥集团员工、班组、各个职能部门、各个成员企业的自觉性、积极性、主动性、创造性，实现集团工艺管理的良性循环。

3.4　现代工艺管理系统框架

3.4.1　现代工艺管理系统功能框架模型

1. 基于六论建立现代工艺管理功能框架

　　系统论、控制论、信息论、协同论等六论是现代工艺管理系统的理论基础，六论协同为现代工艺管理跨越式发展提供理论支持。现代工艺管理是现代制造领域的一个系统工程，需要从系统的角度、应用系统的理论和方法来研究和处理工艺管理过程的有关问题。现代工艺管理系统工程的研究对象是现代工艺管理系统及其各类具体的子系统，其主要内容是对现代工艺管理系统及其子系统的分析、决策、规划、设计、管理、运筹和评价等，重点是研究和处理工艺管理过程中的综合性技术问题及相关的管理问题，以整体最优为目的，从整体的角度和系统的角度研究工艺管理系统。通过规划和协调系统内各子系统、各要素之间的联系和制约关系来组织系统的层次结构和网络结构等，使系统内的要素、单元、子系统或模块按照综合性能最优的原则配置并发挥作用。

2. 建立现代工艺管理系统基本原则

1）支持企业工艺管理所涉及的全部应用范围，支持企业产品全生命周期的工艺过程。

2）支持企业数字工艺管理系统全生命周期：需求分析、设计、实施、系统维护。

3）基于现代集成制造参考体系结构，充分利用已有的研究成果，遵循已有的国际标准。

4）注重系统的实用性、方便性，采用 Web 方式，用户界面友好。

3. 现代工艺管理系统的目标

　　现代工艺管理系统的目标是确保企业在产品 TQCSE 的市场竞争中具有一定优势，具体可包括如下几个方面：

（1）优化制造系统　按照 TQCSE 的要求，使企业制造系统适应现代生产的需要，包括生产模式、生产组织、工艺布局、现代先进制造技术的应用等。

（2）优化产品制造工艺　对具体产品而言，在优化的制造系统中，充分运用系统内的设施、组织、技术，保证产品制造过程的优化，按时、按质、低成本地完成产品制造。

（3）培养适应现代制造系统的合格工艺人才　在任何系统中人都是最积极的因素，生产系统的优化、产品工艺的优化都是由人来完成的，所以企业工艺管理的目标必须建立在培养合格工艺人才的基础上。

4．现代工艺管理系统的基本任务

现代工艺管理系统的基本任务是在一定的生产条件下，应用现代管理科学理论和现代科学技术，对各项工艺工作进行计划、组织和控制，使之按一定原则、程序和方法协调有效地进行。工艺管理系统贯穿于产品全生命周期，起着维系企业全局举足轻重的作用。现代工艺管理系统的基本任务如下：

1）制订企业工艺发展规划。根据企业的中长期规划，具体制订工艺发展规划，指导规划期内工艺工作的开展。

2）制订企业技术改造计划。根据发展规划制订近期技术改造计划，并组织实施。

3）制订工艺技术开发、研究计划，学习先进制造技术，并组织实施。

4）建立健全工艺管理体系。建立完善的工艺标准体系，制订各种工艺管理制度，确保企业生产工艺系统有效地运转，执行工艺工作的任务。

5）进行产品生产工艺技术准备。

6）开展产品生产技术服务和生产现场工艺管理。

7）为企业其他部门的工作提供工艺管理技术支持。

8）进行工艺知识管理。

9）进行产品售后工艺管理，包括产品安装、保养、维修、报废回收、再制造等的工艺准备、现场工艺管理、工艺管理制度制订实施等。

10）现代工艺管理的综合优化。现代工艺管理最终表现为一种系统的、集成化的管理模式和方法，要将优化贯彻到现代工艺管理的始终和管理的各个方面。对现代工艺管理过程来说，需要对于产品全生命周期工艺管理实行全程优化。企业的工艺活动贯穿于产品生命过程的始终，其广泛性决定了工艺管理体系的结构复杂性和部门多元性，局部最优不能保证全局最优。必须在保证整体最优的基础上，各子系统相互协同，充分发挥各自的功能，整个体系才能有效地运行，才能对工艺活动进行有效的计划、组织和控制。

5．现代工艺管理系统功能框架模型（以 Z 集团公司为例）

Z 集团公司面向产品全生命周期的现代工艺工程技术管理平台系统功能框架模型如图 3-7 所示。

现代工艺管理系统由"Internet/Intranet/Extranet 网络+工艺管理数据仓库/数据库+工艺管理基础支持+工艺管理系统项目+产品全生命周期工艺管理+CAX/PDM/ERP/OA 等"体系构成，以工艺工作导向和驱动，为保障整个工艺过程的成功运作提供战略战术支持。工艺管理基础支持为实施工艺管理提供基础性的技术支持，包括管理体系、工艺发展规划管理、工艺项目管理、工艺知识管理、工艺纪律管理、工艺资源基础数据管理、工艺定额基础数据管

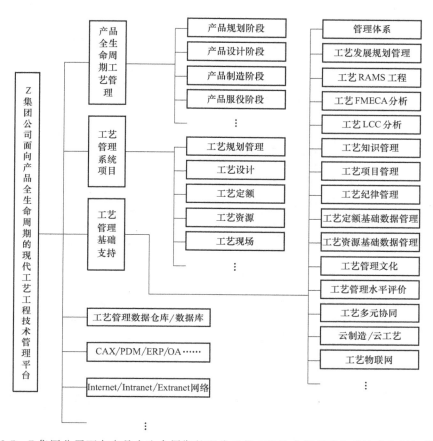

图3-7 Z集团公司面向产品全生命周期的现代工艺工程技术管理平台系统功能框架模型

理、工艺管理水平评价、工艺管理文化、工艺RAMS工程、工艺FMECA分析、工艺LCC分析、工艺多元协同、云制造/云工艺、工艺物联网等。工艺管理系统项目为实施工艺管理提供业务性的技术支持，包括工艺规划管理、工艺设计、工艺资源、工艺定额、工艺现场等。产品全生命周期工艺管理为工艺管理个性化需求提供功能性的技术支持，包括产品规划、设计、制造、服役等阶段。

　　企业在现代工艺管理系统的支持下，按照企业的具体产品类型、制造资源、工艺习惯、工艺方法、生产类型、生产组织与管理方式，开展企业现代工艺管理的实际应用。建立健全完善有效的数字化工艺管理体系、工艺保证体系、工艺监督体系、工艺管理制度和工艺岗位责任制，对工艺过程进行技术、项目、工作流等方面的管理和控制，以保证工艺系统的工艺活动在工艺管理系统的控制之下。直接指导、服务于现代制造、现代经营过程的现代工艺管理像一条纽带，纵向融会产品全生命周期过程始终，将企业现代制造、现代经营系统中的各项工艺工作有机地联系在一起，横向与相关职能部门环节进行协同，完成整个工艺过程的集成管理与优化。

　　6. 面向产品全生命周期不同阶段的现代工艺工程技术管理功能平台系统功能框架模型（以Z集团公司为例）

　　（1）产品规划阶段 Z集团公司产品规划阶段现代工艺工程技术管理平台系统功能框架

模型如图 3-8 所示。

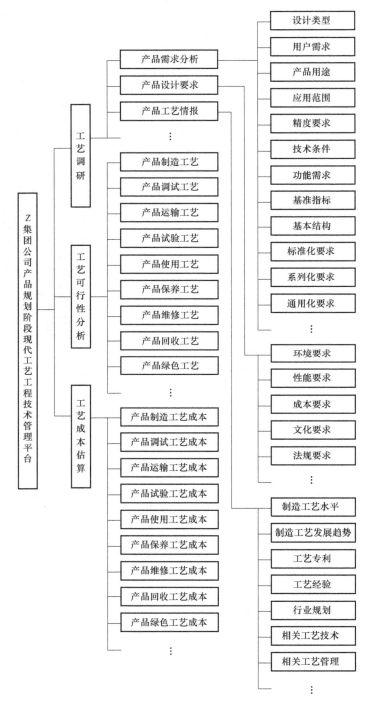

图 3-8 Z集团公司产品规划阶段现代工艺工程技术管理平台系统功能框架模型

1）工艺调研。根据用户需求信息和产品规划信息了解设计类型及新产品的特点，进行工艺调查与研究。根据产品 CAD 信息，了解设计者的构思以及设计中可能存在的问题与解决方法，了解该产品的标准化、系列化、通用化的要求，搜集、整理和分析有关的工艺技术和工艺管理的情报资料，提出产品工艺调研报告。

2）工艺可行性分析。面向产品全生命周期，以满足用户需求为前提，通过分析和研究产品全生命周期中各阶段的特征，分析产品的工艺 RAMS 及相关特性，进行产品全生命周期关键工艺可行性分析，进行综合评价和权衡，提出产品关键工艺可行性报告。

3）工艺成本估算。面向产品全生命周期，以满足用户需求为前提，通过分析和研究产品全生命周期中各阶段的工艺项目成本，进行产品全生命周期工艺技术经济、工程经济分析，进行综合评价和权衡，提出产品工艺经济性报告。

（2）产品设计阶段 Z 集团公司产品设计阶段现代工艺工程技术管理平台系统功能框架模型如图 3-9 所示。

1）工艺性审查及其管理。根据产品 CAD 信息，进行产品结构工艺性审查。分析产品结构方案的合理性、产品结构的继承性、产品结构的标准化与系列化程度，产品主要组成部分是否便于装配、调整和维修，主要材料选用是否合理及主要件加工的可行性。此外，还要审查产品各组成部件进行平行装配和检查的可行性，总装配的可行性，工艺关键件在本企业制造的可行性，特殊零件外协加工的可行性，产品及零部件维修、拆卸、回收及处理的合理性。输出关键件决策方案和结构工艺性审查结果。

2）工艺设计及其管理。根据产品 CAD 信息、产品生产类型、工艺性审查结果进行工艺方案、工艺路线设计。为每种工艺方案、工艺路线设计出多个可供选择的方案，根据评价指标体系分别进行评价，优选出一种最佳方案并输出。根据优化的工艺方案和工艺路线，采用 CAPP 进行工艺规程的设计，输出工艺设计与管理的有关工艺文件。

3）工艺资源及其管理。进行工艺设备、工艺装备、工艺人力资源、工艺知识资源、工艺资金资源等的规划。根据专用工装设计任务书，进行总体方案设计、技术设计、工作图设计。提出几种设计方案，根据评价指标进行论证与评价，选出最佳方案。

4）工艺布局及其管理。按照产品的生产纲领、产品工艺路线、产品生产组织形式，通过物流分析，对工艺设备、工艺物料、工位器具、运输工具、操作者进行工艺布局规划，确定制造现场的工艺路线和生产组织形式，确定设备、辅助设备和起重运输设备的种类、型号、数量、位置。提出几种布局方案，根据评价指标，从有效、经济、合理地使用人力、设备和财力，提高产品质量和劳动生产率等方面进行论证、评价与优化，选出最佳方案。

5）工艺定额制定及其管理。工艺定额包括工艺材料定额、工艺工时定额、工艺成本定额等。根据设计好的工艺路线及加工参数、生产类型，计算生产每个工件所需的材料定额、每个部件所需的材料定额和每产品所需的材料定额，直至整个产品所需的每种材料的定额等；计算每个工步、工序所需的时间定额、每个工件所需的时间定额及包括装配时间在内的生产每件产品所需的时间定额，在批量生产中，每批产品所需的时间定额等；计算每个工步、工序所需的成本定额，生产每个工件所需的成本定额及包括装配成本在内的每件产品所需的成本定额，在批量生产中，每批产品所需的成本定额等。

6）工艺验证及其管理。工艺验证包括产品工艺方案验证、工艺规程验证、工艺标准及工艺守则验证、工艺装备验证和工艺定额验证等。将验证过程中采集到的信息逐级反馈给有关部门，有关部门根据反馈信息进行修改、完善。

7）工艺任务分派。工艺任务与责权利挂钩。工艺任务分派透明化，引入公平、公开、

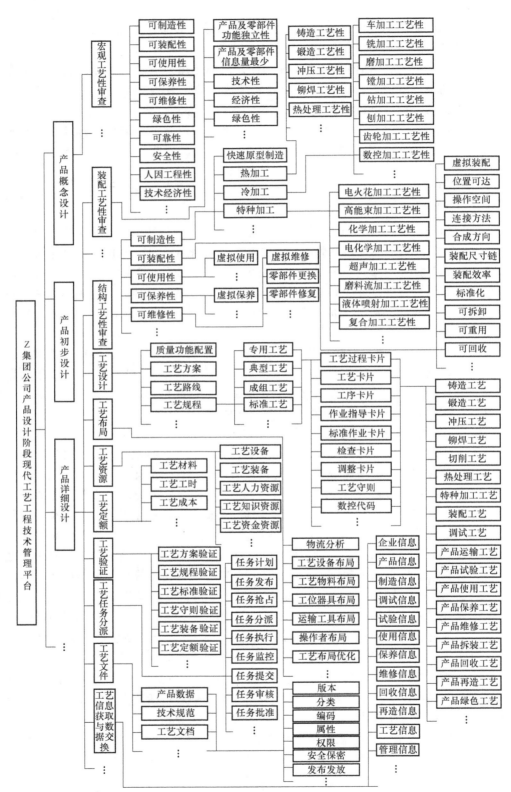

图 3-9　Z 集团公司产品设计阶段现代工艺工程技术管理平台系统功能框架模型

公正的竞争机制；从企业经营发展大局出发，优化工艺任务分派，让最合适的人选在最合适的时机完成最合适的工艺工作项目和任务，最大限度地发挥每一个员工或责任者对企业工艺工作的贡献能力。

8）工艺信息获取与数据交换。建立与 CAX、PDM、ERP、SCM、CRM 等系统的双向交换与传送，进行信息获取数据交换，实现有效集成的机制。实施行业标准化与具体企业专门化并举的方针，极力推行国际标准、国家标准或者行业标准，鉴于目前我国制造企业国情，允许专门化，为制造业提供企业信息、产品信息、制造信息、工艺信息的发布机制，为需要工艺服务的其他企业提供在线和远程的工艺管理支持。

9）工艺文件管理。工艺文件管理包括工艺文件的设计、审批、归档备查、发布、版本、检索、安全与保密等，必须确保工艺文件的完整、准确、系统、安全。工艺现场数据是现场工艺参数执行的工作记录，是工艺知识挖掘的最佳素材。现场工艺人员、质量检查人员和相关操作者是现场数据的第一责任人。要对现场数据的采集进行精心设计，建立相应的岗位责任制，确保现场数据记录的系统、完整、及时、准确、安全、可靠，存档备案。

（3）产品制造阶段 Z 集团公司产品制造阶段现代工艺工程技术管理平台系统功能框架模型如图 3-10 所示。

1）工艺服务管理。根据工艺文件及工艺定额等工艺相关文件，对产品制造工艺过程的实施进行指导、监督、管理、改善、验证、协调。根据工艺标准作业卡片，对产品制造工艺过程的操作进行指导、监督、管理、改善、验证、协调。

2）工艺纪律管理。工艺纪律管理包括工艺纪律制定、工艺纪律检查、工艺纪律考核与评价等。工艺管理要为工艺纪律自我评价、自我管理创造条件，实现和谐工艺纪律管理。

3）工艺定额管理。工艺定额包括工艺材料定额、工艺工时定额、工艺成本定额，工艺定额管理包括工艺定额的制定、验证、发布、实施、监控、评价、修订等工作。

4）工艺质量管理。工艺质量管理是企业全面质量管理的主导，从制造工程的角度根据工艺规程规定的产品工艺过程质量标准，与企业全面质量管理协同，有针对性地进行工艺质量管理。根据约束理论，对那些工艺质量瓶颈工序建立质量控制点，进行实时严密监控，及时发现问题，及时反馈信息，及时解决问题。把解决工艺质量瓶颈工序问题纳入工艺管理规划的议事日程，作为工艺质量管理的工作重点。

5）工艺资源管理。进行工艺设备、工艺装备的 TPM 管理，通过策略、现场信息采集与分析、TPM 组织与资源配置、保养和维修行为规范等环节，建立严密的防护体系，达到工艺资源最高产能和效率的释放和最低运用成本的目标。进行工艺知识资源、工艺人力资源、工艺资金资源的最佳配置与管理。建立健全科学合理有效的现代工艺管理体制，特别强调采用员工参与式管理的工艺管理模式。

6）工艺物流管理。工艺物流是指物料（原材料、毛坯、工具、燃料、半成品零件、成品零部件、产品等）在整个制造过程中以及从生产现场到消费场所等的流程。工艺物流贯穿于企业经营全过程，包括原材料的采购、运输、储存，车间送料、搬运，半成品的流动、检验，成品的组装、分类、挑选、包装、搬运，一直到成品入库、保管、送达用户等。以物流过程为主体，运用各种管理职能，对物流过程进行系统的统一管理，以降低物流成本，提高物流的经济效益。

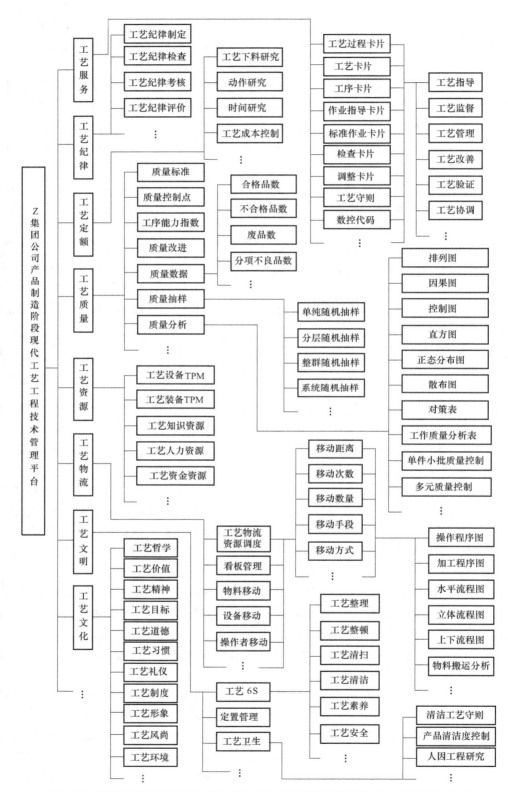

图 3-10　Z 集团公司产品制造阶段现代工艺工程技术管理平台系统功能框架模型

7）工艺文明管理。工艺文明管理通过建立工艺文明管理体系及岗位责任制，在企业经营活动现场，从工艺管理的角度，开展 6S 活动来改善作业环境、提高员工素质，进而提高工艺质量。通过定置管理，进行工作环境分析，建立工作现场人、物、场所三者的良好关系，把工作需要的物品按照工艺的需要科学地确定位置，以消除人的无效劳动和生产中的不安全因素，从而提高生产效率和产品质量。在定置管理的研究中，工艺流程设计的合理性是前提，作业研究是核心，定置方法的规范化、标准化、科学化是基础从工艺卫生的角度，应完善清洁工艺守则，对产品清洁度进行控制，以及研究人因工程。

8）工艺文化管理。工艺文化管理通过工艺相关人文教育来提高企业员工的工艺及其管理的职业道德修养与主人翁意识，通过工艺及其管理理论与技术培训提高企业员工的职业工艺技能水平，充分发挥企业员工、班组乃至各个职能部门参与工艺管理的自觉性、积极性、主动性、创造性，创造以人为本的和谐工艺管理，实现企业工艺管理的良性循环。

（4）产品服役阶段　Z 集团公司产品服役阶段现代工艺工程技术管理平台系统功能框架模型如图 3-11 所示。

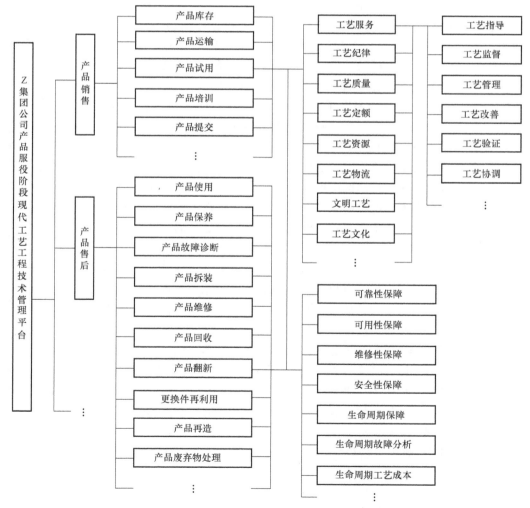

图 3-11　Z 集团公司产品服役阶段现代工艺工程技术管理平台系统功能框架模型

产品服役阶段现代工艺管理涉及产品销售、售后过程及其管理，包括产品库存、产品运输、产品试用、产品培训、产品提交、产品使用、产品保养、产品故障诊断、产品拆装、产品维修、产品回收、产品翻新、更换件再利用、产品再造、产品废弃物处理等，所有工艺过程都包含有与产品制造工艺过程相似的工艺管理内容。此外还有产品使用工艺培训、产品维修工艺培训、客户工艺相关信息反馈等工艺管理工作。产品服役阶段现代工艺管理围绕产品可靠性保障、可用性保障、维修性保障、安全性保障、生命周期保障、生命周期故障分析、生命周期工艺成本等工作项目展开。为快速响应客户的需求，高质高效完成售后服务工艺工作，应提高售后服务工艺效率、降低售后服务工艺成本，为提高企业经营效益、树立良好的企业形象和商誉、提高客户忠诚度提供工艺支持。

3.4.2 数字工艺管理系统总体框架模型

数字工艺管理系统是企业在现代工艺管理的指导思想、相关理论和方法的指导下，在数字工艺管理集成平台和软件工具的支持下，结合企业的具体业务需求，设计实施的基于数字技术的、运行在异构分布环境下的、开放的工艺管理系统。图 3-12 给出了 Z 集团公司现代工艺工程技术管理平台的总体模型。数字工艺管理系统由"技术基础架构平台+业务基础架构平台+面向产品全生命周期工艺管理应用系统平台"构成，从信息化的整体、全局和发展的角度出发，以业务导向为驱动，为保障整个工艺过程运作成功提供战略战术支持。技术基础架构平台由操作系统、数据仓库、基础架构平台、Web 平台、分布模式、应用协议等构成，支持各种主流操作系统、客户端、数据接口、数据库、组件和总线标准、分布体系模式、分布计算和服务技术、Web 服务模式、Web 服务器、编程语言、应用协议、交换标准，为企业实施数字工艺管理提供基础性的技术支持。业务基础架构平台由组织管理、业务分工、协同调度、权限控制、流程管理、资源共享、系统维护等构成，为企业实施数字工艺管理提供业务性的基础技术支持。面向产品全生命周期工艺管理应用系统平台由产品规划工艺管理、产品设计工艺管理、产品制造工艺管理、产品服役工艺管理、外部应用系统、异构应用系统等构成，为企业数字工艺管理个性化需求提供功能性的支持。

1. 数字工艺设计流程

以金属切削加工的数字工艺设计 CAPP 为例，通过信息共享、人机交互、检索、派生、创成、人工智能等手段，利用计算机输入被加工零件的原始数据、加工条件和加工要求等信息，参考工艺数据库中的经验系统、标准化系统、知识系统等，进行工艺过程分析，制定出最佳工艺路线和工艺参数，编制出完整的工艺文件。

1）CAPP 接受来自 CAD 系统的产品几何拓扑、材料信息以及精度、粗糙度等工艺信息；为满足并行产品设计的要求，需向 CAD 系统反馈产品的结构工艺性评价信息。

2）CAPP 向 CAM 提供零件加工所需的设备、工装、切削参数、装夹参数、加工过程以及反映零件切削过程的刀具位置文件和数控加工指令，同时接收 CAM 反馈的工艺修改意见。

3）CAPP 向工装 CAD 提供工艺过程文件和工装设计任务书。

4）CAPP 向 ERP 提供工艺路线、设备、工装、工时、材料定额等信息，同时接收 ERP 发出的技术准备计划、原材料库存、刀具量具状况、设备变更等信息。

5）CAPP 向 MES（制造执行系统）提供各种工艺过程文件和夹具、刀具以及数控（NC）加工指令等信息；同时接收由 MES 反馈的工作报告和工艺修改意见。

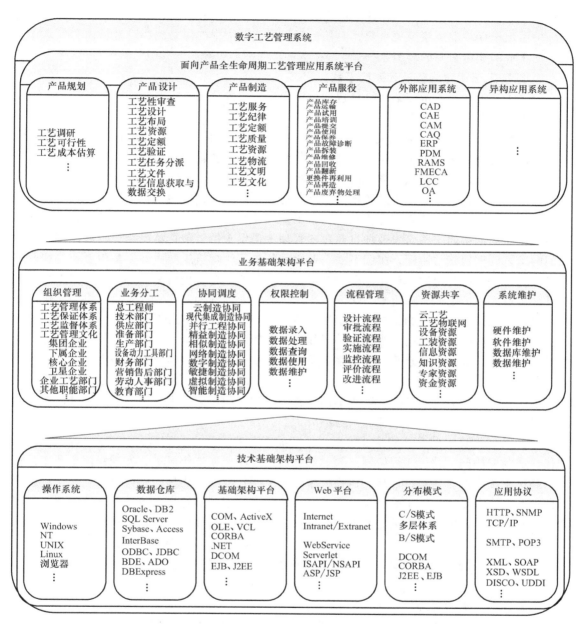

图 3-12 Z 集团公司现代工艺工程技术管理平台的总体模型

6）CAPP 向 CAQ（计算机辅助质量管理）提供工序、设备、工装、检测等工艺数据，以生成质量控制计划和质量检测规程，同时接收反馈的控制数据，用以修改工艺过程。

在并行环境下的 CAPP，是连接 CAD 与 CAM、ERP 的桥梁。它接收产品设计信息，在完成工艺设计的同时，一方面对产品结构工艺性进行评价，从加工工艺的角度对产品的结构提出改进建议；另一方面向 CAM、ERP 系统传递工艺设计结果。CAM、ERP 系统根据车间资源的动态变化情况，在满足资源合理配置的同时，对工艺设计所确定的工艺过程，在当前资源条件和技术条件下对其加工过程可行性做出评价，如果当前的资源不能满足工艺设计的要求，则提出修改工艺过程的建议。因而，并行环境下的 CAPP，对在产品设计制造周期诸进程中做出全局最优决策至关重要，是保证现代制造系统中的信息流畅通，从而实现真正意义上的集成的非常重要的环节之一。

2. 数字工艺管理业务基础架构平台

数字工艺管理业务基础架构平台包括组织管理、业务分工、协同调度、权限控制、工作流程管理、资源共享等方面。

（1）组织管理　建立健全完善有效的数字化工艺管理体系、工艺保证体系、工艺监督体系、工艺管理文化和工艺岗位责任制，充分利用企业工艺管理文化的特有魅力，对工艺过程进行技术、项目、工作流等方面的管理和控制，以保证工艺系统的工艺活动在工艺管理系统的控制之下。将企业经营中的各项工作有机地联系在一起，横向与相关环节进行协调，完成整个工艺过程的集成化管理与优化。以云工艺、并行工程、网络技术为基础，为企业开展产品全生命周期协同工艺研发及项目与过程管理等提供支持，包括集团企业与集团下属企业之间的工艺管理组织与协同，集团下属企业之间的工艺管理组织与协同，集团企业与行业之间的工艺管理组织与协同，集团企业与外部企业之间的工艺管理组织与协同，集团下属企业与外部企业之间的工艺管理组织与协同，集团下属企业内部的工艺管理组织与协同，供应链核心企业与卫星企业之间的工艺管理组织与协同，上游企业与下游企业之间的工艺管理组织与协同，企业内部工艺部门与其他相关职能部门之间的工艺管理组织与协同等。通过提高整个供应链的工艺及其管理水平，来加强集团企业供应链群体的整体核心竞争力。

（2）业务分工　这包括工艺部门和总工程师、设计部门、供应部门、生产准备部门、生产部门、设备动力工具部门、财务部门、营销售后部门、劳动人事部门、教育部门等不同责任者的工艺任务及其管理职能和责任的分工。

（3）协同调度　建立集团企业的云工艺产品工艺协同平台，实现集团企业云制造协同、现代集成制造协同、并行工程协同、精益制造协同、相似制造协同等，实现集团企业工艺资源的高度集成和适时共享，以提高协作效率、降低协作成本。为集团企业提供产品工艺数据的传送与在线浏览、制造工艺的异地监控与信息管理、虚拟工艺会议等功能。通过提高集团企业及其下属企业的工艺及其管理水平，来加强集团企业群体的整体核心竞争力。

（4）权限控制　这包括工艺数据录入、工艺数据处理、工艺数据查询、工艺数据使用、工艺数据维护等的授权。重要数据的授权可能会精确到字段，可能会存在时效性。

（5）工作流程管理　这包括工艺设计、审批、验证、实施、监控、评价、改进等一系列工艺管理工作流的管理。

（6）资源共享　这包括云工艺、工艺物联网、设备资源、工装资源、信息资源、知识资源、专家资源、资金资源等所有工艺相关资源的利用与共享，特别是为企业提供行业/企业工艺显性知识与隐性知识共享机制，使相关的工艺信息与知识，能够在需要的时间，以自助、互动、个性化、层次化的有效方式提供给用户。通过对工艺知识的获取、识别、挖掘、整合、创新、评价、存取、更新等，进行不间断的知识累积、反馈、循环，形成企业产品工艺的智能资本资源，为企业创造新的竞争优势；实现企业间共享资源的管理和企业间资源的优化配置，提高企业资源的经济效益与社会效益。

第4章
工艺知识管理模型研究

从 20 世纪末到 21 世纪初，社会经济类型正经历着从工业经济向知识经济的转变，知识正成为生产力要素中最活跃、最重要的部分。知识的创新和应用使企业在竞争中不断发展，并创造巨大财富。以前，企业为了提高竞争力，总是把重点放在改善设备、积累资金等方面，认为企业之间的竞争主要是资本的竞争。现在，企业逐渐认识到知识才是企业竞争力的源泉，拥有知识的人才才是无价之宝，企业之间的竞争由资本竞争转移到"知本"竞争。能把长期保存下来的知识资源，连同知识员工积累的实践经验和创新思想进行有效的挖掘、共享和利用，使企业了解自己的知识资源，并利用这些知识达到发展的目的，这对保持企业的竞争优势是至关重要的。

随着我国经济社会的持续快速发展，城市轨道交通设施与城市化发展的矛盾日益显现。从发达国家城市化发展的实践并结合我国国情来看，轨道交通将成为解决我国城市交通和城际交通问题的有效途径。目前，我国轨道交通建设已经进入了快速发展的阶段。轨道交通装备产业如何把握轨道交通市场机遇，抢占轨道交通装备制造业及其技术发展的制高点，形成产业发展的综合竞争力，已经迫在眉睫。在工业化时代之前，技术进步主要靠手工工艺；工业化时代，技术进步主要依赖先进装备；而进入 21 世纪以后，技术进步主要依赖知识管理。我国企业在发展过程当中，确定了非常明确的目标，也认识到了轨道交通装备工艺知识管理的重要性，尤其是我国铁路运输体现的是速、密、重并举，如何管理和利用好工艺知识显得尤为重要，而建立轨道交通装备工艺知识管理模型是轨道交通装备制造业进行知识管理的重要前提和理论基础。

4.1 轨道交通装备工艺知识概述

4.1.1 轨道交通装备工艺知识概念

谈及知识，首先应先明确下述几个概念：

（1）数据 数据是对事实的一种表达形式，它包括数字、文字、公式和图形符号等。

（2）信息 凡是对人有用的、能够影响人们行为的数据和符号都称为信息，它是通过对数据或符号的处理而产生的。

（3）知识 知识是人类对客观世界的认识，是人们在生活、劳动和在与自然界的生存斗争中，在对自然、物质认识的基础上，将认识升华提高形成的系统性的信念和经验的集合。知识是对客观事物及其联系的认识和知道如何去改造客观环境的能力。知识产生于人类的实践和思维活动，知识是人们通过实践认识到的客观世界规律性的东西。知识是信息经过加工整理、解释、挑选和改造而形成的，是人们进行决策的基础。

由这三个定义可见，三者之间是层层递进的关系，如图 4-1 所示：数据经过加工处理可以得到信息，信息经过精华、提炼可以归纳出知识，知识可以指导和作用于生产实践；反之，所有的数据、信息、知识又来源于生产实践。工艺知识也遵循同样的规律。

图 4-1 数据、信息、知识三者的关系

随着计算机技术的飞速发展，制造业正逐步向信息化、网络化、智能化、数字化的方向迈进，而这"四化"的基础恰恰是知识。对于轨道交通装备制造企业来讲，客运高速和货运重载是世界铁路运输未来很长一段时间内的发展方向，与此密切相关的知识中最为重要的当属工艺知识，它是企业实施 CIMS、PDM、ERP、AM 等先进技术和先进管理手段的前提条件。尤其是在当前的大制造、大系统、大环境情况下，企业内部、企业之间，甚至国内外都需要工艺知识的共享，特别是虚拟制造技术的发展，更增加了这种知识共享的迫切性。然而，迄今为止，对于轨道交通装备工艺知识并没有明确的概念。英文中将工艺用 process 来表示，但并没有工艺知识这一术语，国内制造业一谈到工艺知识，就局限在工艺设计知识（如 CAPP 等）的范畴。实际上，工艺知识是使产品设计变为成品的整个制造过程中的基础知识，它是保证产品质量以及企业经济技术效益的重要条件之一。根据工艺知识的流程，它贯穿于产品全生命周期（产品设计、工厂布置设计、设备配置、工艺装备设计制造、材料工具采购、生产计划、现场施工、售后服务等）的各个环节，它来源于产品设计、工厂现实条件，也来源于工艺情报、科学实验、施工和售后服务总结，以及工艺人员的专业知识。因为制造业向国民经济各部门提供装备，一方面根据社会需求开发产品，另一方面要解决用什么生产资料、方法和手段制造出需要的产品的问题，这些都是工艺知识的范畴，所以，工艺知识应是面向产品全生命周期的，而不应局限在某一工艺工作范围内。为此，需要建立工艺知识管理系统的周期，使工艺知识有计划、有步骤地不断循环运转，保证产品质量和企业经济效益，不断提高企业的工艺管理水平。

因此，本书将轨道交通装备工艺知识（vehicle transportation equipment process knowledge）的概念定义为：在轨道交通装备产品的设计、生产准备、制造和经营管理活动中，贯穿产品全生命周期的与工艺有关的知识。后文不加任何说明情况下所指的工艺知识均为面向产品全生命周期的轨道交通装备工艺知识。

4.1.2 轨道交通装备工艺知识特点

轨道交通是涉及土建、机械、电气、电子及通信业的技术密集型产业。轨道交通装备的技术水平直接反映了国家的工业基础水平。轨道交通装备与广义上的机械制造装备来比，具有其不可替代的特殊性：整套装备在轨道上行驶，并且逐渐向快速和重载两个方向发展。这两个特点决定了轨道交通装备制造除了需要普通装备制造工艺知识以外，还必须充分考虑系统动力学、空气动力学、轮轨关系学等诸多复杂的交叉学科知识。

作为知识的一部分，轨道交通装备工艺知识既具有普通知识的共性，又有自己的特殊性。其特殊性主要表现在以下几个方面：

（1）工艺知识的广泛性　涉及范围广，既包括企业内部工艺知识，又包括外部工艺知识（如供应商、客户方面的知识）。就内部知识而言，包括制造资源、结构设计、工艺方法、工艺参数、优化、评价、拆卸、维修等一系列从产品进行市场调研开始直到售后服务过程中所有可能要用到的工艺知识。

（2）工艺知识的隐含性　工艺知识中有很大一部分知识是工艺人员头脑中的经验、技艺、诀窍等，它们隐含在大量的数据和事实当中，很难以显性化的方式表达出来，必须采用一定的手段激励员工之间知识的共享，并利用知识挖掘工具进行深层次的知识挖掘和知识发现，以便产生新知识。

（3）工艺知识的多样性　工艺知识中既有文字、符号，又有图形、表格、公式等，表现形式多种多样；依据不同的分类原则，工艺知识又可有多种分类方式，因此，其分类方式也具有多样性。

（4）工艺知识的复杂性　这是工艺知识区别于其他知识的一个最重要的特性。工艺知识是机械、材料、力学、计算机、图形等各学科知识的交叉，又有冷热工艺的交叉，并且和具体企业的资源密切相关。所以在工艺知识的收集、整理、应用时，一定要注意各层次之间的相互关联性。例如，在制定工艺规程时，要考虑工艺规程设计原则，毛坯选择，定位基准的选择，加工方法的选择，加工路线的安排，设备与工艺装备的选择，余量和切削用量的选择，工序尺寸与精度的确定，工艺定额的确定，等等。另外，新工艺、新技术、新方法层出不穷，工艺知识在不断增加、更新，这种动态性也增加了工艺知识的复杂性。

4.1.3　轨道交通装备工艺知识管理模型的三层结构

知识工程和知识管理领域的研究者普遍认为知识管理问题的核心在于知识获取、知识存储与知识传递三个部分，知识传递又包括知识的发布与应用两个方面。可构建如图4-2所示

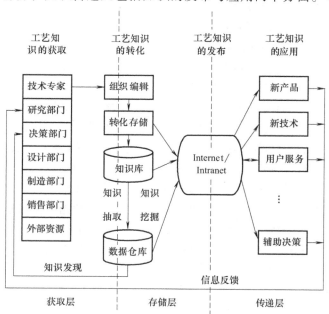

图 4-2　轨道交通装备工艺知识管理模型的三层结构

的轨道交通装备工艺知识管理模型的三层结构。

4.2 轨道交通装备工艺知识获取模型

轨道交通装备工艺知识从存在形式上可以分为显性工艺知识和隐性工艺知识两大类。一般认为外显的可编码的工艺知识为显性知识，而隐性工艺知识则难以用语言描述，源自个人的体验，与个人的信念、视角及价值观等精神层面密切相关，经验、直觉、秘诀、预感等都是隐性工艺知识的表现形式。显性工艺知识由于便于表达和传递，所以其获取要相对容易，而隐性工艺知识则需要通过一定的手段来发现。

4.2.1 显性工艺知识的获取

显性工艺知识的获取见 2.4.2 节介绍的"现代精益工艺管理知识的来源、获取与传播"，此处不再赘述。

4.2.2 隐性工艺知识的发现

在隐性工艺知识管理中，目前没有成熟的技术和手段。在开发和利用隐性知识时，一般认为人类知识中存在不能被描述和理解的部分，往往是通过一些手段（如知识地图）间接地对隐性知识进行管理，而效果并不令人满意。

图 4-3　SECI 模型

日本著名的知识管理专家野中郁次郎和竹内弘高在其著作《创造知识的公司》中提出了最具影响力的知识转化模型：SECI 模型，如图 4-3 所示。该书认为知识创造是通过显性知识和隐性知识相互转化的过程来实现的，知识转化的过程就是知识创造的过程。而知识的转化要通过"S（socialization）——社会化（从隐性知识到隐性知识）"、"E（externalization）——外在化（从隐性知识到显性知识）"、"C（combination）——综合化（从显性知识到显性知识）"、"I（internalization）——内在化（从显性知识到隐性知识）"这四个过程来完成。其中，每一个知识转化的过程都被理解为是自我超越的过程，这中间包括每一个人的自我超越、团队的自我超越和组织的自我超越。SECI 过程构成了知识创造的螺旋式上升，而外在化和内在化过程是实现知识螺旋式上升的关键步骤。

王众托院士提出，显性知识和隐性知识之间并无明确的界限，两者之间构成连续谱，并指出隐性知识源于个人的实践。在知识工程领域，一般采取数据挖掘手段从海量数据中挖掘出潜在的隐性知识；在医学领域，可采用大脑扫描等手段获取专家头脑中的隐性知识，但效果并不明显。因此，这里重点研究通过数据挖掘方法进行的隐性工艺知识发现。

1. 粗糙集方法

粗糙集（rough set）方法是近年来才兴起的用于研究不精确、不确定性知识的学习、表达、归纳的方法。它通过引入不可分辨关系、等价类、上近似、下近似等概念，考察知识表达中不同属性的重要性，来确定哪些属性是冗余的，哪些属性是必不可少的。删除冗余属性进而简化知识表达空间，最终从数据中挖掘出规则。它的理论核心是：知识源于对对象的分类，通过分类找出属性间的关联规则。目前该方法在设备选择、故障诊断等领域应用较多。

2. 遗传算法

遗传算法（genetic algorithm）基于达尔文进化论中的基因重组、突变和自然选择等概念，这些算法作用于某一特定问题的一组可能解法。它们试图通过组合或"繁殖"现存好的解法来产生更好的解法。利用"适者生存"的概念使较差的解法被抛弃，从而获得解法的集合，即"繁殖"的结果得到改善。目前该算法在优化设计领域广泛应用，如车间工艺布局优化、多工艺方案优化等。

3. 神经网络法

人工神经网络（neural network）是模拟人类的形象直觉思维、在生物神经网络研究的基础上，根据生物神经元和神经网络的特点，通过简化、归纳、提炼总结出来的一类并行处理网络。利用其非线性映射的思想和并行处理的方法，用神经网络本身结构可以表达输入与输出的关联知识。它完成输入空间与输出空间的映射关系，是通过网络结构不断学习、调整，最后以网络的特定结构来表达的，没有显示函数表达。目前该方法应用非常广泛，如用神经网络进行故障诊断和加工精度预测等。

4. 聚类算法

聚类（clustering）算法是通过对变量的比较，把具有相似特征的数据归于一类。通过聚类以后，数据集转化为类集，在类集中同一类数据具有相似的变量值，不同类之间数据的变量值不具有相似性。区分不同的类属于数据挖掘过程的一部分，这些类不是事先定义好的，而是通过聚类算法采用全自动方式获得的。例如根据零件工艺过程对零件进行聚类，以确定车间工艺布局等。

5. 分类法

分类（classification）法是最普遍的数据挖掘方法之一，它试图按照事先定义的标准对数据进行归类。分类法大致上可分为如下两种类型：

1）决策树归纳（decision tree induction）法。根据数据的值把数据分层组织成树形结构。在决策树中，每一个分支代表一个子类，树的每一层代表一个概念。国际上最有影响和最早的决策树方法是由 Quiulan 研制的 ID3 方法，后人又发展了各种决策树方法，如 IBLE 方法使识别率提高了 10%。

2）规则归纳（rule induction）法。规则归纳法是由一系列的 if-then 规则来对数据进行分类。

6. 统计分析法

在数据库字段项之间存在两种关系：函数关系（能用函数公式表示的确定性关系）和相关关系（不能用函数公式表示，但仍然是相关确定性关系）。对它们的分析可采用回归分析、相关分析、主成分分析等方法。

7. 模糊理论方法

利用模糊理论，对实际问题进行模糊判断、模糊决策、模糊模式识别、模糊簇聚分析，灰色模型预测法就是其中的一种。系统的复杂性越高，精确能力就越低，模糊性就越强。这是 Zadeh 总结出的互克性原理。

4.3　轨道交通装备工艺知识存储模型

4.3.1　轨道交通装备工艺知识分类

　　轨道交通装备工艺知识涉及的范围非常广泛，而且具有多学科交叉的特点，有很多工艺知识是动态变化的，需要不断进行更新，更重要的是，有很多工艺知识并不是显性的，而是隐含的。如果直接采用传统的线分类法进行分类，必然会产生分类不确切、分类表具有一定的凝固性和不便于多角度检索工艺知识的问题。因此，首先对轨道交通装备工艺知识进行面分类，见表4-1，分为轨道交通装备产品类型、轨道交通装备产品生命周期和轨道交通装备工艺知识动态性。再针对轨道交通装备工艺知识动态性，从基础到一般，从设计到管理，从重要到次要，从静态到动态的原则将其进行线分类，可划分为工艺基础理论知识、工艺标准知识、工艺分析知识、工艺设计知识、工艺管理知识和工艺情报六个大部分。工艺基础理论知识相对来讲是静态的，同时也是其他工艺知识的重要基础，所以作为第一部分；工艺标准知识是在生产实践中总结和提炼出来的相对稳定的规范，短期内不会发生变化，所以作为第二部分；工艺情报相对来讲是动态的，不断变化的，其重要程度远弱于工艺分析知识、工艺设计知识和工艺管理知识，所以放在最后；按照产品生命周期来看，虽然设计与管理经常是并行的，但在同一项工作中，分析在前，然后设计，管理在后，所以三者分别位于第三部分、第四部分和第五部分。工艺知识线分类如图4-4所示，由于篇幅所限，不能将所有工艺知识一一罗列，具体企业可以根据其车型特点进行细分。

表4-1　轨道交通装备工艺知识面分类

序号	面分类	粗分类	细分类
1	轨道交通装备产品类型	客车	地铁
			轻轨
			胶轮轨道交通
			单轨轨道交通
			市郊铁路
			磁浮系统
			新运输系统
			其他
		货车	棚车
			罐车
			漏斗车
			敞车
			其他
		机车	内燃机车
			柴油机车
			电力机车

（续）

序号	面分类	粗分类	细分类
1	轨道交通装备产品类型	机车	大功率交流传动机车
			其他
		大型养路机械	石碴清筛机
			石碴捣固机
			道床振动稳定机
			道床整形机
			其他
2	轨道交通装备产品生命周期	产品规划阶段	工艺调研
			工艺规划
			工艺成本
			工艺标准
		产品设计阶段	工艺方案
			工艺布局
			工艺路线
			工艺规程
			工艺定额
			其他
		产品制造阶段	工艺纪律
			工艺管理
			工艺整顿
			工艺试验
			工艺验证
			工序质量控制
			其他
		产品服役阶段	售前工艺服务
			售中工艺服务
			售后工艺服务
			使用维修工艺
			拆卸工艺
			维修工艺
			回收工艺
			循环工艺
			其他
3	轨道交通装备工艺知识动态性	工艺基础理论知识	细分类如图4-4所示
		工艺标准知识	
		工艺分析知识	
		工艺设计知识	
		工艺管理知识	
		工艺情报	

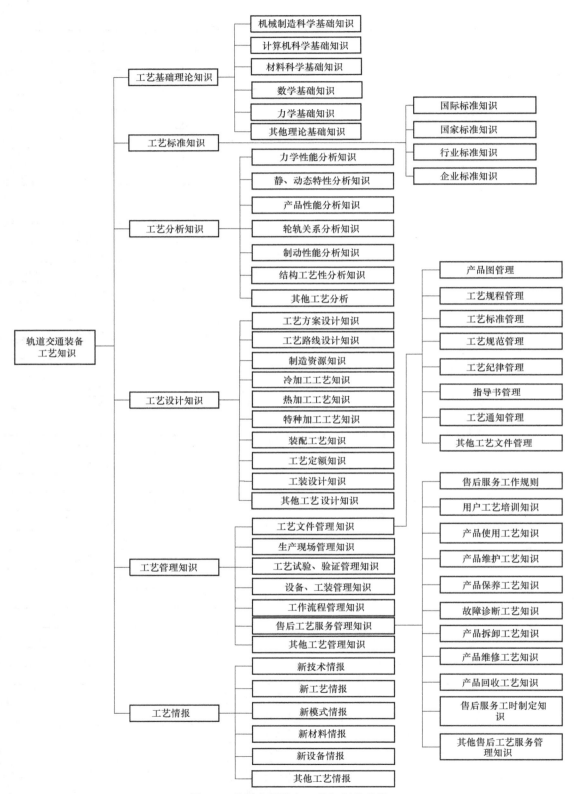

图 4-4　轨道交通装备工艺知识线分类

4.3.2 轨道交通装备工艺知识编码

在工艺知识的各种存在形式中，物化在机械产品上的工艺知识和存在于员工头脑中的工艺知识在企业工艺知识中的所占比重非常大，对企业的发展也至关重要，但由于隐性工艺知识的特殊性，无法进行表达和编码，因此，本书提到的可编码工艺知识是指以特定表示方法实现编码和格式化的显性工艺知识以及得到外显化的隐性知识；非编码工艺知识是指仍然以间接方法表示、没有外显化的隐性知识。

1. 编码方案

对工艺知识进行编码的目的，除了要起到标识作用以外，还要明确工艺知识在管理系统中的存在形式，对于已经有定型国家标准的工艺知识，还应符合国家标准，因此这里选择平行编码系统。

根据以上编码方法和原则，按照工艺知识的分类体系，确定轨道交通装备工艺知识编码系统结构如图4-5所示。

2. 编码系统结构介绍

本编码系统结构由四个部分（码段）构成，并可扩展，称为柔性分类编码系统，编码采用主辅码相结合的方式，码位由字母和数字组成。四个码段分别介绍如下：

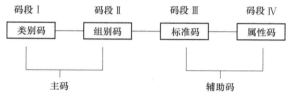

图4-5 轨道交通装备工艺知识编码系统结构

码段Ⅰ：类别码，由四位数字组成，两位为一组，前两位从01开始，例如，01表示工艺基础理论知识、02表示工艺设计知识、03表示工艺管理知识、04表示工艺情报；后两位表示工艺知识的细分类，由两位数字组成，也从01开始，该两位数字组与前两位数字组是所属关系。例如，0101表示工艺基础理论知识当中的机械制造科学基础知识，因为两位数字可以表达99个不同的编码，一旦有遗漏，有足够的空位可供补充。

码段Ⅱ：组别码，完全由数字组成，进一步描述知识的具体组别，长度从2位到16位不等，每两位数字为一组，长度每增加两位，表示组别低了一级。

码段Ⅲ：标准码，由字母和数字联合组成，表示标准代号，长度从2位到20位不等。国家标准以GB开头，行业标准以HB开头，企业标准以QB开头，编码与原标准代号保持一致。

码段Ⅳ：属性码，表示工艺知识的存储形式。结构化工艺知识以a结尾，文档型工艺知识以b结尾，样本型工艺知识以c结尾，规则型工艺知识以d结尾，案例型工艺知识以e结尾，模型化工艺知识以f结尾，其他类型工艺知识以g结尾。

3. 工艺知识编码系统特点

本编码系统具有如下特点：

1）类别码、组别码与属性码相结合。编码既能表示出工艺知识的类别，又能表达出工艺知识之间的所属关系，同时能够反映工艺知识的存在形式。

2）具有唯一性。每个工艺知识都有自己的编码，不会重复，能够唯一地标识工艺知识，便于计算机检索和处理。

3）具有可扩展性。留出了足够的备用码，可为新工艺知识的出现提供编码。

4）具有含义性和相对稳定性。每个码段和码位都有特定的含义，便于记忆、辨认和交流，同时也便于计算机处理。选取的编码特征是工艺知识分类体系中工艺知识的功能特征，具有相对稳定性。

4.3.3 编码型轨道交通装备工艺知识存储机制

工艺知识的存储媒介有很多种，比如书本、大脑、磁带、磁盘等一切可以记录信息的媒介都可以作为知识的存储设备。由于计算机技术的迅速发展，工艺知识的存储也向数字化的方向发展，因此，本书主要研究工艺知识在计算机中的存储技术。

由于工艺知识的类型差异太大，不能完全采用一个模式进行存储。我们可以按照工艺知识的结构化维度对知识进行分类存储，在工艺知识存储子系统中，结构化工艺知识、文档型工艺知识、样本型工艺知识、规则型工艺知识、案例型工艺知识和模型化工艺知识将分别对应存储于文档知识库、ANN、规则库、案例库和模型库。知识地图的知识定位器横贯各知识子库，在全局高度上揭示企业各种编码知识资源的总目录及各知识类别、层次之间的关系。

1. 结构化工艺知识库

结构化工艺知识指的是存储在数据库中的能够直接用结构化查询语言（structured query language）进行查询处理的工艺知识。该工艺知识由于结构性好，可以方便地进行数据库管理，一般按照数据库设计规则进行有效管理即可。工艺设计知识的雪花模型如图 4-6 所示。其他有关结构化工艺知识可按同样方法设计。

2. 文档型工艺知识库

企业实施工艺知识管理的初期，大部分工艺知识是以文档形式存放的，如 Word 文档、电子邮件、Web 页面等。由于文档型工艺知识的半结构或非结构化特点，对其进行有效存储、搜索和管理一直是个难点。可扩展标记语言（extensible markup language，XML）技术的出现解决了这个难题，它以高度的自描述性、可扩展性、结构性和异构性得到了理论界与应用界的双重认可。通过 XML 可以向低结构化的文档型工艺知识增加结构，通过文档类型定义（document type definition，DTD）来定义文档的结构和语义，通过 XML 文档存储数据，通过可扩展样式表语言（extensible stylesheet language，XSL）或串联样式表（cascading style sheet，CSS）设计文档的外观，使得文档内容与表现分离、录入工作与维护工作分离，可提高文档型工艺知识管理的效率和有效性。当将文档知识转化为基于 XML 的 Web 页面时，搜索引擎将能够返回更集中和有用的结果，智能代理（agent）能够更为容易地搜索整个 Web 并找出所需要的工艺知识。

3. 样本型工艺知识库

蕴含在样本数据中的样本型知识通过人工神经网络（artificial neural network，ANN）的形式实现存储与维护。ANN 将有关某一问题的若干知识通过各神经元间的连接权重隐式、分布地存储在网络结构中，连接权重代表了系统工艺知识的当前状态。连接权重的分布取决于网络的拓扑结构，常见的拓扑结构有前向网络、侧抑制网络、反馈网络和全互联网络。具体企业采用哪种拓扑结构，应视企业的具体应用领域实际情况，并通过多次模拟实验确定。同其他类型工艺知识一样，样本型工艺知识也需要维护与进化处理。这一过程对 ANN 来讲，只需要用新的样本实例重新训练网络，而不需要对网络结构做新的调整，这是 ANN 系统可维护性好的具体表现。

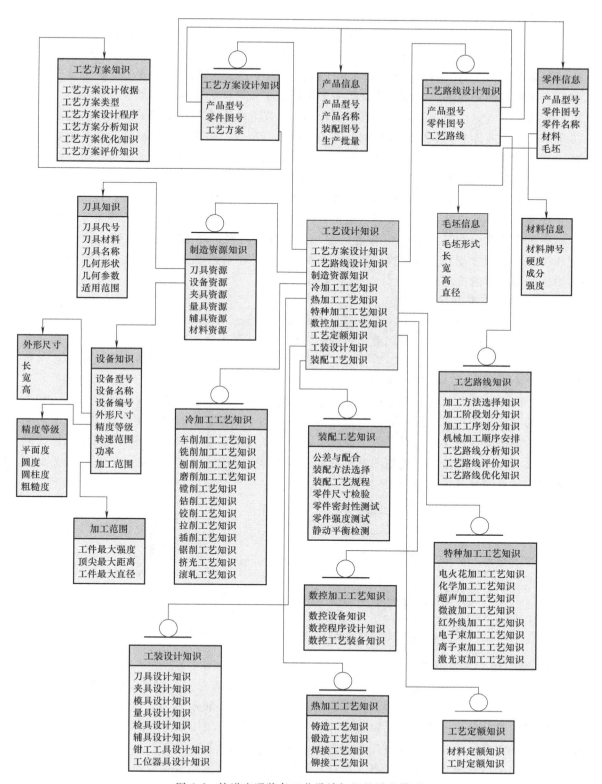

图 4-6 轨道交通装备工艺设计知识的雪花模型

4. 规则型工艺知识库

规则是 AI 领域基于知识系统的主要知识形态，一般对应于领域知识（如企业业务操作规范）、行家里手高度明晰化的经验以及元知识等。规则库是以某种组织结构存储于计算机内的规则集。传统 AI 领域直接以 Prolog 规则表示产生式，规则库是 Prolog 程序的必要组成部分。规则与其处理系统的刚性耦合关系严重影响了系统的鲁棒性和易维护性。

事实上，规则应独立于其处理系统而存储于外部介质上，并且要抽象出规则间层次推理关系、形成有效库结构，以确保规则处理系统的运行高效，即支持知识链后续环节的效率实现。这里建议每个企业将相关规则集通过关联规则分析创建一棵或者若干棵推理树，在其导引下将规则库中的规则组织成层次结构（即树状结构），将不同推理树中的规则进行聚类，使整个规则库呈现出分块、分层的多树结构。为每条规则增加一条指针信息，该信息既可以作为规则的唯一标识并以其为索引，也可以存放关联信息以指征规则间的推理关系。鉴于推理树中每个节点（根节点除外）有且只有一个父节点，如此规则库结构能够方便规则的调度和搜索（通过上层规则调度或搜索下层规则），使得规则调度灵活、迅速，从而提高工艺知识链后续环节的推理效率。

5. 案例型工艺知识库

案例型工艺知识的存储结构源于基于案例推理（case-based reasoning，CBR）研究中对记忆组织模型的探索。针对案例型知识的强结构性和高层次性，本书提出将框架技术和面向对象技术方法相结合的轨道交通装备工艺知识的"鸟巢"存储结构，如图 4-7 所示。该结构将每一个案例（case）框架抽象成一个多面体结构，多面体的面对应了案例的方面（aspect）或框架的侧面。两个案例间的关系通过相应方面间的关系得以体现。如此，单一抽象层次上的案例集便构成了以多面体为节点的网络结构。抽象策略的引入使得描述同一工艺知识主题的案例间呈现层次关系，每一层次代表一抽象级别。高抽象层次案例相对于低层次案例省略次要方面，保留案例主题的基本特征，可以作为低层次案例的模板，并可以作为低层次案例的父类为其提供该方面的继承。

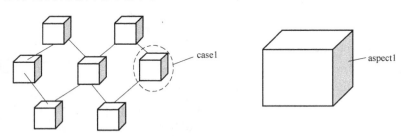

图 4-7 轨道交通装备工艺知识的"鸟巢"存储结构

6. 模型化工艺知识库

企业大多数决策是"模型驱动"的，模型化工艺知识是企业工艺知识的重要组成部分。对于过程性强的单一方法性模型，可以采用传统的程序模块表示。为了提高决策效率，显然模型库不能是各种程序模块的简单堆砌，而应组织成更具效率的结构层次。在存储策略上，一般有两种方案可供选择：①直接在模型库中按照模型的数据结构保存模型的所有数据及程序；②将模型以标准程序文件的形式保存在固定区域，模型库则保存模型文件的存放位置与相关信息。本书认为第二种方案具有更高的灵活性、可维护性和可扩展性，故建议各个企业采用此方案处理。

实施时可以采用索引表（index table）和模型字典（model dictionary，MD）来存储模型位置及其相关信息（模型元数据）。索引表保存模型索引信息以方便对模型分类、查询和修改以及对模型的选择与组合。

4.3.4 轨道交通装备工艺知识分级管理模型

在知识爆炸的年代，由于海量知识的存在，知识管理系统有必要对工艺知识进行分级管理，有助于为决策层快速检索到最急需的工艺知识提供支持。在 ABC 分类法中，将有形物资按照重要程度进行分级分类管理。本书借鉴 ABC 分类法的概念，将轨道交通装备工艺知识这种无形但有价的资产按其重要程度进行分类管理。

ABC 分类法是一种现代化的管理手段，它要求管理者针对一定的目的要求，运用数理统计的方法，对诸多事物和管理对象按影响因素、事物属性所占的比例进行排队，根据"关键的少数，次要的多数"原理划分出 A、B、C 三部分，并从中找出主要矛盾，找出管理重点。库存管理中的 ABC 分类法就是按照一定的标准，将企业的存货划分为 A、B、C 三类，分别实行重点管理、分类别一般控制和按总额灵活掌握的存货管理办法。存货 ABC 分类的标准，一是金额标准，二是品种数量标准。其中金额（价值）标准是最基本的，品种数量标准仅作为参考。

在使用 ABC 分类法进行管理对象计算分类时，首先将管理对象按金额由大至小顺序排列，计算相应百分比，然后再遵循表 4-2 所示的 ABC 分类法一般分类原则进行分类。

表 4-2 ABC 分类法一般分类原则

类别	管理对象百分比	金额百分比	管理
A	10%	70%	重点对象
B	20%	20%	较为重要
C	70%	10%	其他一般

在轨道交通装备工艺知识管理中，可以将工艺知识按照辅助某一项目决策的贡献度多少进行分类，分为三级：第一级为重要工艺知识（very crucial process knowledge，VCPK），即 A 类工艺知识；第二级为参考性重要工艺知识（reference crucial process knowledge，RCPK），即 B 类工艺知识；第三级为潜在重要工艺知识（potential crucial process knowledge，PCPK），即 C 类工艺知识。

按照工艺知识对具体项目的贡献度构建模型：

工艺知识——→工艺过程——→项目——→目标

（1）A 类工艺知识（VCPK） 这是对于实现特定项目目标贡献度最大的那部分工艺知识，其特点为：

1）直接辅助项目决策（贡献度达到 70% 左右）。

2）数量较少（一般所占比例为 10% 左右）。

3）获取和保存成本较高（一般可能要通过数据挖掘等手段来进行获取）。

（2）B 类工艺知识（RCPK） 这是对于实现特定项目目标具有参考价值的那部分工艺知识，其特点为：

1）不能直接辅助决策，但具有较重要的参考价值（贡献度达到 20%左右）。

2）数量相对较多（一般所占比例为 20%左右）。

3）获取和保存成本居中。

（3）C 类工艺知识（PCPK） 这是对于实现特定项目目标将来可能具有参考价值的那部分工艺知识，其特点为：

1）暂时可能不能辅助决策，但将来可能会发挥作用（贡献度达到 10%左右）。

2）数量很多（一般所占比例为 70%左右）。

3）获取和保存成本较低。

C 类工艺知识可从工艺知识分类体系中，由专家针对具体项目进行筛选，B 类工艺知识经专家评价贡献度大小，从 C 类知识中进行筛选，A 类工艺知识再经专家评价贡献度大小，从 B 类知识中筛选得出：C——→B——→A。在专家进行工艺知识筛选时，可采用德尔菲法、模糊评价法等评价方法对工艺知识进行评价后再筛选。

在知识管理中：对于 A 类工艺知识，要重点进行管理，一定要便于检索和查询，定期进行备份，防止丢失，建议每日备份，时时更新；对 B 类工艺知识可进行较重要管理，需要的时候能够通过检索手段查找到，建议每月进行备份；对于 C 类工艺知识可进行一般管理，每季度或者每年进行一次备份即可，也可在外围设备上进行保存和备份。

4.4 轨道交通装备工艺知识的传递

工艺知识经获取和存储转化以后，最重要的是应及时传递给需要的人或在允许范围内进行发布，这也是进行工艺知识管理的目的之所在。工艺知识发布应做到将最恰当的知识在适当的时间传递给最需要的人。Z 集团公司下属企业超过 70 多个，分布在各个省市区，轨道交通装备工艺知识必须以一定的方式在集团内共享，以便达到优势互补、资源共享、降低成本的目的。

4.4.1 轨道交通装备工艺知识传递模型

工艺知识传递的实现方式有两种：

1）基于推送技术和电子邮件的工艺知识推荐，该技术根据知识员工定义的关键词，利用全文索引技术，把包含关键词的最新文档按重要程度和关键词出现频度推荐给个人和有关职能处、室或工作团队。

2）基于拉动技术的浏览器信息发布，把有关的信息和知识在允许范围内发布，用户可以通过浏览器方便地查询和检索到所需的工艺知识。

工艺知识传递采用 B/S 三层逻辑结构构建。其结构图如图 4-8 所示。

系统采用 ASP 和 COM 组件相结合的三层逻辑结构——客户端、Web 应用程序服务器和知识仓库服务器，实现知识表达、知识应用处理和知识管理在逻辑上的分离。客户端为装有浏览器软件的一般客户机。企业 Intranet 上的任何网络终端接点均可实现对本系统的访问和操作。远程用户可通过 Internet 连接企业 Intranet，实现对系统的访问操作。工艺知识资源服务和维护管理的核心处理功能通过 COM 组件或 ASP 程序实现。COM 组件通过 ASP 进行黏结形成 ASP 动态网页。用户根据其权限可在网页上输入查询信息、交流信息或进行工艺知

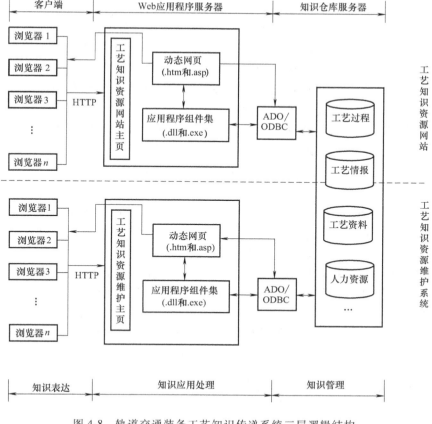

图 4-8　轨道交通装备工艺知识传递系统三层逻辑结构

识条目的维护管理，通过 ASP 脚本启动相应的应用程序组件，处理结果通过 ASP 脚本传递到浏览器上显示。ASP 脚本及应用程序组件对工艺知识仓库中各数据库的访问操作通过 ADO/DOBC 实现。

4.4.2　基于工艺知识传递模型的设计与评价

根据 SECI 模型，轨道交通装备工艺知识的传递应包括以下四种模式：

（1）知识的综合化　这即将外化了的显性知识通过编码、排序、分类，重新划分知识单元转变成一个知识系统，实质上这是实现工艺知识库的更新过程，也是企业为社会服务的基础。

（2）知识的外在化　这即把隐性知识通过比喻、比较、演绎、推理等方式表达成显性概念，实质上是隐性知识显性化的过程，主要侧重于企业中个人创新行为，激发个人的潜能，提高个人的能力，使创新知识得到共享，提高企业整体知识水平，这是企业工艺知识共享的一个重要环节。

（3）知识的社会化　这即企业成员中共同分享个人的经历、科学研究经验、方法、技能、思维方式等，进而创造新的知识，这是隐性知识到隐性知识的过程。

（4）知识的内在化　内在化实质上是一个学习过程，只有当通过社会化、外在化、综合化获得的知识被内在化为个人的隐性知识，形成一个共享的心智模式和技术诀窍时，即显性知识的隐性化，知识才能变成有价值的资产。个人通过内在化不断积累和丰富知识，这也是企业人才培养、提高技术水平的一项重要工作。

工艺知识的传递有很多种方法，比如可通过文章、报告等展示文字形式的工艺知识，可通过视频、现场参观、旅游、教育、培训和标准化等发布其他任何形式的工艺知识。本书将知识的传递活动分为四种基本交换模式：

（1）自发模式　知识传递处于无组织状态，成员之间的知识传递行为偶尔发生，并不系统。例如企业成员之间自发的交流、请教等。

（2）组织模式　此时知识交换比较频繁，而且交换的知识多属于通用型的，所产生的利益因此为广泛性的。例如有组织的讲座、报告、授课等。

（3）合作模式　此时知识交换的频次比较高，而且交换的知识多属于专有型的，所产生的利益也在局部范围内。例如采用并行工程技术，组建动态科技攻关小组等。

（4）其他模式　成员已经完全从集体利益出发，而不是从个人利益出发，但是由于没有直接的经济利益，产生的刺激不大，所以这种交换行为并不持续。

一般而言，在自发模式下，知识传递处于自发无序的萌芽状态，只有在采取增强组织智力措施后，才向其他三种模式转化。因此，这里重点探讨后三种模式。

不管工艺知识以上述哪种方式传递，都有两个主体：工艺知识的发布者（sender）和工艺知识的接收者（receiver）。

工艺知识的传递模型可以定义为发布者和接收者之间的关系模型。本书引入回报、付出和障碍三个方面的影响因素来构建该传递模型，见表4-3。

表4-3　影响知识传递的三方面因素

主体	回报	付出	障碍
工艺知识的发布者	感谢 奖赏 贡献感 成就感 满足感	创建文本时间 解释时间 支持时间	竞争关系 信任度 不安感 成败经验 出风头 交情
工艺知识的接收者	工作效率改善 成功概率提高 满足感增加	会议时间 转化时间	

（1）回报　通过提供和接收工艺知识的直接受益。发布者的回报包括收获的感谢、奖赏等，接收者的回报包括通过接收工艺知识而带来的工作效率改善和成功概率提高等。

（2）付出　提供和接收工艺知识所需要的付出。发布者的付出包括创建文本、口头交流、为接收者提供有益信息的工作等，具体表现为创建文本时间、解释时间、支持时间；接收者的付出包括理解工作或者为了使用接收到的工艺知识而进行的转化工作等，具体表现为会议时间和转化时间。

（3）障碍　工艺知识的发布者和接收者之间的障碍。由于发布者和接收者之间可能存在的竞争关系、彼此的信任度、存在的不安全感、以往成败的经验、甚至认为发布者出风头、接收者与发布者之间交情好坏等都可能成为影响知识传递的障碍。

第5章

生产现场工艺优化

生产现场管理是精益生产的一个重要组成部分。轨道交通装备制造企业生产现场是一个非常复杂、庞大的制造系统，整个生产过程始终贯穿着各种工艺活动。加强生产现场的工艺管理，是实现产品设计、保证产品质量、发展生产、降低消耗、提高生产率的重要手段。在铁路客运高速、货运重载和城市快捷轨道交通的大发展形势下，相关企业迎来了前所未有的发展机遇。某公司下属的各个企业经营规模不断扩大，生产能力明显提升，企业搬迁改造加速，产品技术水平显著提高。但是，机遇和挑战总是并存的，在紧紧把握难得的机遇同时，企业也面临着诸多历史挑战：

1. 传统工厂布局、车间工艺布局尚需优化的问题

轨道交通装备制造企业一般都具有多年的历史，工厂布局和车间布局基本上是凭借建筑设计单位和车间管理人员的经验进行规划的，科学性和合理性不是很高。随着装备制造业的发展，新工艺、新材料、新设备层出不穷，企业每年都要购置一些新的设备；另外，企业订单剧增和生产批量的改变也需要新增设备，老的设备不断被淘汰。每更新一次设备，就需要对车间工艺布局进行一次调整。另外，对于企业在规模扩张过程中进行的搬迁改造，也需要进行车间工艺布局优化。在生产任务不繁忙时，布局问题矛盾并不突出，而当生产任务繁重时，由于布局不科学所带来的搬运、等待等问题就愈加突出。

2. 长期粗放管理带来的问题

轨道交通装备产品生产类型一般以多品种、单件或小批量生产为主，制造周期较长，生产现场管理一般较为松散。然而，随着市场竞争加剧，产品上市周期要求越来越短，价格竞争越来越激烈，对轨道交通装备生产现场工艺优化就提出了新的要求。随着降低成本、提高效率、保证质量的要求不断提高，企业必须对轨道交通装备生产现场工艺进行定量优化。

3. 减轻作业者工作强度问题

由于企业订单剧增，轨道交通装备生产现场操作人员加班加点现象很多。大强度的工作必然导致现场操作人员非常疲劳。在保证提高效率、降低成本和确保质量的同时，为了减轻工人劳动强度，有必要采取 IE 理论中的作业分析方法和动作研究技术对轨道交通装备生产现场作业进行优化。

本章将生产现场工艺管理工作按照制造工艺管理从宏观到微观划分为 3 个层次，即从工艺流程分析，到工序分析，再到工步分析。不同层次采用不同的工具进行优化，直至达到从宏观到微观全部优化，实现质量控制。主要内容包括：

1）通过工艺流程优化，达到最优车间布局和物流运输路线设计的目的。

2）通过工序中的作业分析，达到充分发挥人机作业效率、减轻作业者工作强度的目的。

3）通过工步中的切削参数优化，达到工序质量控制和降低成本的目的。

5.1 轨道交通装备生产车间工艺布局

5.1.1 车间工艺布局概述

所谓布局就是将一些物体按一定的要求合理地放置在一个空间内，且使所占空间尽量小。其中，物体称为布局对象，空间称为布局容器。布局问题广泛存在于航空航天工业、造船业、纺织业、玻璃加工业及交通运输等工业领域。轨道交通装备制造车间工艺布局是布局问题的一个重要分支，车间工艺布局对于提高车间生产效率、节省人力物力资源等方面有重要的意义。

车间设备布局就是合理确定车间各组成部分及其各种设备、装置的具体位置。所谓合理布置，就是要使设备、人员与物料的移动得到密切有效的配合，既使生产活动能有效进行，又能节省生产费用，并为职工提供一个安全、舒适、美观的工作环境，也就是人、机、物的协同效应。

良好的车间设备布局可以产生如下几方面的好处：

1）可以使车间生产面积得到充分的利用。

2）有利于合理确定设备与装置数量，节省投资。

3）有利于改善车间的生产环境。

4）有利于减少生产耗费，生产资料的效能可以得到充分的发挥。

5）有利于车间的生产技术改造和生产任务的变更。

车间布置不合理，会给车间带来结构性损失。因此，无论是建立新车间，还是改造老车间，都应合理规划和布置。

合理布置车间设备，要满足下列三个方面的要求：

（1）有利于车间生产的顺利进行和生产技术的提高　为此，应遵循下列原则：

1）单一流向原则：工件流动方向应该符合工艺路线，始终沿着单一方向流动，尽量避免交叉或倒流的现象。

2）物料搬运距离最短原则：所有产品和材料的移动都应当是必要的和直接的，应该尽量使搬运材料的距离达到最短。避免不必要的中转和存储，从一个地点搬运到下一个地点时应该尽量不在中间位置做长时间的停留和存储。

3）尽量减少装卸次数原则：尽量减少装卸次数，可以利用工序集中的方法减少装卸次数，尽量避免不必要的装卸。

4）进出方便原则：摆放设备时应该注意为设备维修、工人操作、物料的搬运等留出足够的空间，设备不应太靠近墙壁或者电源设备，摆放设备还应该充分考虑到生产安全的因素。

5）灵活性原则：车间设备布置的对象不是静止的，而是处于动态之中，处于发展变化之中。当引进先进设备或者产品的工艺结构发生改变时，设备布局就要做相应的调整。

（2）有利于加强车间管理　为此，应遵循下列原则：

1）协调配合原则：车间设备布置应便于各个工作地之间的协调配合，多个工作地的共用设备应摆放在这些工作地的交界处，使生产能够顺利地进行。

2）物流路线通畅原则：布置时应当明确流通路线，如果可能，应清楚地加以标明。车间的运输通道不能用来存放工件。

3）可见性原则：所有的人员和材料应当安排在明处、大家都见得到的地方。

（3）要保证生产安全和职工的身心健康　为此，应遵循下列原则：

1）保证生产安全原则：为了保护企业财产，在进行设备布局时，应当做好防火、防潮、防止设备碰撞等保护设施。

2）为了保证职工的人身安全，应该正确安装设备、电缆线等，不应使操作人员遭受危险。此外，对过路人的安全也应该加以关心，过路人可能需要在设备的后面走过，所以设备后面的安全一定要注意。

3）良好的环境：为了保证车间中的良好环境，设备布置必须认真考虑对切屑、粉尘、噪声、振动等的处理。

4）良好的车间环境能保证职工的身心健康和提高职工的工作效率。车间应当有足够的照明和通风，应当把暗淡的灯光、过度的阳光、热量、噪声、振动和难闻的气味等减到最少。

5.1.2　对象专业化原则车间工艺布局

对象专业化是按产品（部件、零件）的不同来设置生产车间或小组的一种形式。在对象专业化生产的车间或小组里，集中了加工相同种类产品（部件、零件）所需要的各种机器设备和各工种工人，对同种产品（部件、零件），进行不同工艺的加工。对象专业化形式，是一种把产品（部件、零件）的全部或绝大多数工序，都集中在一个生产车间或小组完成的形式。所以这一类生产车间或小组，又称为产品（部件、零件）的完全封闭式或基本封闭式的生产车间或小组。

在对象专业化的车间或小组里，由于产品（部件、零件）的全部或绝大部分工艺工序，都在一个车间或小组里完成，产品（部件、零件）不用逐次通过各生产车间或小组，因而可以缩短产品（部件、零件）在生产过程中经过的路线（距离），节约辅助劳动，可以简化生产车间或小组之间的协作关系，简化各项管理工作和产品成本核算工作，有利于加强在制品管理和质量管理等。但是，在对象专业化的车间或小组内，生产技术不如工艺专业化单纯，在产品品种多变的情况下，适应性较差，不便充分利用设备和劳动力。

据统计分析，产品制造费用的 20%～50% 是用作物料搬运的，而物料搬运的工作量直接与车间布置情况有关，有效的布置大约能减少搬运费用的 30% 左右。车间布置的优劣不仅直接影响着整个生产系统的运转，而且通过对物料搬运成本的影响，成为决定产品成本高低的关键之一。也就是说，在满足生产工艺流程的前提下，减少物料搬运工作量是车间布置设计中最为重要的目标之一。因此，在实现车间布置之前必须就生产系统的作业单位之间的物流状态做出深入的分析。

对于按照对象专业化原则布置的车间，进行车间工艺布局与物流运输路径之间的关系分析，可采用产品或零件的流程程序分析图来辅助，对于不同的生产类型，可采用工艺过程图、多种产品工艺过程表、成组方法、从至表等不同物流分析方法。

以某企业钢板开料车间为例，改进前开料车间布置简图如图 5-1 所示，开料区可分为十五个工作区域，分别为：钢板存放区、停车区、待剪区、裁板区、磨边区、清洗区、晾干区、待磨区、待洗区、边料存放区、两个废料区、总废料区和两个待出组区。其中，待剪区需要三个工人（一人将钢板放到剪切机器上，另外两人将剪好的钢板对折放好）进行操作，磨边（一人放上钢板，另一人将磨好的钢板取下）和清洗（一人放上钢板，另一人将洗好的钢板取下）均需两人。在制品在工作区域内的运输是通过人工手推车来完成的。

改进前的开料车间工艺流程是：取手推车→将手推车推到钢板存放区→检验钢板→装上钢板→钢板运至待剪区→卸下钢板→储存钢板→装上钢板→钢板运至裁剪器旁→裁剪钢板→检验裁剪好的钢板→合格的钢板运到待磨区→卸下钢板→储存钢板→装上钢板→运到磨边机器旁→钢板磨边→检验磨好边的钢板→合格的钢板运到待洗区→卸下钢板→储存钢板→装上钢板→运到清洗机器旁→清洗钢板→晾干钢板→装上钢板→运到待出组区→卸下钢板→储存钢板。

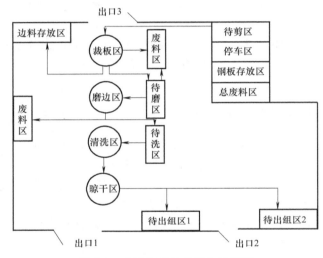

图 5-1　改进前开料车间布置简图

对上述工艺布局和工艺流程进行分析，发现存在以下问题：

1）车间布局不合理，导致搬运次数过多，搬运路线过长。

2）在制品库存较多。

3）整个工艺流程步骤较多，耗时达 331min。

4）作业空间狭窄，搬运和作业都不是很方便。

针对以上存在的问题进行改进，运用工作研究方法中 5W1H 技术和 ECRS 原则[⊖]，提出如下改进措施：

1）取消待剪区，钢板可以直接从其存放区运到裁剪机器旁进行裁剪，且不影响剪裁效率。

2）取消待磨区和待洗区，不仅可减少工人的工作量和在制品的库存量，而且可解决在制品堆放在车间通道上影响车间交通的难题。这样，裁剪好的钢板可直接送去磨边，磨完边的钢板则可直接送到清洗区，不仅可节约时间，而且可实现准时制生产。

⊖　ECRS 原则是工业工程学中程序分析的原则，ECRS 为 eliminate、combine、rearrange、simplify 的首字母简写，即取消、合并、重组和简化。

3）将裁板区的废料区、磨边的废料区和总废料区合并，裁剪区的废料和磨边区的废料都送到总废料区存放，便于统一管理，释放空间。

4）待出组区1和待出组区2合并成一个待出组区，晾干后的产品都送到该待出组区存放。因为实地考察时发现，两个待出组区的利用率均没有达到100%，而且通过前面的改进，在制品数量会越来越少；由于待出组区2比待出组区1远，且开料的下一道工序车间离出口1较近，考虑到要尽量缩短搬运距离，所以，保留待出组区1的位置。

通过以上几个区域的改进和合并，减少了操作步骤，节约了空间，缩短了搬运距离，整个流程耗费的时间降低到283min，比原来流程节约了52min，效果非常显著。改进后的开料车间布置简图如图5-2所示。

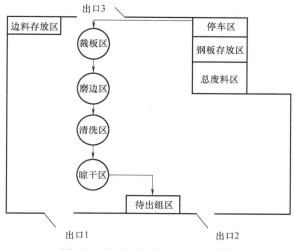

图5-2　改进后开料车间布置简图

改进前后的工艺流程对比见表5-1。

5.1.3　工艺专业化原则车间工艺布局

工艺专业化原则是按照生产工艺性质的不同来设置车间或小组的一种形式。在工艺专业化的车间里，集中了同种类型各种大小的工艺设备和同工种工人，对企业的各种产品进行相同的工艺加工。按工艺专业化组织的车间或小组，由于同种类型的机器设备、同种工人集中在一起只加工相同的工艺，因而，对产品品种多变的适应性比较强。在品种多变的情况下，便于比较充分地利用机器设备和劳动力。在生产单位内部，也便于进行工艺专业化的管理，便于组织和指导同工种工人之间学习、开展劳动竞赛等。但是，由于它不能独立地完成产品（部件、零件）的全部或大部分加工工序，都要逐次地通过许多生产单位才能完成，产品的运输路线较长，因而消耗于运输在制品的辅助劳动量较大。产品在生产过程中停放等待的时间较多，生产周期较长，生产中的在制品和资金占用量也较多。此外，生产单位之间的协作关系和各项管理工作，产品成本核算工作也比较复杂。模拟退火算法是近年提出的一种适合解决大规模组合优化问题的通用有效近似算法。它的特点是描述简单、使用灵活、运用广泛、运行效率高和较少受初始条件限制。因此该算法具有很高的实用价值。

表 5-1　改进前后的工艺流程对比

改进前的工艺流程图						改进后的工艺流程图					
说明	操作	搬运	储存	检验	时间	操作	搬运	储存	检验	时间	说明
取手推车					1					1	取手推车
将车推到钢板存放区(1m)					1					1	将车推到钢板存放区(1m)
检验钢板					5					5	检验钢板
装上钢板					2					2	装上钢板
钢板运至待剪区(5m)					3					3	钢板运至裁剪机器旁(5m)
卸下钢板					2					30	裁剪钢板
储存钢板					10					10	检验剪好的钢板
装上钢板					2					2	钢板运到磨边机器旁(3m)
钢板运至裁剪机器旁(2m)					2					30	钢板磨边
裁剪钢板					30					10	检验磨好边的钢板
检验裁剪好的钢板					10					2	钢板运到清洗机器旁(3m)
钢板运到待磨区(3m)					2					60	清洗钢板
卸下钢板					2					120	晾干钢板
储存钢板					10					2	装上钢板
装上钢板					2					3	运到待出组区(6m)
运到磨边机器旁(1m)					1					2	卸下钢板
钢板磨边					30						储存钢板
检验磨好边的钢板					10						
钢板运到待洗区(3m)					2						
卸下钢板					2						
储存钢板					10						
装上钢板					2						
运到清洗机器旁(1m)					1						
清洗钢板					60						
晾干钢板					120						
装上钢板					2						
运到待出组区(10m)					5						
卸下钢板					2						
储存钢板											
总计 次数	14	8	4	3	331	8	5	1	3	283	
总计 距离		26m					18m				

以曲轴生产车间设备布局为例，该车间以生产柴油机铸铁曲轴和锻钢曲轴为主，属于按工艺专业化原则组织生产的中小批量生产车间类型。多年来，由于设备的更新换代，车间新添置了两台加工中心、一台划线仪和一台动平衡试验机，车间中原来的布局形式已经不能满足生产要求，需要进行调整。针对车间中的实际情况，采用模拟退火算法对车间设备布局进

行优化设计。

曲轴车间为东西走向，总长度 109m，分南北两跨，每跨 18m。每跨中的机床分两行排列，行间距为 8m。安全通道宽为 3m。在跨内，用 5t 的双梁桥式起重机搬运曲轴，跨和跨之间的搬运是通过轨道导引小车完成的。每次越跨搬运都要消耗大量的时间，故应尽量减少越跨搬运次数。车间现有设备 29 台，引进新设备后总数达到 33 台。

引进新设备之前的曲轴车间工艺布局如图 5-3 所示。

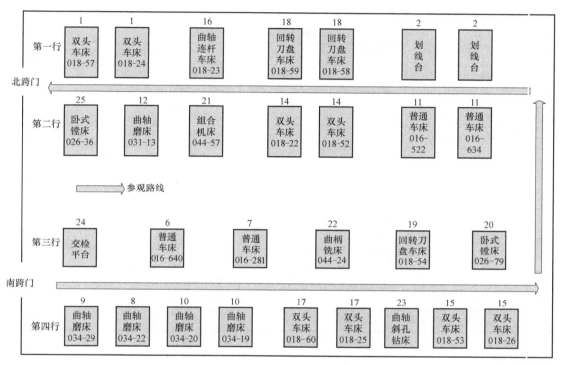

图 5-3 引进新设备之前的曲轴车间工艺布局

为了方便计算机编程，需要对设备进行编号并采用并联设备集中摆放方式。设备编号时将并联设备编为一个号码。33 台设备最终被编为 1~25 号，对应关系见表 5-2。

由分析可知，该车间应属于按工艺专业化原则组织的单件小批生产车间，车间中的设备布局形式应属于成组生产单元布局，可以建立如下数学模型：

$$\min f = \varpi_1 \theta_{\mathrm{smn}} + \varpi_2 \theta_{\mathrm{md}} + \varpi_3 \theta_{\mathrm{mwd}} + \varpi_4 \theta_{\mathrm{room}} + \varpi_5 \theta_{\mathrm{nature}} + \varpi_6 \theta_{\mathrm{tran}} + \varpi_7 \theta_{\mathrm{J}} + \varpi_8 \theta_{\mathrm{seperate}} \qquad (5\text{-}1)$$

式中　θ_{smn}——同种设备需求量的合理性评价指标；

θ_{md}——机床与机床的间距是否符合工艺标准的评价指标；

θ_{nature}——车间环境评价指标，包括车间里的光线是否充足、通风效果是否良好、车间卫生条件、噪声情况等；

θ_{tran}——由运输设备确定的车间中的通道宽度是否利于运输的评价指标，通道宽度的相关标准可以参阅有关文献；

$\theta_{\mathrm{seperate}}$——只用于分区联合布置形式的评价指标（此指标主要考察多个成组分区共用的一组机床是否被安排在了这几个分区的公共边界区域上。当采用分区联合布置时，某些设备如拉床、插床、磨床等从工艺要求上不能够没有，但是若为每个单元都配置一台，则负荷很低又不经济，所以只能组织跨单元协作生产。这些为两个或多个单元共用的设备，布置时应考虑安排在共用它的这两个或多个单元的相邻边界区域）；

θ_{mwd}——机床与墙壁间距是否符合工艺标准的评价指标；

θ_J——搬运矩的评价指标；

θ_{room}——车间建筑尺寸对设备布局地约束的评价指标；

$\varpi_1 \sim \varpi_8$——各单位的权重。

表 5-2　曲轴车间设备编号一览表

编号	设备名称及代码	编号	设备名称及代码
1	双头车床 018-57、018-24	14	双头车床 018-22、018-52
2	划线台（2 台）	15	双头车床 018-53、018-26
3	划线仪（新增）	16	曲轴连杆车床 018-23
4	五面体加工中心（新增）	17	双头车床 018-60、018-25
5	车铣加工中心（新增）	18	回转刀盘车床 018-59、018-58
6	普通车床 016-640	19	回转刀盘车床 018-54
7	普通车床 016-281	20	卧式镗床 026-79
8	曲轴磨床 034-22	21	组合机床 044-57
9	曲轴磨床 034-29	22	曲柄铣床 044-24
10	曲轴磨床 034-20、034-19	23	曲轴斜孔钻床
11	普通车床 016-522、016-634	24	交检平台
12	曲轴磨床 031-13	25	卧式镗床 026-36
13	动平衡试验机（新增）		

针对上述模型，应用模拟退火算法进行优化计算，可以得到如下的结果：

第一行：1，16，21，5，3，18。

第二行：25，12，4，2，14，11。

第三行：24，6，7，22，19，20。

第四行：13，9，8，10，17，23，15。

改进后的曲轴车间工艺布局如图 5-4 所示。

结果分析如下：

实际车间中，工序联系紧密的机床应尽量摆放在同一个跨间里且应该靠近摆放，例如 3、4、5、16 四台机床在锻钢曲轴生产中工序联系紧密，要求尽量靠近摆放且不经过中间的轨道转运。从上面的优化结果可以看到，3、4、5 和 16 四台机床排在了第一行和第二行，距离较近且不需要用中间的轨道导引小车进行转运，满足实际要求。

编号为 2 的划线台在铸铁曲轴的生产中起着重要的作用（要多次划线）。在原车间布局中，这个平台放在了第一行的最右端，使得物料的搬运距离很长。从上述优化结果可以看到，划线台 2 被放到了车间的中部，这样就节省了搬运时间和搬运距离。

在优化结果中，3、5、4 被摆放在了第一和第二行，而且比较靠近，这符合将新机器放在参观路线上的实际要求，而且 3、4、5 均未靠近门口，设备精度受气温变化影响较小。

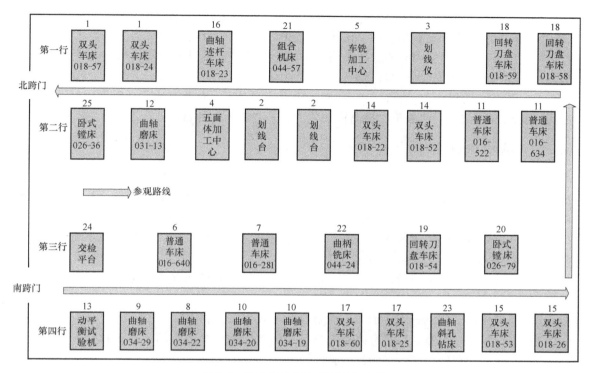

图 5-4　改进后的曲轴车间工艺布局

　　10 设备没有被搬动，10 设备的摆放位置仍然是其车间中的实际位置。由于 10 设备机床精度不好调整，搬动 10 设备对于车间中的实际生产影响较大，所以优化设计时应尽量不动 10 设备。可见，从这点上来说，模拟退火算法的优化结果较好。

5.2　轨道交通装备生产现场作业分析

　　作业分析是指通过对以人为主的工序的详细研究，使作业者、作业对象、作业工具三者科学合理地布置和安排，达到工序结构合理，减轻劳动强度、减少作业工时消耗、缩短整个作业的时间，以提高产品的质量和产量为目的而做的分析。

　　作业分析研究一道工序、一个工作地点的工人使用机器或不使用机器的各个作业（操作）活动。作业分析的主要作用是：

　　1）通过删减、合并、简化，使操作总数减至最低，工序排列最佳，并使每一操作简单易行。

　　2）合理利用肌肉群，防止某些肌肉群由于动作过于频繁而产生劳损。发挥双手作用，平衡双手负荷，避免用手长时间握持物体，尽量使用工具。

　　3）要求机器完成更多的工作，例如：自动进刀、退刀、停车、自动检测、自动换刀等，大量生产应设计自动上料落件装置，改进零件箱或零件的放置方法。

　　4）减少作业循环和频率。减少物料的运输和转移次数，缩短运输和移动距离，使运输和移动方便易行。

5）改进设备、工装与工位器具、物料规格或工艺，采用经济的切削用量。

6）工作地点应有足够的空闲，使操作者有充足的回旋余地。

7）消除不合理的空闲时间，尽量实现人机同步工作，使某些准备工作、布置工作地点的工作、辅助性工作放在机动时间进行。

综上所述，通过作业分析，应达到使作业的结构合理、作业者的劳动强度减轻、作业的时间消耗减少，保证生产质量，提高作业效率，平衡流水线的目的。

5.2.1 人机作业分析

人机作业分析是应用于机械作业的一种分析技术，通过对某一项作业的现场观察，记录操作者和机器设备在同一时间内的工作情况，并加以分析，寻求合理的操作方法，使人和机器的配合更加协调，以充分发挥人和机器的效率。其作用为：

1）发现影响人机作业效率的原因。人机作业时，若人与机器的相互关系不协调，利用人机分析图就能发现产生无效时间的原因。

2）判断操作者能够同时操作机器的台数，即确定1名操作者可能操作几台机器，充分发挥闲余能力的作用。

3）判定操作者和机器两方面哪一方对提高工效更为有利。

4）进行安全性研究，因过分提高机器的运转速度和设备的利用率而使操作者的安全受到危害时，应如何保证操作者的安全问题。

5）设备改造、实现自动化及改善作业区的布置。从提高人机作业效率的观点出发，有效进行设备改造，提高设备的运转速度，重点是实现自动化及合理改善作业区的布置。

以某企业机加工车间车削中间轴的作业分析为例，原来的流程是：工作人员从料箱里取中间轴→把中间轴装到车床上→开动车床车削中间轴→等待中间轴车削结束→关闭车床→卸下中间轴→车削好的中间轴放入成品箱（见表5-3）。

表5-3　改进前的人机作业分析表

工作部门:×××　　产品名称:×××　　作业名称:×××　　图号:×××
工作人员:×××　　研究者:×××　　日期:×××

工作人员			车床		
内容描述	时间/s	状态	状态	时间/s	内容描述
从料箱里取中间轴	4			4	空闲
将中间轴装到车床上	12			14	安装中间轴
开动车床车削中间轴	2				
待工	36			36	车削中间轴
关闭车床	2			8	卸下中间轴
卸下中间轴	6				
放入成品箱	3			3	空闲
统计	工作人员		空闲时间:36s;工作时间:29s 周程时间:65s;利用率:44.6%		
	车床		空闲时间:7s;工作时间:58s 周程时间:65s;利用率:89.2%		

注：阴影部分表示处于工作状态当中。

由表5-3可以看出，整个周程的作业时间是65s，工作人员的工作时间是29s，空闲时间是36s，利用率仅有44.6%；车床的工作时间是58s，空闲时间是7s，利用率是89.2%。工作人员的利用率很低，空闲时间大于工作时间。

IE理论中人机数量关系的确定公式为

$$n = \frac{l+m}{l} \tag{5-2}$$

式中 n——操作者操作的机器数量；

l——操作者在每台机器上装载和卸下工件（包括从一台机器走到另一台机器）所花费的时间，也叫服务时间；

m——机器运行时间。

本车削加工过程中，l为29s，m为36s，假定安排该工人操作多台机床，则

$$n = \frac{29s+36s}{29s} = 2.24$$

即该操作者可以同时操作两台机器。对其作业进行改进，得到如表5-4所示的人机作业分析表。

表5-4 改进后的人机作业分析表

工作部门：×××　产品名称：×××　作业名称：×××　图号：×××
工作人员：×××　研究者：×××　日期：×××

工作人员			车床1			车床2		
内容描述	时间/s	状态	内容描述	时间/s	状态	内容描述	时间/s	状态
从料箱里取中间轴	4		空闲	4		车削中间轴	18	
将中间轴装到车床1上	12		装中间轴	14				
开动车床1	2							
关闭车床2	2					卸下车削好的中间轴	8	
卸下车床2上车削好的中间轴	6							
放入成品箱	3		车削中间轴	36		空闲	7	
从料箱里取中间轴	4							
将中间轴装到车床2上	12					装中间轴	14	
开动车床2	2							
空闲	7							
关闭车床1	2		卸下车削好的中间轴	8		车削中间轴	18	
卸下车床1上车削好的中间轴	6							
放入成品箱	3		空闲	3				
统计			工作人员	空闲时间：7s；工作时间：58s 周程时间：65s；利用率：89.2%				
			车床1	空闲时间：7s；工作时间：58s 周程时间：65s；利用率：89.2%				
			车床2	空闲时间：7s；工作时间：58s 周程时间：65s；利用率：89.2%				

注：阴影部分表示处于工作状态中。

改进后，工作人员和车床的利用率均达到了 89.2%，较改进前有很大提高。但根据式 (5-2) 来看，一个工作人员应该完全有能力操作两台机床，不应该使机床再发生空闲时间，说明作业顺序上还存在一定的问题，应该进一步探讨串行作业和并行作业之间的关系。从表 5-4 中可以看出，当工作人员取料和将加工好的中间轴放入成品箱中时，机床中至少有一个是空闲的。如果将这两个作业顺序改在机床工作时进行，就可以取消掉空闲时间了。因此，再进行一次改进，将原材料每次提前在机床工作时就取到机床附近的工作台上备好，卸下的中间轴也不要马上送入成品箱，待装载好下一工件开始加工以后再将加工好的中间轴送入成品箱中。

再次改进后的人机作业分析表见表 5-5。

表 5-5　再次改进后的人机作业分析表

工作部门：×××　　产品名称：×××　　作业名称：×××　　图号：×××
工作人员：×××　　研究者：×××　　日期：×××

工作人员			车床 1			车床 2		
内容描述	时间/s	状态	内容描述	时间/s	状态	内容描述	时间/s	状态
关闭车床 1	2		退料	8		车削中间轴	29	
卸下车床 1 上车削好的中间轴	6							
将中间轴装到车床 1 上	12		上料	14				
开动车床 1	2							
放入成品箱	3							
从料箱里取中间轴	4							
关闭车床 2	2					退料	8	
卸下车床 2 上车削好的中间轴	6		车削中间轴	36				
将中间轴装到车床 2 上	12					上料	14	
开动车床 2	2							
放入成品箱	3					车削中间轴	7	
从料箱里取中间轴	4							

统计	工作人员	空闲时间：0s；工作时间：58s 周程时间：58s；利用率：100%
	车床 1	空闲时间：0s；工作时间：58s 周程时间：58s；利用率：100%
	车床 2	空闲时间：0s；工作时间：58s 周程时间：58s；利用率：100%

注：阴影部分表示处于工作状态中。

经过再次改进后，人和两台机器的利用率均达到了 100% 的理想状态。在生产现场，由于人需要休息，机器需要保养，因此，可给以一定的宽放时间，即工作一段时间可集中休息一段时间。

5.2.2 联合作业分析

联合分析是指当几个作业人员共同作业于一项工作时对作业人员时间上的关系的分析，以及排除作业人员作业过程中存在的不经济、不均衡、不合理和浪费等现象的一种分析方法。

1. 联合作业分析的特征

1）联合作业分析是对一组作业人员（两个或两个以上）所进行的分析。

2）借助联合作业分析表，对以下各项进行调查分析：

① 各作业人员的待工（空闲）情况。

② 各作业人员的作业率。

③ 联合作业中耗费时间最长的作业。

2. 联合作业分析的目的

1）发现空闲与等待的作业时间。利用联合作业分析表，可将那些不明显的空闲与等待时间完全显现出来。同时还可发现和改善耗时最长的作业。

2）使工作平衡。利用联合作业分析表，可使共同工作中的每一个作业人员的工作负荷趋于平衡，以获得更好的效果和较低的人工成本。

3）减少周期（程）时间。改善最耗费时间的作业，缩短作业总时间量，降低（减少）周期时间，提高作业效率及效益。

4）获得最大的机器利用率。如果机器设备不是很昂贵，应该注意提高作业人员的生产力，但很多情况是机器设备均很昂贵，因此应设法使机器设备达到最有效的利用。

5）合适指派人员和机器。利用联合作业分析表，充分研究人与机器的动作，予以合适的调配，谋求配置人员、设备（机器）合理化以达到最有效地运用人力与机器的目的。

6）决定最合适的方法。完成任何一项工作都有许多种方法，但其中一定有一种比较好的方法。利用"联合作业分析表"表示人与机器的相互关系，找出浪费的时间并予以取消。最后以其周期时间的长短作为衡量方法好坏的依据。

某企业生产的城市轨道车辆要进行内部装饰，由于装饰工作手工操作很多，工时难以准确估量，管理松散，一直存在效率不高的问题。本书仅对其中皮革切割工序进行联合作业分析，可供其他手工操作工序借鉴。

改进前，切割皮革的流程是：首先，工作人员A、B用切割机将皮革切割成车辆需要的宽度；然后，用包装纸将切好的皮革包装起来，并贴上标签；最后，从切割机上取下包装完好的皮革放入手推车。改进前的整个过程工作人员A、B和切割机的联合作业分析表见表5-6。

由该表统计结果可知，无论是切割机还是工作人员的利用率都很低，特别是切割机的利用率仅达到了41%。当工作人员对切割好的皮革进行包装和贴标签时，切割机不能工作。可增加一个连座轴架，将切割好的皮革滑移到连座轴架上，工作人员B在连座轴架上对其进行包装和贴标签，工作人员A仍可利用这部分时间操作切割机，提高切割机的利用率。

改进后，工作人员A主要负责操作切割机，将皮革从切割机摇柄上移下来；工作人员B主要负责包装的准备、包装和贴标签，最后将皮革放到手推车上。工作人员B剩下的一点空闲时间用来帮助工作人员A将皮革从切割机上移下来。改进后的切割皮革联合作业分析表见表 5-7。

表 5-6　改进前的联合作业分析表

工作部门：×××　　　产品名称：×××　　　作业名称：×××　　　图号：×××
工作人员：×××　　　研究者：×××　　　　日期：×××

工作人员 A	时间/s	状态	工作人员 B	时间/s	状态	切割机	时间/s	状态
操作切割机	130		准备包装纸和标签	55		切割皮革	130	
			空闲	75				
空闲	50		包装皮革	50			190	
在皮革上贴标签	35		空闲	55				
打开切割机摇柄	20							
空闲	85		移下皮革	50				
			放到手推车上	35				
统计	工作人员 A		空闲时间：135s；工作时间：185s；周程时间：320s；利用率：58%					
	工作人员 B		空闲时间：130s；工作时间：190s；周程时间：320s；利用率：59%					
	切割机		空闲时间：190s；工作时间：130s；周程时间：320s；利用率：41%					

注：阴影部分表示处于工作状态中。

表 5-7　改进后的联合作业分析表

工作部门：×××　　　产品名称：×××　　　作业名称：×××　　　图号：×××
工作人员：×××　　　研究者：×××　　　　日期：×××

工作人员 A	时间/s	状态	工作人员 B	时间/s	状态	切割机	时间/s	状态
操作切割机	130		包装皮革	55		切割皮革	130	
			皮革上贴标签	35				
			把皮革放到手推车上	35				
			准备包装纸和标签	55				
打开切割机摇柄	20							
移下皮革	50		帮助移下皮革	20				
统计	工作人员 A		空闲时间：0s；工作时间：200s；周程时间：200s；利用率：100%					
	工作人员 B		空闲时间：0s；工作时间：200s；周程时间：200s；利用率：100%					
	切割机		空闲时间：70s；工作时间：130s；周程时间：200s；利用率：65%					

注：阴影部分表示处于工作状态中。

5.2.3　双手作业分析

生产现场的某些作业以工序的操作过程为研究对象，详细观察和记录其过程，重点是了解双手如何进行实际的操作，称为双手作业分析。其作用为：

1）研究双手的动作及其平衡，左、右手分工是否恰到好处。

2）发掘"独臂"式的作业。

3）发现伸手、找寻以及笨拙而无效的动作。

4）发现工具物料、设备等不合适的放置位置。

5）使动作规范化，并据此拟定作业规程，为编制标准化作业指导书提供参考。

以某装配线上焊接工序的双手作业分析为例，该焊接工序一直存在效率不高、不能满足装配进度要求的问题，成为装配线的瓶颈工序。原来焊接工序的双手作业分析表见表5-8。

表 5-8　改进前的双手作业分析表

工作部门:×××　　产品名称:×××　　　作业名称:×××　　　图号:×××

工作说明	时间 /s	左手操作 操作 ○	移动 ⇨	储存 ▽	检查 □	等待 D	右手操作 操作 ○	移动 ⇨	储存 ▽	检查 □	等待 D	时间 /s	工作说明
空闲	1											1	至传送带
空闲	2											2	拿一基架
空闲	0.5											0.5	翻转至台面
空闲	1											1	至传送带
空闲	2											2	拿一基架
空闲	0.5											0.5	翻转至台面
至料盒	1											1	至台面
拿两段电焊丝	1											1	拿电焊枪
放一段至焊点	0.35											0.35	焊接 1
放另一段至焊点	0.35											0.35	焊接 2
至料盒	1											1	空闲
拿两段电焊丝	1											1	空闲
放一段至焊点	0.35											0.35	焊接 3
放另一段至焊点	0.35											0.35	焊接 4
放回传送带	1											0.2	放下焊枪
总计	13.4	6	3	0	0	6	10	3	0	0	2	12.6	

由该表分析可知，操作者的双手负荷很不平衡，左手大部分时间处于空闲状态，而右手的工作量明显大于左手。对该工序进一步分析后发现，工作人员的双手操作比较随意，左手52.2%的时间处于空闲状态，右手15.9%的时间处于空闲状态。虽然右手也有空闲时间，但多次出现右手忙碌、左手空闲的状态。

通过分析发现，右手主要负责拿两个基架并将其翻转至台面和四次焊接的工作，如果将原来分别拿两次基架合并为一次拿，可以节省一次拿取的过程，左手主要负责拿四段电焊丝并将其放到焊点，原来每次拿两段电焊丝，放到焊点后再去料盒拿两段电焊丝。因为电焊丝本身不大也不重，完全可以一次拿四段，如果将两次拿取合并，一次拿四段电焊丝，可以节省一次拿取的过程。改进后的双手作业分析表见表5-9。

通过双手作业分析的改进，左手的工作时间由原来的13.4s降低到8.3s，减少了38%；右手的工作时间由12.6s减少到6.6s，减少了47.6%。效果非常显著，大大提高了工作效率，缓解了原来瓶颈工序的压力。

表 5-9　改进后的双手作业分析表

| 工作部门：××× | | | 产品名称：××× | | | 作业名称：××× | | | 图号：××× | | |
| 工作人员：××× | | | 研究者：××× | | | 日期：××× | | | | | |

	左手操作						右手操作					
工作说明	时间/s	操作 ○	移动 ⇨	储存 ▽	检查 □	等待 D	操作 ○	移动 ⇨	储存 ▽	检查 □	等待 D	时间/s	工作说明
空闲	1					●		●				1	至传送带
空闲	2					●		●				2	拿两基架
空闲	0.5					●	●					0.5	翻转基架1至台面
至料盒	1		●				●					0.5	翻转基架2至台面
拿四段电焊丝	1.4	●					●					1	拿电焊枪
放一段至焊点1	0.35	●					●					0.35	焊接1
放一段至焊点2	0.35	●					●					0.35	焊接2
放一段至焊点3	0.35	●					●					0.35	焊接3
放一段至焊点4	0.35	●					●					0.35	焊接4
放回传送带	1		●				●					0.2	放下焊枪
总计	8.3	6	1	0	0	3	9	1	0	0	0	6.6	

5.2.4　随机作业分析

由于多品种、小批量（甚至单件）生产的特点，在轨道交通装备生产现场，有时人和机器并不是事先指派好的，即生产任务的实时性、不确定性会经常造成有些设备不知多久才能使用一次，一次使用多长时间也是不确定的。因此，如果为这些设备专门指定操作人员就会造成机器和操作人员大量空闲，浪费工时；而如果完全不设操作人员看管，当有任务时设备又无人操作。这种临时性的作业任务被称为随机作业，根据抽样理论，随机问题应该服从概率分布，所以，可用概率论来指派随机作业中人与机器的配合关系。

当有 n 台设备用于随机作业时，用 p 来表示其停机时间概率，用 $q=1-p$ 来表示其运行时间概率。则 n 台设备中有 m 台停机的概率 P 可表示为

$$P = \frac{n!}{m!(n-m)!}p^m q^{n-m} \tag{5-3}$$

如果生产现场有 3 台机器交由 1 人看管，机器 60% 的时间可以在无人看管下自动运行，操作人员平均需要花费在机器上（上料、退料等）的时间大概在 40% 左右。专家估计每 3 台机器应由 1 个操作人员负责看管，则其停机概率见表 5-10。

表 5-10　1 人看管 3 台机器的停机概率

停机数量	概率
0	$\frac{3!}{0!(3-0)!} \times 0.4^0 \times 0.6^3 = 1 \times 1 \times 0.216 = 0.216$
1	$\frac{3!}{1!(3-1)!} \times 0.4^1 \times 0.6^2 = 3 \times 0.4 \times 0.36 = 0.432$
2	$\frac{3!}{2!(3-2)!} \times 0.4^2 \times 0.6^1 = 3 \times 0.16 \times 0.6 = 0.288$
3	$\frac{3!}{3!(3-3)!} \times 0.4^3 \times 0.6^0 = 1 \times 0.064 \times 1 = 0.064$

通过该表，可以确定出某些机器停机的时间比例，这样就可得到 1 个操作人员操作 3 台机器可能导致的时间损失，见表 5-11。

表 5-11　1 人看管 3 台机器的停机时间损失

停机数量	概率	每 8h 工作日机器损失的时间
0	$\frac{3!}{0!(3-0)!}\times0.4^0\times0.6^3=1\times1\times0.216=0.216$	0
1	$\frac{3!}{1!(3-1)!}\times0.4^1\times0.6^2=3\times0.4\times0.36=0.432$	0
2	$\frac{3!}{2!(3-2)!}\times0.4^2\times0.6^1=3\times0.16\times0.6=0.288$	$0.288\times8h=2.304h$
3	$\frac{3!}{3!(3-3)!}\times0.4^3\times0.6^0=1\times0.064\times1=0.064$	$2\times0.064\times8h=1.024h$
合计	1.000	3.328h

注：当有 1 台机器停机时，操作人员可以给这台机器服务，机器时间没有损失；当有 2 台机器停机时，操作人员可以服务其中 1 台机器，1 台机器时间损失；当有 3 台机器停机时，操作人员可以服务其中 1 台机器，2 台机器时间损失。

机器损失的时间比为

$$P=\frac{3.328h}{8h\times3}=13.9\%$$

一般来讲，确定人机最佳匹配数量还要考虑成本，即单件成本最低。本工序的单件工时成本称为单件总预计成本（tyotal expected cost，TEC），其计算公式为

$$TEC=\frac{K_1+nK_2}{R} \tag{5-4}$$

式中　K_1——操作人员每小时工资；

K_2——设备每小时折旧费；

n——可指定机器的数量；

R——生产率，即 n 台机器每小时的产量。

如果本问题中每台机器每小时可生产 60 件，操作人员工资是每小时 10 元，机器的折旧费是每小时 60 元，是否还需要再雇用 1 名操作人员保持机器运转呢？

1 人看管 3 台机器的单元消耗为

$$TEC=\frac{10 \text{元}+3\times60 \text{元}}{(24h-3.328h)\times60 \text{件}\div8h}=1.23 \text{元/件}$$

2 人看管 3 台机器的停机时间损失见表 5-12。

表 5-12　2 人看管 3 台机器的停机时间损失

停机数量	概率	每 8h 工作日机器损失的时间
0	$\frac{3!}{0!(3-0)!}\times0.4^0\times0.6^3=1\times1\times0.216=0.216$	0

（续）

停机数量	概率	每 8h 工作日机器损失的时间
1	$\frac{3!}{1!(3-1)!} \times 0.4^1 \times 0.6^2 = 3 \times 0.4 \times 0.36 = 0.432$	0
2	$\frac{3!}{2!(3-2)!} \times 0.4^2 \times 0.6^1 = 3 \times 0.16 \times 0.6 = 0.288$	0
3	$\frac{3!}{3!(3-3)!} \times 0.4^3 \times 0.6^0 = 1 \times 0.064 \times 1 = 0.064$	$0.064 \times 8 = 0.512h$
合 计	1.000	0.512h

相对于表 5-11 来讲，机器时间损失从 3.328h 降低到了 0.512h，则 2 人看管 3 台机器的单元消耗为

$$TEC = \frac{2 \times 10 \text{ 元} + 3 \times 60 \text{ 元}}{(24h - 0.512h) \times 60 \text{ 件} \div 8h} = 1.14 \text{ 元/件} < 1.23 \text{ 元/件}$$

因此，再雇用 1 个操作人员保持机器运转从经济上和效率上都是可行的。

如果再雇用 1 个操作人员保持 3 台机器全部运转，其单元消耗应为

$$TEC = \frac{3 \times 10 \text{ 元} + 3 \times 60 \text{ 元}}{24h \times 60 \text{ 件} \div 8h} = 1.17 \text{ 元/件} > 1.14 \text{ 元/件}$$

尽管总生产率提高了，但单元消耗增加了，经济可行性降低了，如果不是供不应求的局面，不建议这样配置。

5.3 轨道交通装备生产现场动作分析

经过前面的流程程序分析，确定了最佳工艺布局和物流运输路线；经过作业分析，确定了最佳人机匹配数量；为了真正实现流水线平衡，还需要对每一工步进行详尽分析：对于手工操作工步进行动作分析，对于机加工操作进行切削用量优化，使每一工步作业时间达到最短。

5.3.1 钻孔工步中手工操作动素分析

在实施各种作业的时候，操作人员身体的各个部位，如手、足、眼等有一个一个的活动。在此我们将动作定义为工艺流程和作业的具体实施方法，如为寻找、握取、移动、装配必要的目的物，操作人员身体各个部位的每一个活动。将动作进行细分之后的每一个单元就叫作一个动素。通常，在解决完工艺流程中的作业顺序、方法等重大问题之后，要进一步寻找特定作业更细的问题点并在加以改善时进行动素分析。动素分析的用途为：

1）为减轻作业疲劳、提高工作效率而找出动作存在的问题。

2）探讨最适当的动作顺序、方法以及人体各部位动作的同时实施。

3）探讨最适合于动作的工、夹具和作业范围内工件、材料、工夹具的位置布置。

4）比较顺序、方法改善前后的情况，预测和确认改善的效果。

5）用记号和图表一目了然地说明动作的顺序和方法。

6）改善动作的顺序和方法，制定最适当的标准作业方法。

7）提高能细微分析动作和判断动作好坏的动作意识。

以机加工车间常见的钻孔工步为例，通过对某机加工车间的调研，得到如表5-13所示钻孔工步双手操作动素分析表。

表5-13 改进前钻孔工步动素分析表

工作部门：×××　　产品名称：×××　　作业名称：×××　　图号：×××
工作人员：×××　　研究者：×××　　日期：×××

序号	左手		用眼时间/min	右手	
	动素内容	时间/min		时间/min	动素内容
1	伸向工件	0.5	—	—	手持刷子等待
2	拿取工件	0.1	—	—	手持刷子等待
3	移回定位槽	1	—	—	手持刷子等待
4	把工件定位到槽内	—	1	—	手持刷子等待
5	移动工件使之对正	—	1	—	手持刷子等待
6	定位工件至刻度尺处	—	2	—	手持刷子等待
7	把持工件	—	—	0.5	移动刷子
8	把持工件	—	—	2	刷铁屑
9	把持工件	—	—	0.5	移动刷子至钻床把手
10	把持工件	—	—	0.1	抓住钻床把手
11	把持工件	—	—	5	拉动钻床把手
12	把持工件	—	—	0.1	松手
13	移动工件	(0.5)	—	0.5	将刷子移动至工件
14	把持工件	—	—	2	刷铁屑
15	定位工件至刻度尺处	—	2	—	手持刷子等待
16	把持工件	—	—	0.5	移动刷子至把手处
17	把持工件	—	—	0.1	抓住钻床把手
18	把持工件	—	—	3	拉动钻床把手
19	把工件移动到完工零件箱	1	—	(0.1)	松手
20	放手	0.1	—	—	—
合计			23min		

注：表中"—"表示无工作等待时间；"(×)"表示被时限时间，不起作用。

根据吉尔布雷斯的动素理论，动素可分为三类：有效动素（8种）、辅助动素（6种）和无效动素（4种）。对其进行统计分析得到表5-14。

统计表中，第一类有效动素的改善要点应该是尽量缩短其时间和距离，第二类辅助动素应该尽可能减少，第三类无效动素则是尽可能要设法消除的。经分析，该工步存在的问题为：

1）结合车间的具体情况，经过详细分析，发现导致左手"搬运"是由于放零件的台子与钻孔作业台相距太远，而且存在高度差，如果将放零件的台子高度调高，使其与钻孔作业台的高度一致，将距离缩短，则可以减少左手移动的距离。

2）左手的"把持"是由于右手进行钻孔作业，需要左手的辅助定位。如果能设计一个夹具，利用夹具代替左手的定位，便可以解放左手。

3）眼睛的"检查"要素过多，该动素用以确定工件达到指定位置。如果能设计一个夹具，不需要眼睛"检查"就能准确定位，就可以解放眼睛，进而节省时间、减少工作人员由于大量使用眼睛而带来的疲劳。因此，设计一个既能起到定位又能起到固定作用的夹具，就可以解决这两个问题。

4）右手的"等待"也是由于左手取工件移动距离太大，身体重心需要移动，导致左右手不能同时使用，同1）采用相同的解决办法即可。

5）在整个钻孔作业过程中，刷铁屑和拉把手的时间都很少，大部分时间花费在定位上，因此，定位工作是改善的要点。

表 5-14　改进前钻孔工步动素统计表

动素类别	序号	动素名称及符号	左手		眼睛		右手	
			次数	时间/min	次数	时间/min	次数	时间/min
第一类动素（有效动素）	1	伸手	1	0.5	0		0	
	2	抓取	1	0.1	0		2	0.2
	3	搬运	3	2.5	0		4	2
	4	装配	0		0		0	
	5	分解	0		0		0	
	6	使用	0		0		4	5
	7	放手	1	0.1	0		2	0.2
	8	检查	0		4	6	0	
		小计	6	3.2	4	6	12	7.4
第二类动素（辅助动素）	9	选择	0		0		0	
	10	寻找	0		0		0	
	11	发现	0		0		0	
	12	定位	4	6	0		0	
	13	准备	0		0		0	
	14	思考	0		0		0	
		小计	4	6	0		0	0
第三类动素（无效动素）	15	休息	0		0		0	
	16	保持	11	13	0		8	13
	17	不可避免的延迟	0		0		0	
	18	可避免的延迟	0		0		0	
		小计	11	13	0		8	13
		合计	21	22.2	4	6	20	20.4

改进后钻孔工步动素分析表见表5-15。

表 5-15 改进后钻孔工步动素分析表

工作部门:×××　　产品名称:×××　　作业名称:×××　　图号:×××
工作人员:×××　　研究者:×××　　日期:×××

序号	左手		眼睛	右手	
	动作内容	时间/min		时间/min	动作内容
1	伸向刷子	0.2		0.2	伸向工件
2	拿取刷子	0.1		0.1	拿取工件
3	移动刷子到工件处	0.2		0.2	移动工件至刷子处
4	刷铁屑	2		(2)	把持工件
5	放下刷子	(0.1)		0.5	移动工件到夹具
6	移动到钻床把手	0.5		0.5	定位工件
7	拉动钻床把手钻孔	5		(5)	空闲
8	松手	0.1		0.1	卸下工件
9	拿起刷子	0.1		(0.1)	空闲
10	移动刷子到工件处	0.2		0.2	移动工件至刷子处
11	刷铁屑	2		(2)	把持工件
12	放下刷子	(0.1)		0.5	移动工件到夹具
13	移动到钻床把手	0.5		0.5	定位工件
14	拉动钻床把手钻孔	3		(3)	空闲
15	松手	0.1		0.1	卸下工件
16	空闲	(1)		1	移动工件到成品箱
17	空闲	(0.1)		0.1	放手
合计	18min				

通过增加夹具和简单的位置移动,钻孔作业变简单了,左右手的空闲时间均增加了,减轻了工作人员的工作量。

改进后,整个工步时间从 23min 降低到 18min,节省了 22% 的时间,而且左右手之间工作负荷比原来平衡,空闲等待时间减少了。

5.3.2　钻孔工步中机加工操作切削参数优化

在机械产品中,95% 的零件是由切削加工实现的,同时,在切削加工中,切削用量选择的合理与否,不仅直接关系到产品的生产效率、生产成本和加工质量,而且还直接影响整个制造系统的运行状况。如果切削用量选择得当,便能充分发挥机床和刀具的性能,以取得生产的最大经济效益;如果选择不当,则会造成很大的资源浪费,甚至导致产品质量和生产事故的发生等。因而,切削用量的优化问题一直是制造系统的重要研究内容之一,也一直是工程技术人员面临的重要问题之一,优化选择切削用量的问题已被认为是现代化机械制造业中极为重要的经济问题之一。

1. 数学模型的建立

(1) 单件生产时间

1）准备时间 t_p（min/件）：切削加工所需要的准备时间，它包括在机床上装卸工件的时间、切削刀具移近工件的时间等。

2）加工时间 t_m（min/件）：操纵机床进行切削的时间。

3）刀具更换时间 t_e（min/件）：在工件的切削过程中更换已磨损的刀具或嵌入不重磨刀片所需要的总时间。

用 t_c（min/刃）表示更换一次刀具所需花费的时间，用 T（min/刃）表示刀具的耐用度，也可以看作更换一次新刀刃的时间间隔，因此每道工序所需要的刀具更换时间可表示为

$$t_e = t_c \frac{t_m}{T} \tag{5-5}$$

因此，可建立单件生产时间 t（min/件）的基本数学模型：

$$t = t_p + t_m + t_e = t_p + t_m + t_c \frac{t_m}{T} \tag{5-6}$$

生产率是指单位时间内生产的工件数。因此，生产率的基本数学模型可用单件生产时间的倒数表示，即

$$q = \frac{1}{t} = \frac{1}{t_p + t_m + t_c t_m / T} \tag{5-7}$$

（2）单件生产成本　单件生产成本是指制造一个工件所需要的生产费用（不包括材料费）。最低单件生产成本的切削条件是根据最低生产成本标准确定的。单件生产成本由下列五种成本因素组成：

1）准备费用 u_p（元/件）：准备时间所需要的费用。它包括工件的装卸、对刀调试等所需人工费。

2）切削费 u_m（元/件）：切削加工时间所需要的费用。它包括工人的劳动费、电费和切削液等费用。

3）换刀费 u_e（元/件）：更换刀具时间内所需要花费的人工劳动费用。

4）刀具费 u_t（元/件）：制造一件产品所需要的切削刃的费用。它包括刀具、刀具磨床和砂轮的购置与折旧费，磨削用钝切削刃所需的直接劳动费用和经常费等。

5）经常费 u_0（元/件）：生产一件产品所必需的间接费用，它包括机床的折旧费、一般管理费用等。

如用 k_d（元/min）表示单位时间内直接劳动费用，而用 k_m（元/min）表示实际切削作业中单位时间切削加工的经常费，例如切削液费、电费等，则有

$$u_p = k_d t_p \tag{5-8}$$

$$u_m = (k_d + k_m) t_m \tag{5-9}$$

$$u_e = k_d t_e = k_d t_c \frac{t_m}{T} \tag{5-10}$$

用 k_t（元/刃）表示切削刃费用，则有

$$u_t = k_t \frac{t_m}{T} \tag{5-11}$$

可见，一个刀具切削刃在其耐用度期限内，可以加工出 T/t_m 个产品。

制造一个产品所需的经常费 u_0（元/件）可简单地认为是：单件生产时间 t 与单位时间

经常费 k_0（元/min）的乘积，即

$$u_0 = k_0 t = k_0 \left(t_p + t_m + t_c \frac{t_m}{T} \right)$$ （5-12）

于是，单件生产成本 u（元/件）的数学模型可用下式表示：

$$u = u_p + u_m + u_e + u_t + u_0$$

$$= k_1 t_p + (k_1 + k_m) t_m + (k_1 t_c + k_t) \frac{t_m}{T}$$ （5-13）

式中 $k_1 = k_d + k_0$，k_1 表示单位时间直接劳动费用和经常费用之和。

（3）利润率 单件利润是指生产一件产品所获得的利润。设单件产品的收入或销售价格为 S_p（元/件），材料费为 m_c（元/件），那么单件利润 g（元/件）可用下式表示：

$$g = S_p - m_c - u$$

$$= S_p - m_c - \left[k_1 t_p + (k_1 + k_m) t_m + (k_1 t_c + k_t) \frac{t_m}{T} \right]$$ （5-14）

利润率是指单位时间所获得的利润，因此，利润率 p 可由式（5-7）和式（5-14）的乘积表示，即

$$p = gq = \frac{g}{t} = \frac{S_p - m_c - (k_m t_m + k_t t_m / T)}{t_p + t_m + t_c t_m / T} - k_1$$ （5-15）

至此，为了能方便计算出最优切削速度，可把优化目标用切削速度 v 的函数形式表示。将表示成 v 的函数形式的 t_m 和 T 代入到式（5-6）、式（5-13）和式（5-15），就可以得出以 v 为自变量的函数形式来表示单件生产时间、单件生产成本和利润率的公式，即

$$t = t_p + \frac{\lambda}{v} + \frac{t_c \lambda}{C^{1/n_0}} v^{1/n_0 - 1}$$ （5-16）

式中 λ——切削常数，一般可由 $\lambda = \dfrac{\pi D L}{1000 f}$ 计算得出；

C——切削速度；

n_0——斜率常数。

$$u = k_1 t_p + (k_1 + k_m) \frac{\lambda}{v} + (k_1 t_c + k_t) \frac{\lambda}{C^{1/n_0}} v^{1/n_0 - 1}$$ （5-17）

$$p = \frac{S_p - m_c - u}{t} = \frac{S_p - m_c - \left(\dfrac{k_m \lambda}{v} + \dfrac{k_t \lambda}{C^{1/n_0}} v^{1/n_0 - 1} \right)}{t_p + \dfrac{\lambda}{v} + \dfrac{t_c \lambda}{C^{1/n_0}} v^{1/n_0 - 1}} - k_1$$ （5-18）

由式（5-16）和式（5-17）可以看出，能够将单件生产时间和单件生产成本表示成"生产条件"为 y 的函数，同时可以把常数系数进行简化处理。因此，可以得到的等效公式如下：

$$t_{(y)} = a + \frac{b}{y} + c y^n$$ （5-19）

式中，$a=t_p$，$b=\lambda$，$c=\dfrac{t_c\lambda}{C^{1/n_0}}$，$n=1/n_0-1$，并且各项都为正常数。

$$\mu_{(y)}=\alpha+\frac{\beta}{y}+\gamma y^m \tag{5-20}$$

式中，$\alpha=k_1 t_p$，$\beta=(k_1+k_m)\lambda$，$\gamma=(k_1 t_c+k_t)\dfrac{\lambda}{C^{1/n_0}}$，$m=1/n_0-1$，并且各项都为正常数。

由此，利润率也可用下式表示：

$$p_{(y)}=\frac{S_p-m_c-\mu_{(y)}}{t_{(y)}}=\frac{\delta-\dfrac{\beta}{y}-\gamma y^m}{a+\dfrac{b}{y}+cy^n} \tag{5-21}$$

式中，$\delta=S_p-m_c-\alpha>0$。

在三种评价标准下，如给定切削深度和进给量，欲求最优生产速度或最优切削速度，可令式（5-19）~式（5-21）或式（5-16）~式（5-18）的导数为0，则可得到最优切削速度的求解公式，这种情况为无约束最优化。

1）最大生产率或最短生产时间的切削速度：

$$y_t=\left(\frac{b}{nc}\right)^{1/(n+1)} \quad \text{或} \quad v_t=C/\left[(1/n_0-1)t_c\right]^{n_0} \tag{5-22}$$

2）最小生产成本的切削速度：

$$y_c=\left(\frac{\beta}{m\gamma}\right)^{1/(m+1)} \quad \text{或} \quad v_c=C\left\{\left[1/(1/n_0-1)\right](k_1+k_m)/(k_1 t_c+k_t)\right\}^{n_0} \tag{5-23}$$

3）最大利润率的切削速度：

$$(m-n)c\gamma y_p^{m+n+1}+ma\gamma y_p^{m+1}+nc\delta y_p^{n+1}+(m+1)b\gamma y_p^m-(n+1)c\beta y_p^n-(a\beta+b\delta)=0$$

$$\text{或}(1-n_0)\left[k_t t_p+(S_p-m_c)t_c\right]v_p^{1/n_0}+\lambda(k_t-k_m t_c)v_p^{1/n_0-1}-nC^{1/n_0}(k_m t_p+S_p-m_c)=0 \tag{5-24}$$

那么，当切削深度和进给量一定时，上面导出的最大生产率的切削速度 v_t、最小生产成本的切削速度 v_c 以及最大利润率的切削速度 v_p 之间，究竟存在什么样的定量关系呢？

从实践的观点来看，最大生产率的切削速度大于最小生产成本的切削速度，这是很合理的。因此，

$$v_c<v_t \tag{5-25}$$

这两个最优切削速度之间的速度范围，称作效率速度域（efficiency-speed range），或叫作非劣范围（non-inferior range），意指在这一范围内的任何切削速度，从管理的观点来看，都是可取的。

用数学的方法可以证明，最大利润率的切削速度在效率速度域之内，这是个有趣而又值得注意的关系。因此，有

$$v_c<v_p<v_t \tag{5-26}$$

2. 钻孔工步切削参数优化实例说明

为了对上述论述过程有一个较直观的认识，本书通过对一个单工序制造系统的工艺参数无约束优化的实例进行说明。该实例利用 C++程序设计语言和 Visual Studio. NET 2003 系统开发环境实现，分别从生产时间、生产成本和利润率三个指标出发实现了切削速度的无约束

优化。

设在钻床上进行钻孔加工，所需参数如下：

工件参数：切削直径 $D = 50.00\text{mm}$，切削长度 $L = 200.00\text{mm}$。

切削参数：切削深度 $d_0 = 1.00\text{mm}$，进给量 $f_0 = 0.20\text{mm/r}$。

刀具寿命参数：斜率常数 $n_0 = 0.23$，一分钟寿命的切削速度 $C = 430\text{m/min}$。

时间参数：准备时间 $t_p = 0.75\text{min/}$个，换刀时间 $t_c = 1.50\text{min/}$刃。

费用参数：直接劳务费 $k_d = 15$ 元/min，间接费 $k_0 = 35$ 元/min，切削经费 $k_m = 5$ 元/min，工具费 $k_t = 250$ 元/刃，销售价格 $S_p = 1200$ 元/个，原料费 $m_e = 400$ 元/个。

（1）首先计算切削常数 λ　由 $\lambda = \dfrac{\pi DL}{1000 f_0}$，可得 $\lambda = 157.07963$。

（2）求最小时间指标下的最优切削速度和生产时间　把已知参数代入式（5-22）可求得 v_t，即 $v_t = 296.67\text{m/min}$。同时把 $v_t = 296.67\text{m/min}$ 和相关已知参数代入式（5-16）可求得生产时间 t_t，即 $t_t = 1.4376\text{min}$。

（3）求最小成本指标下的最优切削速度和生产时间（与步骤（2）同理）　把已知参数代入式（5-23）可求得 v_c，即 $v_c = 216.43\text{m/min}$。同时把 $v_c = 216.43\text{m/min}$ 和相关已知参数代入式（5-16）可求得生产时间 t_c，即 $t_c = 1.5308\text{min}$。

（4）求最大利润率指标下的最优切削速度和生产时间（与步骤（2）同理）　把已知参数代入式（5-24）可求得 v_p，即 $v_p = 279.41\text{m/min}$。同时把 $v_p = 279.41$ 和相关已知参数代入式（5-16）可求得生产时间 t_p，即 $t_p = 1.4416\text{min}$。

至此，计算完毕。系统界面和计算结果如图 5-5 所示。

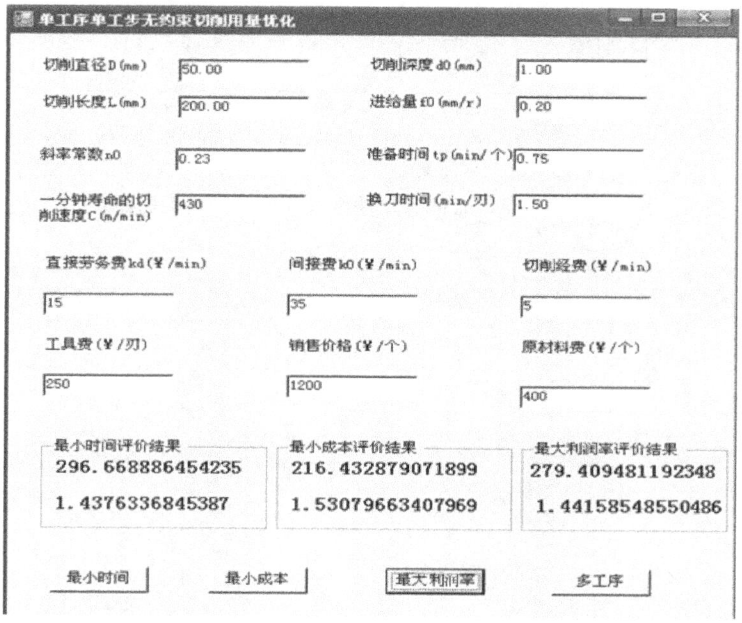

图 5-5　系统界面和计算结果

上述计算过程，同时给出了在不同指标下的单件生产时间的计算，同理，可根据式（5-17）和式（5-18）求得不同指标下的单件生产成本和利润率。由于单件生产时间、单件生产成本和利润率是切削速度的函数，并在最优切削速度时具有最大值和最小值。依据上面给定的生产数据做出图 5-6，表达了不同目标函数曲线与切削速度的关系。如图 5-6 所示，时间和成本曲线在其最小值附近是相当平直的。所以，即使切削速度偏离了最优值，单件生产时间和成本的增加都不大。但是，应使切削速度的偏差方向朝向高效速度范围之内，以使单件生产成本和时间增加的较少，从而能获得较大的利润率。这就是为什么高效范围可以叫作非劣范围的缘故。在此范围内的切削速度为高效（或非劣）切削速度，应当比高效速度范围以外的切削速度优先选用。在此范围内的最大利润率的切削速度是一种典型的优先选用的切削速度。

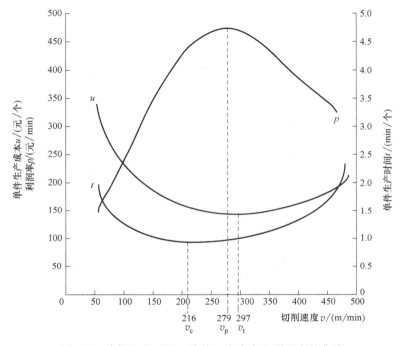

图 5-6 单件生产时间、单件生产成本和利润率的曲线

第6章
产品装配线精益工艺布局

　　轨道交通装备制造企业具有非常典型的多品种、小批量生产特点，产品生产周期长，在制品占用场地多；采用自上而下的推式生产模式，物流配送难以组织和协调，导致生产效率低；工艺个性化鲜明，车间布局难以优化；生产计划不均衡导致市场响应周期长等这些问题一直困扰着各个企业。高铁外交政策给我的轨道交通装备制造企业带来了前所未有的机遇和挑战。由于外国客商在订货之前一定要到轨道交通装备制造企业的生产现场进行考察，生产现场的车间布局、现场管理、车间物流、管理看板、生产看板、生产线均衡、标准化作业、6S管理等问题显得尤为重要，轨道交通装备制造企业开展现代精益制造工艺管理已经迫在眉睫。

6.1　产品装配车间工艺布局研究

6.1.1　产品装配车间工艺布局现状

　　在车间布局中，有四种基本布局形式：产品原则布局、工艺原则布局、成组原则布局、固定式布局。本书调研的产品装配车间是遵循工艺原则进行布局设计的。该种车间布局的主要优势就是柔性高，即使出现产品型号和需求产量发生改变，或者操作人员个别缺勤、加工设备产生故障等问题，对于生产系统正常运转也不会造成很大的影响。此种作业区域布局方式对于生产结构复杂、品种种类多的制造企业来说是十分有效的。通过对产品驱动单元装配车间现场调研并进行深入分析，总结发现主要存在以下几方面问题：

　　1）厂房现有布局与现有产品类型、产量所需面积不相适应。由于该企业厂房是在原来的规模基础上渐渐发展起来的，没有根据产品的变化及时进行调整，所以整体厂房布局不太合理。

　　2）在制品数量多、停滞时间长、缓冲站多，占用了大量的非必要生产空间。

　　3）现有布局不符合物流系统设计原则，存在倒流与交叉，导致不必要的物流运输距离和物流量，不满足物流路径最短的要求。

　　4）物料摆放相对不合理，增加了操作人员寻找物料的时间，无形之中增加了企业运营成本。

　　5）产品生产周期较长，生产效率低，不能达到快速响应市场的要求。

　　虽然工艺原则布局有前面所述的优势，但本身也有很多不足之处。比如生产控制相对复杂、库存量较大、工人操作技能要求高；工作效率较低、物料传输速度慢、物流运输成本高。因此要克服工艺原则布局存在的缺点，重点应考虑如何协调各部门或作业单位之间的相对位置，尽可能减少运输成本和在制品库存量。通过系统布局设计方法中的作业单位之间关系的分析，并依据关联关系确定部门相对位置的过程就是解决该问题的关键。

6.1.2 系统化布局设计方法

1. SLP 方法

（1）SLP 方法概述　SLP 方法是在 1961 年由理查德·缪瑟（Richard Muther）首次提出的，它是最具代表性的车间布局设计方法。SLP 是将产品（P）、产量（Q）、生产流程和工艺路线（R）、辅助部门（S）、时间（T）这 5 个基本要素作为解决布局问题的理论依据与出发点。其基本思想是：充分研究并分析这 5 个基本要素，对各个作业单位的相互关系进行深入分析，并对各作业单位进行物流与非物流分析，确定作业单位间的关系密切程度，从而决定各作业单位的位置相互关系，再根据各个作业单位的所需面积和实际面积相结合得出其面积相互关系，并结合实际约束条件进行修改，可得到多种布局方案，通过相应的评价方式最终得到最优的布局方案。

SLP 的过程简言之是对生产的产品与数量进行综合分析，首先有针对性地调研和收集相关数据，然后分析所有相关数据和各个作业单位之间的关系，得出多个初步备选设计方案，并对多个初步备选设计方案进行评价选优，最后确定合理的布局方案并实施。SLP 方法的设计步骤如图 6-1 所示。

（2）SLP 方法特点　SLP 方法存在如下优点：

1）清晰、直观、可操作性强。SLP 方法运用定性和定量相结合的方式，并辅助用大量的图表表达为手段，使研究者很清晰直观地观察到整个分析过程。

2）条理性、逻辑性强。SLP 方法具有规范严谨的设计步骤，对整个生产系统进行考虑，不断调整与修正，得到相对较优的布置方案，具有一定的实用性。

3）适用范围广泛。SLP 方法不仅适用于不同行业的新建厂房布局设计，还适用于改建厂房和扩建厂房的布局设计，也可应用于重点考虑环境与安全因素布局设计等。

（3）SLP 方法运用时可能存在的问题

如果直接运用 SLP 方法解决装配车间布局问题，也可能存在如下问题：

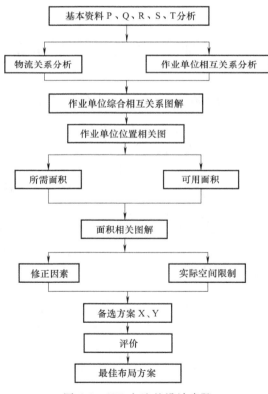

图 6-1　SLP 方法的设计步骤

1）动态柔性程度差。SLP 方法高度系统化，条理性强，虽省时省力，但难以符合市场需求的变化做及时调整。所以 SLP 方法多用于布局设计的静态布局。

2）高度依赖设计者，难以寻最优方案。SLP 方法多依靠手工进行布局，即使得到几组初始布局方案，大多也需要有经验的设计者根据约束条件进行调整得出较优方案，所以布局的好坏很大程度上取决于设计者的水平且很难得出最优布局方案。

通过上述分析，对 SLP 方法获得的布局方案做改进研究还是很有必要的，可以使其更加合理并适用于现代产品装配线工艺布局。

2. 遗传算法

（1）遗传算法概述 遗传算法（genetic algorithm，GA）主要是模拟生物的遗传与进化过程而出现的一种概率搜索方法。20 世纪 60 年代末期，密歇根大学的 Holland 教授在进化论的启发下，在研究自然和人工的自适应系统时提出遗传算法。

遗传算法的基本思想是：首先把实际问题转化为数学模型，并将所有解的搜索空间全部映射到遗传空间中；然后把所有解编码成染色体并通过特定方式产生染色体种群，从而形成初始种群；接下来，按照适应度函数对其中个体做出评价，并确定合适的适应度，将其作为进行染色体选择的依据，通过适应度对染色体优胜劣汰，并运用染色体交叉与变异操作获得新一代种群。反复如此操作，使种群进化的适应度越来越高，直到满足约束条件，最终得到解决实际问题的满意解或最优解。

遗传算法的应用范围广，比如说在图像处理方面、优化控制方面、神经网络方面、生物科学方面等都有良好的实践应用价值。遗传算法也有很强的适应性，当解决问题不相同时，不仅可以根据其通用运算方式完成优化计算，研究者们还可以根据实际问题的特点对其方法进行合理改进，这样大大促进了遗传算法的发展。经典遗传算法的基本流程如图 6-2 所示。

（2）遗传算法的特点 遗传算法具有如下优点：

1）具有全局化搜索能力。遗传算法不是单个解搜索而是把问题集合成一个初始种群，并从整个初始种群进行寻优搜索，这样搜索覆盖面广，有利于避免陷入局部最优解。

2）具有隐含并行性。遗传算法以种群方式进行全局搜索，可以同时搜索在所有解空间的多个区域并进行互相之间的信息交流。对于多目标求解时，可以大大简化计算过程。

3）具有良好的容错能力。遗传算法的解空间中存在一定的错误解，尤其是初始种群存在着与最优解相差甚远的信息。如果在进化过程中也出现了与最优解相差甚远的个体，

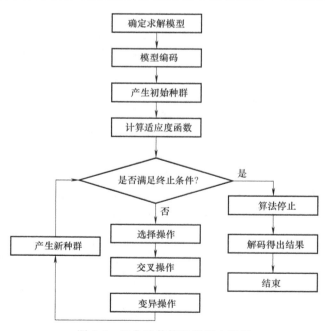

图 6-2 经典遗传算法的基本流程

可以通过进行遗传操作将其淘汰掉得出最优解。

4）简明易学、通用性强。遗传算法的基本思想易于理解，不需要学习大量专业算法知识，相关理论框架与生物学知识比较接近。在求解相关实际问题时，仅需要在已建立的目标

函数的基础上选择合适的染色体编码方式与适应度函数，其他参数都有据可查，运行方式也比较规范，简明易学。

遗传算法存在如下缺点：

1）局部寻优能力不强。遗传算法不具备对局部空间搜索的微调能力，当遗传算法搜索到最优解附近时，难以精确定位最优解。

2）易出现早熟现象。早熟现象是指在遗传操作中，因为适应度高的个体快速增加而引起种群失去多样性，数据未成熟即提前收敛于局部最优解而停止进化过程。

6.1.3 产品装配车间工艺布局优化

通过对 SLP 方法和遗传算法分析可以发现，SLP 方法具有上手快、简单易行、实用性较强的优势，但该方法的优劣很大程度上依赖经验丰富的布局设计人员，而且设计过程比较烦琐，不利于作为优秀布局方法普及推广与借鉴。而遗传算法虽然通用性强，具有良好的全局优化等特性，但局部寻优能力不强，过早收敛，在实际解决车间布局问题时也存在一定的弊端。

本书针对两种方法解决布局问题时存在的不足之处，将改进的 SLP 方法和遗传算法相结合，提出了新的布局优化设计方法。首先通过改进的 SLP 方法得到初始车间布局方案，然后在遗传算法产生初始种群的选取方式上进行改进，把初始车间布局方案作为遗传算法中的经验信息与随机选取方式相结合，一部分染色体从改进的 SLP 方法形成的初始车间布局方案中获得，另一部分染色体由计算机随机产生。并对遗传算子运算方式进行相关改进，达到避免早熟现象产生的效果。这样，实现了两种方法各尽其长，能够把改进的 SLP 方法的初始车间布局方案相关信息提供到遗传算法的进化运算中，达到优势互补，以解决产品装配车间布局问题。

1. 装配车间作业单位划分及产品工艺流程

规划新厂区的产品驱动单元装配生产线布置在产品组装厂房内，该厂房一共有四跨，第一跨，作为产品驱动单元装配区；第二跨，作为机车产品装配区；第三跨，作为城轨车产品装配区；第四跨，作为预留动车产品、驱动装置组装区。从整个车间的布局来看，第一跨和第二跨两者之间是紧密联系在一起的。案例车间规划在第一跨区域内用于设备布局的空间为 225m×24m 的矩形场地；其中厂房左端 38m×24m 的矩形场地为内燃机车所需用地，故产品驱动单元装配区实际面积为 187m×24m 的矩形场地；中间要设计 2m 宽的安全通道。

根据现场调研，产品驱动单元装配生产线主要组装三种车型：HXD3B 型、HXD3C 型、HXD3D 型。现将划分为 20 个作业区，即 20 个作业单位，按顺序编号分别是 1——主动齿轮装配区，2——从动齿轮装配区，3——从动齿轮压装区一，4——3B 抱轴箱组装区，5——抱轴箱、电动机组装区，6——油底壳装配区，7——空心轴、连杆、连杆盘组装区，8——空心轴组装区，9——齿侧车轮组装区，10——轮对压装区一，11——电动机、油底壳装配区，12——驱动单元试验区，13——从动齿轮压装区二，14——抱轴箱组装区，15——电动机与主动齿轮组装区，16——抱轴箱-电动机装配区，17——电动机抱轴箱与齿轮箱组装区，18——驱动啮合试验区，19——轮对压装区二，20——轴承压装区。三种车型驱动单元装配生产线的工艺流程及所对应的作业区详见表 6-1、表 6-2、表 6-3。

表 6-1　HXD3B 型驱动单元装配工序流程

工序号	工序名称及内容	作业区	作业区代号
1	主动齿轮装配	主动齿轮装配区	1
2	从动齿轮装配	从动齿轮装配区	2
3	压装车轴	从动齿轮压装区一	3
4	安装抱轴箱	3B 抱轴箱组装区	4
5	抱轴箱、电动机组装	抱轴箱、电动机组装区	5
6	油底壳装配	油底壳装配区	6
7	啮合试验	驱动啮合试验区	18
8	压轮	轮对压装区二	19
9	轴箱体、端盖压装	轴承压装区	20
10	例行试验	驱动单元试验区	12

表 6-2　HXD3C 型驱动单元装配工序流程

工序号	工序名称及内容	作业区	作业区代号
1	从动齿轮压装	从动齿轮压装区二	13
2	抱轴箱组装	抱轴箱组装区	14
3	电动机组装、小齿轮压装	电动机与主动齿轮组装区	15
4	抱轴箱、电动机组装	抱轴箱-电动机装配区	16
5	齿轮箱组装	电动机抱轴箱与齿轮箱组装区	17
6	啮合试验	驱动啮合试验区	18
7	压轮	轮对压装区二	19
8	轴箱体、端盖压装	轴承压装区	20
9	例行试验	驱动单元试验区	12

表 6-3　HXD3D 型驱动单元装配工序流程

工序号	工序名称及内容	作业区	作业区代号
1	主动齿轮装配	主动齿轮装配区	1
2	从动齿轮装配	从动齿轮装配区	2
3	空心轴、连杆、齿侧连杆、盘压连杆关节组装	空心轴、连杆、连杆盘组装区	7
4	套装空心轴	空心轴组装区	8
5	车轴单轮压装	轮对压装区一	10
6	单边轮套装空心轴	空心轴组装区	8
7	套装齿侧轮	齿侧车轮组装区	9
8	压装齿侧轮	轮对压装区一	10
9	装配电动机、油底壳	电动机、油底壳装配区	11
10	安装轴箱体	轴承压装区	20
11	例行试验	驱动单元试验区	12

2. 装配生产线物流分析

由于产品驱动单元装配生产线为三种车型，并且相互之间的工序存在着差异，为了更好、更全面，更加贴近实际地对该车间布局做出合理的设计，分别对三种车型进行分析，最终综合考虑各方面的因素，得出一个可靠性更高的工艺布局方案。

（1）物流分析　在分析相对较多的作业单位时，直接对大量物流数据进行分析的行为任务量大，而且没有必要。因此将物流强度划分成五个等级，分别用符号 A、E、I、O、U 表示。具体的划分比例见表 6-4。

表 6-4　物流强度等级比例划分

物流强度等级	符号	物流路线比例（%）	承担的物流量比例（%）
超高物流强度	A	10	40
特高物流强度	E	20	30
较大物流强度	I	30	20
一般物流强度	O	40	10
可忽略搬运	U	0	0

HXD3B 型车的物流强度处于 4000~5000 时为 A 级，2000~3999 时为 E 级，1000~1999 时为 I 级，50~999 时为 O 级，0~49 时为 U 级。按 A、E、I、O、U 五个等级划分作业单位间的物流强度。做出产品驱动单元装配生产线作业单位物流相关表，由于不存在固定物流的作业单位对，故最低等级 U 级在表中未列出，HXD3B 型物流强度等级表见表 6-5。为便于清晰分析作业单位之间的物流关系，将 HXD3B 型物流强度等级表转化成 HXD3B 型作业单位物流关系从-至表，见表 6-6。

表 6-5　HXD3B 型物流强度等级表

序号	作业单位对	物流强度	物流强度等级
1	1-2	55	O
2	2-3	760	O
3	3-4	1480	I
4	4-5	1630	I
5	5-6	3180	E
6	6-18	3220	E
7	18-19	3220	E
8	19-20	4680	A
9	20-12	4780	A

同理，根据各个车型的物流强度，合理划分出其物流等级，最终可得到 HXD3C 和 HXD3D 的作业单位物流关系从-至表，见表 6-7、表 6-8，不再赘述。

（2）非物流分析　根据 SLP 方法中的考虑因素，结合产品驱动单元装配生产线的实际情况，依据其工艺流程和特点，本书选择了 8 个一级指标并分别设定权重值，同时再制定二级指标并设定权重值，得出的非物流评价因素表见表 6-9。

表 6-6 HXD3B 型作业单位物流关系从-至表

作业单位	1	2	3	4	5	6	12	18	19	20
1		O	U	U	U	U	U	U	U	U
2	U		O	U	U	U	U	U	U	U
3	U	U		I	U	U	U	U	U	U
4	U	U	U		I	U	U	U	U	U
5	U	U	U	U		E	U	U	U	U
6	U	U	U	U	U		U	E	U	U
12	U	U	U	U	U	U		U	U	U
18	U	U	U	U	U	U	U		E	U
19	U	U	U	U	U	U	U	U		A
20	U	U	U	U	U	U	A	U	U	

表 6-7 HXD3C 型作业单位物流关系从-至表

作业单位	12	13	14	15	16	17	18	19	20
12		U	U	U	U	U	U	U	U
13	U		O	U	U	U	U	I	U
14	U	U		U	O	U	U	U	U
15	U	U	U		I	U	U	U	U
16	U	U	U	U		E	U	U	U
17	U	U	U	U	U		E	U	U
18	U	U	U	U	U	U		E	U
19	U	U	U	U	U	U	U		A
20	A	U	U	U	U	U	U	U	

表 6-8 HXD3D 型作业单位物流关系从-至表

作业单位	1	2	7	8	9	10	11	12	20
1		O	U	U	U	U	U	U	U
2	U		U	O	U	U	U	U	U
7	U	U		I	U	U	U	U	U
8	U	U	U		E	U	U	U	U
9	U	U	U	U		E	U	U	U
10	U	U	U	E	U		A	U	U
11	U	U	U	U	U	U		U	A
12	U	U	U	U	U	U	U		U
20	U	U	U	U	U	U	U	A	

表 6-9　非物流评价因素表

指标代号	一级指标	指标代号	二级指标
1	物流	1.1	物料搬运的频繁程度
		1.2	回流
2	工作流程	2.1	相邻工序对应的作业单位
		2.2	适应生产节拍要求
3	作业性质相似	3.1	作业性质相似
4	使用相同的设备	4.1	加工设备型号相同
		4.2	完成相同工序作业单位
5	使用相同的公共设施	5.1	共用公共设施
6	监督和管理	6.1	作业单位的集中性
		6.2	作业单位环境的协调性
7	噪声、振动、易燃易爆物品	7.1	作业安全
		7.2	作业质量
		7.3	作业卫生
8	服务的频繁和紧急程度	8.1	服务的频繁程度

在确定了作业单位非物流评价指标以后，分别对三种车型的非物流所对的相应指标进行评分，并通过加权求和最终计算出综合非物流因素，建立各个作业单位非物流关系，如图 6-3、图 6-4 和图 6-5 所示。

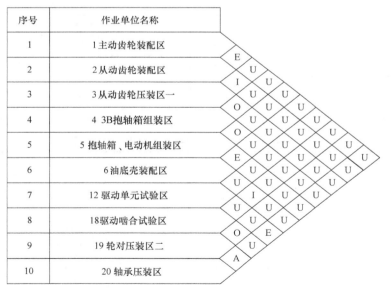

图 6-3　HXD3B 型非物流关系

3. 装配生产线作业单位综合相互关系分析

通过对产品驱动单元装配生产线作业区域的特点与性质分析可知，装配生产线的物流与非物流因素的影响是同等重要的，所以本书选用物流与非物流因素的权重比例为 1∶1。

序号	作业单位名称
1	12 驱动单元试验区
2	13 从动齿轮压装区二
3	14 抱轴箱组装区
4	15 电动机与主动齿轮组装区
5	16 抱轴箱-电动机装配区
6	17电动机抱轴箱与齿轮箱组装区
7	18 驱动啮合试验区
8	19 轮对压装区二
9	20 轴承压装区

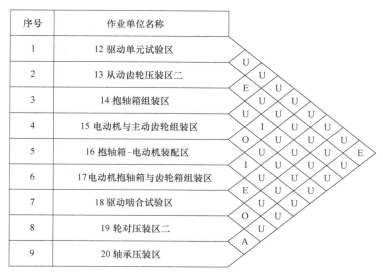

图 6-4　HXD3C 型非物流关系

序号	作业单位名称
1	1主动齿轮装配区
2	2从动齿轮装配区
3	7空心轴、连杆、连杆盘组装区
4	8空心轴组装区
5	9齿侧车轮组装区
6	10轮对压装区一
7	11电动机，油底壳装配区
8	12驱动单元试验区
9	20轴承压装区

图 6-5　HXD3D 非物流关系

当作业单位数目为 N 时，其作业单位对数为 $p=\dfrac{N(N-1)}{2}$。HXD3B 型车的工序 N 值为 10，通过计算 p 为 45，即共有 45 个作业单位对，即 45 个作业相互关系，其中 36 对不存在物流关系和非物流关系。然后对物流与非物流关系密切程度等级进行量化加权求和，并按 A、E、I、O、U、X 等级划分其综合相互关系的关系密切程度等级。得出 HXD3B 型综合相互关系计算表，见表 6-10。

其中，当综合相互关系分值为 7~8 时定为 A 级；当综合相互关系分值为 4~6 时定为 E 级；当综合相互关系分值为 2~3 时定为 I 级；当综合相互关系分值为 1 时定为 0 级；当综合相互关系分值为 0 时定为 U 级；当综合相互关系分值为-1 时定为 X 级。

运用同样的方法，也可以得出 HXD3C 型与 HXD3D 型的综合相互关系计算表，这里不再赘述，结果见表 6-11 和表 6-12。

表 6-10 HXD3B 型综合相互关系计算表

| 序号 | 作业单位对 | 关系密切程度 | | | | 综合相互关系 | |
| | | 物流关系加权:1 | | 非物流关系加权:1 | | | |
		等级	分值	等级	分值	分值	等级
1	1-2	O	1	E	3	4	E
2	2-3	O	1	I	2	3	I
3	3-4	I	2	O	1	3	I
4	4-5	I	2	O	1	3	I
5	5-6	E	3	E	3	6	E
6	6-18	E	3	1	2	5	E
7	18-19	E	3	O	1	4	E
8	19-20	A	4	A	4	8	A
9	20-12	A	4	E	3	7	A

表 6-11 HXD3C 型综合相互关系计算表

| 序号 | 作业单位对 | 关系密切程度 | | | | 综合相互关系 | |
| | | 物流关系加权:1 | | 非物流关系加权:1 | | | |
		等级	分值	等级	分值	分值	等级
1	13-14	O	1	E	3	4	E
2	14-16	O	1	I	2	3	I
3	15-16	I	2	O	1	3	I
4	16-17	E	3	I	2	5	E
5	17-18	E	3	E	3	6	E
6	18-19	E	3	O	1	4	E
7	19-20	A	4	A	4	8	A
8	20-12	A	4	E	3	7	A

表 6-12 HXD3D 型综合相互关系计算表

| 序号 | 作业单位对 | 关系密切程度 | | | | 综合相互关系 | |
| | | 物流关系加权:1 | | 非物流关系加权:1 | | | |
		等级	分值	等级	分值	分值	等级
1	1-2	O	1	E	3	4	E
2	2-8	O	1	1	2	3	I
3	7-8	I	2	O	1	3	I
4	10-8	E	3	E	3	6	E
5	8-9	E	3	I	2	5	E
6	9-10	E	3	O	1	4	E
7	10-11	A	4	A	4	8	A
8	11-20	A	4	E	3	7	A
9	20-12	A	4	A	4	8	A

4．装配生产线作业单位位置相关图

在 SLP 方法中，为了清晰计算各作业单位之间综合接近程度，现把作业单位之间综合相互关系计算表转化成左下三角矩阵和右上三角矩阵表格对称形式（A、E、I、O、U 的分值分别定为 4、3、2、1、0），见表 6-13～表 6-15。

表 6-13　HXD3B 型综合接近程度排序表

作业单位	1	2	3	4	5	6	12	18	19	20
1		E/3	U/0	U/0	U/0	U/0	U/0	U/0	U/0	U/0
2	E/3		I/2	U/0	U/0	U/0	U/0	U/0	U/0	U/0
3	U/0	I/2		I/2	U/0	U/0	U/0	U/0	U/0	U/0
4	U/0	U/0	I/2		I/2	U/0	U/0	U/0	U/0	U/0
5	U/0	U/0	U/0	I/2		E/3	U/0	U/0	U/0	U/0
6	U/0	U/0	U/0	U/0	E/3		E/3	U/0	U/0	U/0
12	U/0	U/0	U/0	U/0	U/0	E/3		U/0	U/0	A/4
18	U/0	U/0	U/0	U/0	U/0	E/3	U/0		E/3	U/0
19	U/0	U/0	U/0	U/0	U/0	U/0	U/0	E/3		A/4
20	U/0	U/0	U/0	U/0	U/0	U/0	A/4	U/0	A/4	
综合接近程度	3	5	4	4	5	6	4	6	7	8
排序	10	5	7	8	6	3	9	4	2	1

表 6-14　HXD3C 型综合接近程度排序表

作业单位	12	13	14	15	16	17	18	19	20
12		U/0	U/0	U/0	U/0	U/0	U/0	U/0	A/4
13	U/0		E/3	U/0	U/0	U/0	U/0	U/0	U/0
14	U/0	E/3		U/0	I/2	U/0	U/0	U/0	U/0
15	U/0	U/0	U/0		I/2	U/0	U/0	U/0	U/0
16	U/0	I/2	I/2			E/3	U/0	U/0	U/0
17	U/0	U/0	U/0	U/0	E/3		E/3	U/0	U/0
18	U/0	U/0	U/0	U/0	U/0	E/3		E/3	U/0
19	U/0	U/0	U/0	U/0	U/0	U/0	E/3		A/4
20	A/4	U/0	U/0	U/0	U/0	U/0	U/0	A/4	
综合接近程度	4	3	5	2	7	6	6	7	8
排序	7	8	6	9	2	4	5	3	1

在综合接近程度排序表中，其得分越高则说明该作业单位越重要，建议布置在设计图的靠近中心位置，而得分越低则说明该作业单位不是很重要，建议布置在设计图的边缘位置。现基于系统布局设计的思想，根据综合相互关系得分高低顺序依次确定各个级别的作业单位位置，对于同一级别的作业单位可以按综合接近程度得分高低的顺序来进行布置，其表达方式见表 6-16。

根据对三种车型的物流和非物流分析，分别得出了相应的作业单位相互关系等级图，如图 6-6、图 6-7、图 6-8 所示。

表 6-15　HXD3D 型综合接近程度排序表

作业单位	1	2	7	8	9	10	11	12	20
1		E/3	U/0	U/0	U/0	U/0	U/0	U/0	U/0
2	E/3		U/0	I/2	U/0	U/0	U/0	U/0	U/0
7	U/0	U/0		I/2	U/0	U/0	U/0	U/0	U/0
8	U/0	I/2	I/2		E/3	E/3	U/0	U/0	U/0
9	U/0	U/0	U/0	E/3		E/3	U/0	U/0	U/0
10	U/0	U/0	U/0	E/3	E/3		A/4	U/0	U/0
11	U/0	U/0	U/0	U/0	U/0	A/4		U/0	A/4
12	U/0	U/0	U/0	U/0	U/0	U/0	U/0		A/4
20	U/0	U/0	U/0	U/0	U/0	U/0	A/4	A/4	
综合接近程度	3	5	2	10	6	10	8	4	8
排序	8	6	9	1	5	2	3	7	4

表 6-16　作业单位关系等级表达方式

等级	系数值	线条数	密切程度	颜色规范	等级	系数值	线条数	密切程度	颜色规范
A	4	≡	绝对必要	红	U	0		不重要	不着色
E	3	≡	特别重要	橘黄	X	-1	～	不希望	棕
I	2	=	重要	绿	XX	-2、-3、-4	～～	极不希望	黑
O	1	/	一般	蓝					

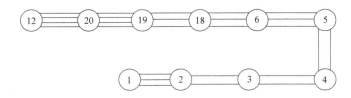

图 6-6　HXD3B 型作业单位相互关系等级图

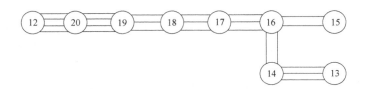

图 6-7　HXD3C 型作业单位相互关系等级图

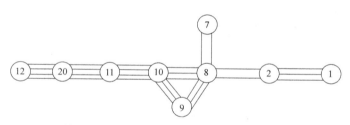

图 6-8 HXD3D 型作业单位相互关系等级图

现将三种车型的相互关系结合在一起得出一个驱动单元综合作业单位关系等级图，如图 6-9 所示，其中，作业单位 12-20 三种车型都需要使用，共用次数为 3 次。作业单位 19-18 有两种车型需要使用，共用次数为 2 次。作业单位 1-2 有两种车型需要使用，共用次数为 2 次。

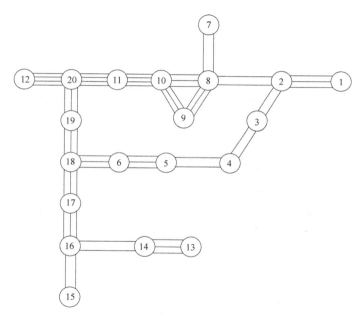

图 6-9 驱动单元综合作业单位关系等级图

5. 装配车间初始布局方案拟定

通过对现场调研得出各个作业单位所需占地面积，详细请见表 6-17。根据各作业单位所需占地面积与占地几何面积的位置形状，同时结合作业单位位置相关图通过考虑除基本要素以外其他对布局的影响，比如搬运设备种类、调运等辅助设备、建筑的特征、道路的运输情况以及满足卫生、消防、安全与环境保护要求等，经过和实际情况的调整得到三个初步布局方案，如图 6-10、图 6-11、图 6-12 所示。

表 6-17 作业单位及占地面积

序号	作业区名称	需求面积/m²
1	主动齿轮装配区	72
2	从动齿轮装配区	95
3	从动齿轮压装区一	90

（续）

序号	作业区名称	需求面积/m²
4	3B 抱轴箱组装区	100
5	抱轴箱、电动机组装区	50
6	油底壳装配区	38
7	空心轴、连杆、连杆盘组装区	85
8	空心轴组装区	60
9	齿侧车轮组装区	85
10	轮对压装区一	180
11	电动机、油底壳装配区	110
12	驱动单元试验区	240
13	从动齿轮压装区二	175
14	抱轴箱组装区	120
15	电动机与主动齿轮组装区	95
16	抱轴箱-电动机装配区	80
17	电动机抱轴箱与齿轮组装区	210
18	驱动啮合试验区	105
19	轮对压装区二	290
20	轴承压装区	350

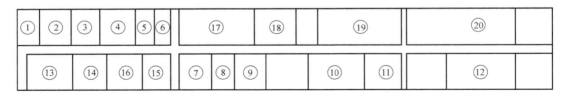

图 6-10　初步布局方案 A

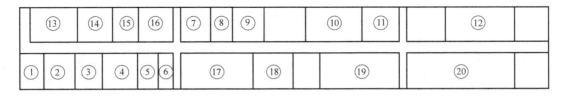

图 6-11　初步布局方案 B

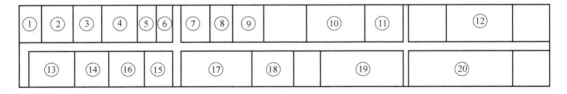

图 6-12　初步布局方案 C

6. 装配生产线布局的数学模型

通过对产品驱动单元装配车间的调研可知，此车间布局属于多行布局优化设计问题。根据对以往研究车间布局问题的相关方法的了解，并结合本书研究车间的实际情况，现对产品驱动单元装配车间的布局优化设计模型进行如下简化：

1）假定车间中各个作业单位或设备的所需区域均为块状矩形结构，且每个区域的长、宽都是已知的。

2）假定车间布局各设备所在平面都为同一平面。

3）车间各设备都分行排列，并平行于车间 x 轴（水平边）。

4）已知车间各设备间的 x 轴（水平）间距，y 轴（纵向）间距需根据实际情况综合考虑，设定设备中心线处在同一行时 y 坐标相同。

5）假定各个设备进料与出料点都在各自的中点上。

该模型相关参数建立具体如图 6-13 所示。车间的多行布局设计优化目标是在保证工艺质量的前提下，实现设备间总搬运物料成本最低。

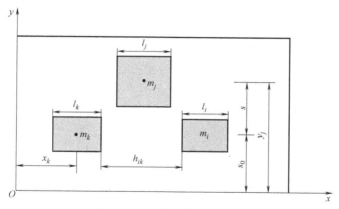

图 6-13 模型相关参数建立

具体目标函数表达如下：

$$\min C = \sum_{i=1}^{n} \sum_{j=1}^{n} c_{ij} f_{ij} (| x_i - x_j | + | y_i - y_j |) \tag{6-1}$$

$$x_i = x_k + (l_i + l_k)/2 + h_{ik}$$

$$y_i = (k-1)s + s_0 \qquad 如果 z_{ik} = 1 \tag{6-2}$$

保证各设备之间在 x 方向不出现重叠或干涉：

$$| x_i - x_j | \geqslant [(l_i + l_j)/2 + h_{ij}] z_{ik} z_{jk} \quad i,j = 1, \cdots, n \tag{6-3}$$

确定各个设备所在行：

$$z_{ik} = \begin{cases} 1 & 设备 i 布置在 k 行 \\ 0 & 设备 i 不布置在 k 行 \end{cases} \quad i = 1, \cdots, n \tag{6-4}$$

确定每台设备在某行中只能出现一次：

$$\sum_{k=1}^{m} z_{ik} = 1 \quad i = 1, \cdots, n \tag{6-5}$$

保证设备不能全部布置在同一行中：

$$\sum_{k=1}^{n} z_{ik} \leq n \qquad k = 1, 2, \cdots, m \tag{6-6}$$

保证各设备坐标非负条件。

$$x_i, y_i \geq 0 \qquad i = 1, \cdots, n \tag{6-7}$$

式中　　　C——搬运的总费用；

c_{ij}——设备 i 与 j 之间的单位距离的搬运费用；

f_{ij}——设备 i 与 j 间物流强度；

n——所有设备的数量；

m_i、m_j、m_k——设备 i、j、k；

x_i、x_j、x_k——设备 i、j、k 中心的 x 坐标；

y_i、y_j、y_k——设备 i、j、k 中心的 y 坐标；

m——设备布局的总行数；

l_i、l_j、l_k——设备 i、j、k 的长度；

h_{ij}——设备 i 与 k 间的最小水平间距；

s——设备行间距；

s_0——第一行设备到车间下边界的距离。

在对车间布局设计中，其边界约束条件一般运用惩罚函数等相关策略进行约束。

7. 装配生产线布局编码

本书采用设备符号编码与净间距编码表达方式作为装配生产线布局的编码方式，其表达方式为

$$[\{m_1, m_2, \cdots, m_n\}, \{\Delta_1, \Delta_2, \cdots, \Delta_n\}]$$

式中　m_i——设备 i；

Δ_i——设备 $i-1$ 和设备 i 之间的净间距。

Δ_i 可以实现设备之间行内距离微调，同时优化列之间设备物流距离，其取值范围为 $[0, 1]$，具体数值随机生成，并运用自动换行技术，把各设备布置在多行布局中。

8. 装配生产线布局运算步骤

（1）初始化　初始种群的优劣将直接影响到算法的寻优能力。有专家提出，可以采取经验选择或其他算法方式，把好的信息作为部分初始染色体种群。故本书把随机选取与由改进的 SLP 方法得到的初始布局三组方案的经验信息相结合产生初始种群。

对 20 个工作区，通过 SLP 方法得到的三组初始布局方案编码如下所示：

X 方案：$[\{13, 14, 16, 15, 7, 8, 9, 10, 11, 12, 1, 2, 3, 4, 5, 6, 17, 18, 19, 20\}, \{0, 0, 0, 0, 0, 0, 0, 0, 0, 0, 0, 0, 0, 0, 0, 0, 0, 0, 0, 0\}]$。

Y 方案：$[\{1, 2, 3, 4, 5, 6, 17, 18, 19, 20, 13, 14, 15, 16, 7, 8, 9, 10, 11, 12\}, \{0, 0, 0, 0, 0, 0, 0, 0, 0, 0, 0, 0, 0, 0, 0, 0, 0, 0, 0, 0\}]$。

Z 方案：$[\{13, 14, 16, 15, 17, 18, 19, 20, 1, 2, 3, 4, 5, 6, 7, 8, 9, 10, 11, 12\}, \{0, 0, 0, 0, 0, 0, 0, 0, 0, 0, 0, 0, 0, 0, 0, 0, 0, 0, 0, 0\}]$。

（2）适应度函数　在解决实际问题时，常常需要一定的约束条件。本书在评价个体适应度函数时，引入惩罚函数法对这些约束条件进行处理。

在装配车间中，除了已经完成约束定义外，还存在两类不合理解的可能：一类是设备存

在重叠，另一类是设备存在超出车间区域。设备存在重叠可以根据式（6-3）条件进行约束，排除重叠不合理解的产生。设备存在超出车间区域的功能，由于在编码的时候，运用了自动换行技术，故在 x 轴方向上进行设备布局时，不存在超出车间区域的问题，只需要考虑在 y 轴方向上是否超出车间区域。因此只需要判断在最后一行的设备是否超出区域即可，当 $2s_0+(m-1)s \leqslant H$ 时，则代表最后一行设备不会超出车间区域范围；反之，则超出。

$$P=\begin{cases} 0 & 若\ 2s_0+(m-1)s \leqslant H \\ T & 2s_0+(m-1)>H \end{cases} \tag{6-8}$$

式中 H——车间的宽度（y 方向）；

P——不合理惩罚项；

T——正的大数惩罚值。

综上可知，装配车间适应度函数可由两部分组成：物料搬运总费用与不合理惩罚。通过目标函数就可计算物料搬运总费用，把 v_k 定义为种群中的第 k 个染色体，则物料搬运总费用为

$$\min C = \sum_{i=1}^{n}\sum_{j=1}^{n} c_{ij}f_{ij}(|x_i-x_j|+|y_i-y_j|)$$

代表 v_k 染色体的适应度函数是

$$\mathrm{Eval}(V_k)=1/(C+P) \tag{6-9}$$

（3）选择 本书采用比例选择算子和最优保存策略相结合方式，把群体中最高适应度的个体和下一代最高适应度个体进行比较，若其个体适应度值大，便进入下一代种群，按此方法，不仅保证了遗传算法的收敛性，还有效避免了局部最优解。

由于遗传操作过程中的随机性特点，种群中适应度最好的个体就可能被破坏掉。为了尽可能保留最好适应度个体遗传到下一代种群中，在此进行最优保存策略进化操作，用群体中最高适应度个体直接替换掉本次群体中经过遗传操作所产生最低适应度个体，使之不再参与交叉、变异运算。具体操作过程为：首先找出本次群体中最高与最低适应度个体；如果最高适应度个体高于总的迄今为止的最好适应度个体，则以该个体作为新的最好适应度个体；并用迄今为止的最好适应度个体代替最差适应度个体。实施该策略确保了优秀的适应度个体能够遗传到下一代种群中，也是遗传算法收敛性的重要保证条件。

（4）交叉 根据实际情况及编码方式的要求，本书采用对设备排列序列与净间距序列不同处理的交叉方式，对设备排列序列处理采用部分映射交叉方式，对净间距序列采用算术交叉方式。

在应用部分映射交叉方式对设备排列序列进行处理时，整个过程主要分为两步，第一步是对个体编码串做常规的双点交叉操作，第二步是对交叉区域之外的各个基因值，根据双点交叉区域范围内各基因值之间的映射关系进行修改。算术交叉操作思想是把两个个体进行线性组合，同时产生出两个新的个体。

（5）变异 根据改进遗传算法编码方式的要求，本书只对设备净间距做变异操作，并采用基本位变异算子与邻域搜索技术结合的方式进行变异操作。假定染色体的净间距序列是

$$\{\Delta_1, \Delta_2, \cdots, \Delta_i, \cdots, \Delta_n\}$$

并指定其变异点 Δ_i 进行变异，令局部寻优次数 r 是一个整数，设备净间距的取值范围在 $[0, 1]$，则在 $[0, 1]$ 区间内可随机产生 r 个净间距：分别用 Δ_{i1}，Δ_{i2}，$\cdots$，Δ_{ir} 取代变异点 Δ_i，把新产生的 r 个染色体看作原染色体的邻域，计算其适应度值，并从中选择出最好的染色体作为下一代。

9. 装配生产线布局运算结果

本程序在 Windows XP 操作环境下进行，运用 MATLAB 本身自带的遗传算法工具箱中基本数，并根据实际需求合理改写相关调用程序，求解装配车间布局问题。对本书设计的遗传操作算子中各自参数设定在此做简要说明：群规模 POP_SIZE 为 100，将用 SLP 方法得到的初始布局方案 X、Y、Z 作为染色体生成种群，染色大小 n 为 50，迭代次数 GEN_SIZE 为 500 次，惩罚函数值 T 为 500，初始温度为 $100\,℃$，温度衰减系数为 0.5，交叉概率 PC 为 0.6，变异概率 Pm 为 0.5。通过 500 次运行后得到了如图 6-14 所示的算法进化过程图。

运算得到最好的染色体为：$[\{13, 14, 12, 20, 19, 1, 2, 3, 4, 5, 6, 15, 16, 17, 18, 7, 8, 9, 10, 11\}, \{1.25, 0.46, 1.36, 0.84, 0.78, 1.15, 0.85, 0.61, 0.72, 0.29, 0.98, 0.81, 1.15, 1.08, 1.65, 1.71, 0.97, 0.72, 1.27, 0.91\}]$，适应度值为：$3.3562 \times 10^{-5}$，运行最终优化结果遵循自动换行的策略，当同一行的各个作业单位的所需长度与邻近作业单位之间或作业单位与厂房边界之间的净间距相加之和超过厂房的总长度时，则将最后那个作业单位布置到下一行中。根据厂房实际情况得到车间优化布局方案图，如图 6-15 所示。

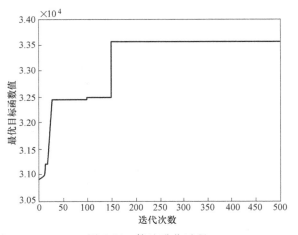

图 6-14　算法进化过程

对比初始布局方案与优化布局方案，可以分析出两种方案都是基本按着一个流的生产方式设计的，均遵循从入口进入开始装配，出口装配完成流出的理念，通过遗传算法得出的优化布局设计方案使用近似 U 形布局法，将装配完成的合格品储存在中间位置。这样做的优势可以使驱动单元装配生产线与产品落轮装配的联系比较紧密，驱动单元装配完成的成品可以作为下一跨产品的组装部分直接通过导轨运输到下一跨装配台位，这样大大减少了搬运时间和成本，比较合理。

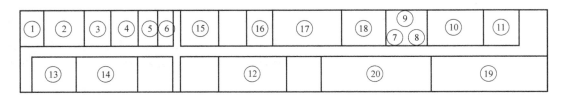

图 6-15　车间优化布局方案图

6.2　产品装配车间 JIT 应用模式研究

6.2.1　JIT 生产模式

1. JIT 生产模式的起源

JIT（just in time）是准时制的简称，是一种准时化的管理方式，最主要的思想是在生产产品时，使生产产品的数量、质量以及时间严格按照客户的需求进行。它的最终目标是追求生产过程的零缺陷和零库存。JIT 生产是为了提高产品质量而设计的，它的宗旨是将原材料以及在制品的库存减少到一个生产班次恰好需要的数量，从而使得原材料的供应商能够保证所提供的产品是百分百质量合格的产品。在这个过程中，库存的降低不仅使原材料和在制品的质量提高了，也增加了对物流运输、对现场管理的要求等。JIT 生产不仅提高了产品的质量，而且降低了原材料以及中间在制品的库存，同时也降低了与库存有关的各种费用成本，最终降低了产品的生产成本。

20 世纪 70 年代，日本丰田公司是最先使用 JIT 这种先进管理技术的，但是这种技术的起源要追溯到 19 世纪初的美国。美国的福特汽车公司在对装配线进行流水线改造时，应用的也是 JIT 的概念。在福特公司，铁矿石被卸下以后，第二天就可以在钢铁厂里被冶炼成钢，紧接着就可以被锻造或者铸造成汽车的各种零部件。1926 年，福特就声称"原材料和成品的高库存意味着高价格和低工资"。

20 世纪 50 年代初期，美国的工程人员再次提出了 JIT 的概念，但是当时的产业界注重的只是生产线的生产效率，忽略了与制造业相关的其他部门绩效。因此，JIT 的概念只是在美国被提出，真正贯彻实施并得到成功运用是在日本的丰田公司。

2. JIT 生产模式的思想内涵

（1）JIT 生产的思想基础　JIT 生产的思想基础是非成本主义。众所周知，企业的经营目的是获取最大的利润，普遍的情况是绝大多数企业把"成本主义"作为自己的经营思想，即售价=成本+利润。在这种情况下，企业把成本作为中心，生产成本和目标利润是生产企业决定售价的源泉，不论成本是否合理，企业都能通过销售，把其转嫁到消费者的身上，当市场的需求增多时，企业就会通过抬高售价来获取更多的利润，因此企业没有降低成本的动力。这类产品属于垄断性的商品，消费者没有选择的余地，这属于以产定销的做法。但这样的卖方市场并不宽广，是十分有限的。企业面临的买方与卖方市场环境的变化，使得这种传统的经营思想不能满足企业发展的需要。在自由竞争的市场环境下，商品的售价受到市场的供需情况的影响，当需求大于供给的时候，可以依靠提高售价来获得额外的利润，这是卖方市场。但是现在的市场竞争日益激烈，供给已经严重大于需求，我们步入了买方市场，这种成本主义已经不再适用，就在这时"非成本主义"被丰田公司提出。统一开放的市场使得个别企业不能再根据自己的生产成本和目标利润来决定某种商品的售价，产品的价格现在是由市场决定的，是生产该种商品的所有企业的力量进行综合作用的结果。市场的某一特定时点决定着所出售产品的价格，企业无法改变这个价格，而企业要增加利润就必须降低自己产品的成本，而不再是像以往那样单单靠提高售价。利润和成本之间存在着一种函数关系，利润=售价-成本。这种"非成本主义"的经营思想促使企业通过加强内部管理，杜绝一切形式的浪费，降低整个系统的生产成本，以增加整个企业的利润，这种经营思想是以市场为导向的理念的一种体现。从本质上来说，成本就是为了实现利润应该从销售总额中扣除的过去、现在和未来的所有货币支出，这不仅仅是指的原材料、消耗品以及人工费用等，它还包括了管理费用、销售费用以及财务费用等。对企业而言，原材料、消耗品以及设备的价格均是由市场来决定的，要想通过降低成本来增加利润，就必须要把企业内部的人工、库存成本、运输等作为改善对象，消除其中存在的各种浪费，最终达到提高盈利的目的。

（2）JIT 生产的核心思想　　JIT 生产的核心思想为"在需要的时候，按需要的数量生产所需要的产品"，达到一种小库存或者是无库存的状态，这种状态需要通过生产的计划和控制手段来实现，这种状态就是 JIT 生产的核心。看板就是为实现这种状态而开发的，随着实施过程中的不断改进和完善，使其逐渐形成了一套独具特色的生产管理模式和生产经营体系。

JIT 生产通过看板向前道工序取货，颠覆了传统生产过程中前道工序向后道工序进行送货的形式，看板系统是 JIT 生产现场控制技术的核心，但 JIT 生产不仅仅是看板管理。日本筑波大学的门田安弘教授曾指出"丰田生产方式是一个完整的生产技术综合体，而看板管理仅仅是实现 JIT 生产的一个工具而已。如果把看板管理等同于丰田生产方式，那么这就是一种非常错误的认识。"

（3）JIT 生产的基本目标　　JIT 生产是在服务或生产过程中从供应者到顾客的每个阶段都能够成功实现"在精确的时间生产所需要的产品并且保持最低的费用"。这个是一个战略性的或者说是指导性的哲理，其目标是寻求更好的生产制造过程。目前，JIT 生产的概念已经从库存和质量的控制延伸到生产计划安排，强调的是准时生产和准时取货。

JIT 生产的目标是不断降低库存、产品的生产周期的同时不断降低产品或者零部件的缺陷、降低设备的转换调整时间和设备的故障发生概率，缩小产品生产加工的批量。JIT 生产在实施过程中期望实现的目标如图 6-16 所示。

3. JIT 生产的两大支柱

均衡化生产和看板管理是成功实施JIT 生产的两大支柱，只有完成均衡化生产这个前提后，才能为看板管理提供良好的环境，以便顺利地实施看板管理。

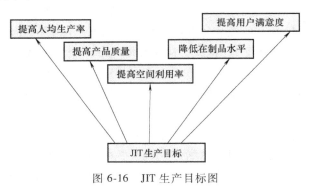

图 6-16　JIT 生产目标图

（1）均衡化生产　　当总装配线以恒定的数量和产品种类向前道工序进行领取即均衡地使用各种零部件，才能保证前面的生产加工工序进行稳定的生产，混合生产各种产品。

均衡化生产包括总量均衡和品种均衡两种。

1）总量均衡。均衡就是将一个单位时间内的总订单量平均化，即将连续的两个生产单位期间的总的生产量的波动情况控制在一个最小的限度。比如某项产品的交货期是一个月，产品数量是 200 台，如果每天的产量不同，最高每天 20 台，最低每天生产 5 台，如图 6-17a 所示。这样会产生在生产的高峰期需要的设备数量以及员工的数量较多，而在生产的低谷，许多设备和人员又是闲置的情况，我们在进行设备及人员配置时，为了防止供不应求，只能按最高产量时所需的资源进行配置，这样就会浪费大量的空间、设备、人员以及资金。假如，对生产的总量进行均衡，每个月正常工作时间是 22 天，把这需要的加工总量 200 台进行平均分配，留下 2 天的安全期，200 台/20 天 = 10 台/天，即每天生产 10 台，这样总产量没有减少，但是耗费的资源却减少了 1/2，生产成本自然下降。实施总量均衡之后的日产量如图 6-17b 所示。

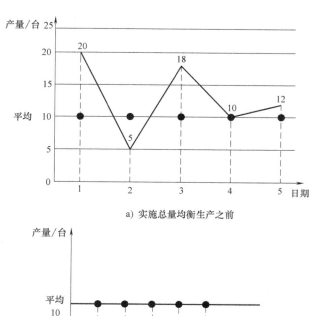

图 6-17 实施均衡生产前后的对比

2）品种均衡。品种均衡是指为了使各种产品在不同时间段内均有生产，不产生明显的波动，于是在生产这几种产品时，进行产品种类的组合，这样也保证在生产各种产品时所需要的前道工序的零部件的数量也是恒定的。

在实际生产中，假设一个月内要生产 A、B、C 三种产品，A 产品需求量为 1000 件，B 产品的需求量为 600 件，C 产品需求量为 400 件，传统生产计划是集中一段时间生产 A 产品，当所有的 A 产品生产完成之后，再集中一段时间生产 B 产品，当 B 产品也生产完成之后，再生产 C 产品，具体如图 6-18 所示。

这种情况会使得 A、B、C 三条生产

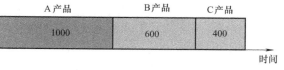

图 6-18 现行产品生产顺序及批量图

线生产忙闲不均。另外，虽然这种形式可以缩短作业转换时间，但是会出现与市场的需求相脱节的情况。当市场急需 B 产品时，B 产品却没有生产出来，而生产出来的 A 产品有大量库存。为了满足生产的多样性，应将生产计划从月计划变成天计划，本来 A 产品计划一个月生产 1000 件，现在按 20 天工作日计算，则 A 产品每天生产 50 件，同理，B 产品每天生产 30 件，C 产品每天生产 20 件，这样每天都有三种产品完成成品，具体如图 6-19 所示。

图 6-19　品种均衡后生产顺序及批量图

3）实施均衡化生产的必要性。首先，均衡化生产是实现精益生产的基础，也是实现 JIT 生产的基础。其次，要柔性适应市场变化多样的需求，就得实施均衡化生产。实施均衡化生产主要的目的是把在制品的库存降低到最小限度，缩短每种产品的制造周期，使零部件的使用定量化，使生产线中的各道工序所承担的负荷均匀化，使产品可以稳定地流动。在精益生产的拉动生产方式下，如果后道工序到前道工序处领取零部件时数量上是参差不齐的情况，就会使得前工序必须预先准备好能够应对变化所需数量最大值的库存、设备和作业人员，所以为了避免全部生产工序领取数量的不均衡（包括外部的供应商），必须平顺生产进度、努力降低最终装配线上每天生产数量的波动情况。如图 6-20 所示，生产不均衡使得各道工序忙闲不均。

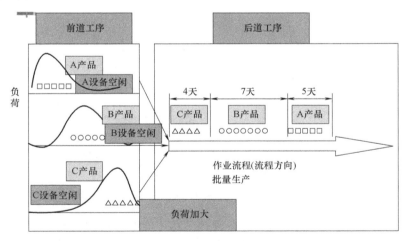

图 6-20　生产不均衡

（2）看板管理　看板管理在精益生产中占据着很重要的位置，是精益生产的重要子系统，同时它也是精益生产中最独特的部分。精益生产的精髓就是 JIT 生产，在需要的时间生产必要数量的必需产品，通过这种方式来从总体上达到降低库存、降低生产成本、提高劳动生产率的目的。JIT 生产通过拉式生产来保证，这种生产方式可以真正实现按需生产，把生产指令下达到最后一道工序，并由这道工序开始，在需要的时候向前传递生产指令，这样依次传递，直到原材料采购，这就使得 JIT 生产成了一种可能。在这期间，看板成为连接前后工序的纽带，起到了传递生产指令的作用，因为看板上记录了生产产品的品种、数量、需要时间、搬运工具、搬运地点和使用用途等，使得生产人员在接到看板后就能了解生产的一切信息，根据看板调节生产节拍。看板实现了在适时适量生产中连接前后工序的作用，是实现 JIT 生产的重要工具。

看板具有以下几种功能：

1）指示生产作用。它是指看板作为生产、搬运的指示信息的作用。在看板中，记载了生产产品的种类、数量、时间、方法、顺序以及搬运产品种类、数量、何时搬运、搬运的目的地以及用何种工具进行搬运等信息，这样依次向前道工序追溯。指示搬运也就是根据看板信息明确后续工作。车间工人通过看板就知道什么时间生产什么样的产品以及什么时间去哪里搬运多少量的产品。看板具有作业指导的功能，使作业现场的管理人员能够对生产的有限顺序一目了然。在拉式生产中，一般来说，生产管理是根据市场预测的结果或者根据接收到的订单进行生产计划的制订，当生产计划制订好后，就把计划下达到总装配线上，总装配线根据自己的需要去各个前工序处进行零部件的领取，而前道工序的生产均根据看板来进行。

2）一定程度上防止生产过剩。各个工序根据看板的数量及种类进行生产，如果没有生产看板，则不生产，如果没有传送看板，就不传送；看板的数量，代表了在制品的数量。要想减少在制品库存则要采取各种措施减少看板的数量，因此，通过看板的运用能够做到自动防止过量生产以及过量搬运，达到控制制造过剩的目的。

3）通过目视管理来达到现场改善的功能。一方面，看板附在零件或者产品的货架上，工人可以明确地判断库存量、产品编号、产品名称；另一方面，看板挂在生产线的最初工位，这样很容易判断现在正在生产的产品以及将要生产的产品和各条生产线的负荷状况。此外，看板还能反映生产线的进度，操作者在看板发放时按照看板所示的数量进行生产，即按必要的物品、必要的时间、必要的产量进行生产。例如，在制品箱里的看板数量变少了，表示后道工序的生产发生了延迟。如果能正确理解、正确应用看板，就会发现它还可以作为改善的工具发挥重要作用。通过看板，管理者可以很容易地发现异常，并及时采取措施来减少事故发生的概率及对异常问题进行改善。

6.2.2 看板方案设计

看板是实现 JIT 生产的管理工具，用它来控制生产现场的生产秩序以及生产环境，不同的企业对看板内容的要求也有差别。在生产过程中，通过不断减少看板的数量来不断减少中间在制品的库存，减少隐藏在库存状况下的浪费，提高生产率。

1. 看板分类及内容设计

看板的式样很多，一般是用金属、塑料、木板或者是硬纸板做成的卡片，也有用工位器具或小车作为看板的，也可以用其他形式来表示某种信息，如彩色乒乓球、空格标识、容器位置、信号灯等。为了能够在实际中方便制作，把看板按照材质及用途进行分类，具体分类如图 6-21 所示。

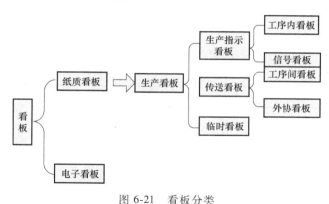

图 6-21　看板分类

（1）生产指示看板　生产指示看板是指在某工序内工人进行加工时所要使用的看板，分为工序内看板和信息看板。工序内看板的作用是根据看板的内容、加工数量、加工时间等进行生产，就像本工序的工人得到了工作指令一样，必须按照指令去生产，不生产多余的产品。信号看板主要用来传递信息，使生产过程的数据、状态等清晰可见。生产指示看板见表6-18。

表6-18　生产指示看板

（零部件示意图）		工序	前工序——本工序		条码
		零部件名称			
编号		箱容数	发行数	第几张/共几张	

其中，箱容数是指每箱的容量（个数），发行数是指看板的发行张数（包括第几张）。看板上设计条码区域，在生产完成之后进行扫码，将完成零部件的数据输入计算机系统，这样可以总体上随时观测车间的生产状况，以便在生产出现问题时及时调整生产计划。

（2）传送看板　根据看板所用的场合，传送看板分为工序间看板（领取看板）和外协看板两大类。领取看板是衔接上道工序和下道工序的桥梁，物料领取人员根据领取看板的要求（零部件型号、数量等）携带领取看板在适当的时间去前道工序领取零部件。领取看板见表6-19。

表6-19　领取看板

前工序：	零部件名称：	后工序：	条码
出口位置号：	箱容数： 发行数： 交货周期： 搬运车型： 管理号：	入口位置号：	

其中箱容数是指每箱的容量（个数），发行数是指看板的发行张数（包括第几张），交货周期依据企业自身情况而定，搬运车型是指搬运时所需要的工具。

外协看板是针对供货厂家使用的订货看板。外协看板见表6-20。

表6-20　外协看板

进货时间	品名： 供货厂： 交入场所： 车种类别：		储位	条码
进货循环	容器	箱容数	看板张数	后工序

（3）临时看板　临时看板是指在进行设备保全、设备修理、临时生产任务下达或者需要加班时所使用的看板，与其他类型的看板不同的是，临时看板主要是为了完成非计划的生产或者设备维护等任务，因而灵活性比较大。临时看板内容见表6-21。

表 6-21　临时看板

原料	名称		工序	备注
	代码			
产品	名称			
	代码			
临时看板			发行时间：	

（4）电子看板　在车间生产中，除了上述的生产类看板外，还有管理看板、文化看板，生产管理电子看板等作为辅助看板，支持车间内 JIT 方法的实行。经调研，轨道交通行业现场生产很少使用 ERP 等信息系统，所以开始不适合建立所有生产信息传递看板的电子形式，需要先建立传统的纸质看板，当运行流场之后，再逐步转化为电子看板的形式。但是一些生产管理类信息，比如车间的生产进度、生产差异等透明化信息可以显示在电子看板上，如图 6-22 所示。

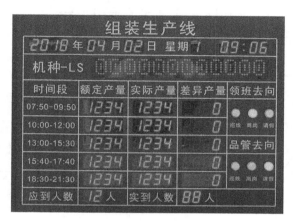

图 6-22　电子看板

电子看板应该挂在主干道的上方，不影响工人作业，同时要保证大多数车间工人可以看到看板上的内容，了解生产信息。

2. 生产看板运行流程设计

由于轨道行业生产的产品种类繁多，根据不同类型的产品设计了不同的看板循环方案，共分为三种。首先根据所加工产品的尺寸，即是否适合定制存放箱，分为两种，另一种是大型零件的加工看板循环，另一种是小型零件的加工看板循环。考虑到装配是轨道行业必不可少的车间，同样需要进行准时装配，准时完成装配任务，所以设计了一个总体组装车间的看板循环。

（1）成品（大件）加工生产线双看板循环方案　例如：某生产线加工 A、B、C 三种产品，由四道工序（三道加工工序和一道检验工序）组成。根据生产节拍（见表 6-22），制定其加工顺序。

表 6-22　产品生产的生产节拍

产品	月产量（件）	日产量（件）	每件加工时间/min	生产节拍/min
A	40	2	70	
B	40	2	80	80
C	40	2	90	
合计	120	6		

1）方案设计过程：

① 本方案设计是由于有的产品尺寸较大，不宜定制存放箱，所以采用特殊形式的看板（方格标识），即在地面或作业台上画出有颜色的方格来明确应该在此存放什么零部件，当

方格为空时，就表示发出了生产的指令。

② 本方案看板运行流程由物料领取人员工作流程和生产操作人员工作流程组成，如图6-23所示。

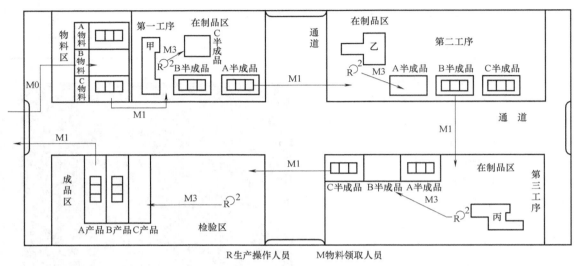

R生产操作人员　　　M物料领取人员

图 6-23　成品大件看板循环

2）具体循环操作步骤：

① 后车间物料领取人员按时间到该工序成品区领取产品，领取顺序为 A、B、C、A、B、C；同时，物料领取人员将到前工序在制品区领取后工序所需要加工的物料。

② 各工序生产操作人员生产该工序在制品区所缺的产品（检验工序加工顺序 C、A、B、C、A、B；第三道工序加工顺序 B、C、A、B、C、A；第二道工序加工顺序 A、B、C、A、B、C；第一道工序加工顺序 C、A、B、C、A、B）。

③ 物料领取人员将各工序生产完的产品（半成品）放置到该工序在制品区对应的存放处。

④ 当各工序生产操作人员生产完当天所需要的数量时，停止生产。

（2）成品（小件）加工生产线双看板循环方案　　例如：某生产线加工 A、B 两种产品，由三道工序（两道加工工序和一道检验工序）组成。根据生产节拍（见表6-23），制定其加工顺序。

1）方案设计过程：

① 本方案将采用看板拉动来实现循环。

② 本方案看板运行流程由物料领取人员工作流程、看板发放人员工作流程和生产操作人员工作流程组成，如图6-24所示。

表 6-23　产品生产的生产节拍

产品	月产量（箱）	日产量（箱）	每箱数量（个）	每箱加工时间/min	生产节拍/min
A	160	8	4	35	40
B	80	4	2	50	
合计	240	12	40		

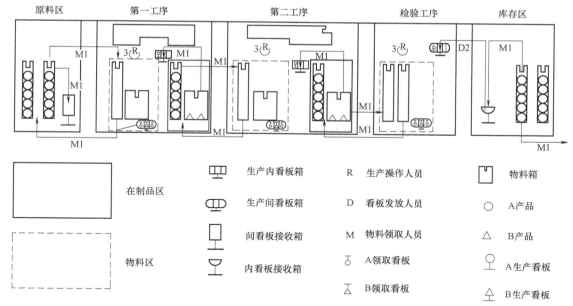

图 6-24 成品（小件）加工生产线双看板循环

2）具体循环操作步骤：

① 后车间物料领取人员按时间到该工序成品区领取产品，领取顺序为 A、A、B（周期循环）。领取时，将生产看板取下，放入内看板接收箱，然后将货物取走；同时，物料领取人员将到前工序在制品区领取该工序所需要加工的物料，领取时，物料领取人员将箱上的生产看板取下，放入生产内看板箱，将生产间看板进行扫描后，把它贴在相应的零件箱上，并将货物拿到该工序的物料区。

② 看板发放人员将内看板接收箱中的生产看板取出，放入检验工序的生产内看板箱。

③ 各工序生产操作人员按照生产内看板箱内的生产看板进行生产（检验工序加工顺序 B、A、A，第二道工序加工顺序 A、B、A，第一道工序加工顺序 A、A、B）；按照工序内看板要求的数量生产完之后，刷一下工序内看板的条码，以通知调度车间，在什么时间生产完了多少数量的什么产品。

④ 物料领取人员将各工序生产完的产品（半成品）放置到该工序在制品区对应的存放处；

⑤ 当各工序生产操作人员发现在制品区无位置时，则停止生产。

（3）组装线双看板循环方案

1）方案设计过程：

① 组装线双看板运行方案与方案一或方案二相似。

② 组装线配货方案将采用领取看板来实现循环。

③ 本方案配货运行流程由看板回收发放人员工作流程、零件配货人员工作流程、物料领取人员工作流程和生产操作人员工作流程组成，如图 6-25 所示。

2）具体循环操作步骤：

① 看板回收发放人员：

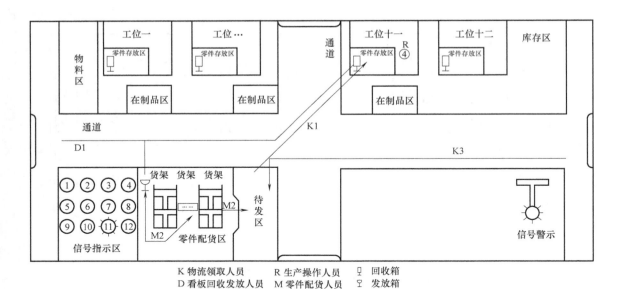

图 6-25　组装线双看板循环系统

第一，收到生产线播报发件信息。

第二，将零件领取看板发放至零件配货区发放箱内。

第三，到生产线零件存放区，从回收箱回收零件领取看板。

第四，按路线返回，等待下次播报。

② 零件配货人员：

第一，从发放箱取零件领取看板。

第二，根据零件领取看板上的内容与零件箱单上的内容是否相符，进行配货。

第三，确认相符后，将零件领取看板挂在零件箱上。

第四，配好的零件装上平板车，并发放至待发区。

③ 物料领取人员：

第一，收到生产线播报的发件信息。

第二，到待发区，将配好货的平板车牵引上生产线。

第三，将零件箱有看板的一侧对着生产操作人员方向投货。

第四，回收零件空箱，按路线返回。

④ 生产操作人员：

第一，确认所需零件是否与看板相符。

第二，确认无误后，在拿取零件箱内第一个零件时，将零件领取看板取下，并放置在该工位的回收箱内。

第三，当回收箱内的零件领取看板达到一定数量后，生产操作人员按下按钮，发出生产线播报发件信息。

3. 看板数量计算

在看板循环系统中，为了便于看板的领取、回收，后工序一般采用定期领取的方式，定期去物料存放处领取所需零部件并将工序内看板放入看板接收箱，而前工序则是定量生产方式，也就是相当于定量订货方式，如图 6-26 所示。

（1）工序内看板的数量计算 由图 6-26 知，前工序将采用定量生产方式，在这种方式下，生产量是确定的，其生产量应满足最大库存量，计算公式如下：

$$B = \overline{D}L(1+\alpha) \qquad (6-10)$$

式中 B——生产量；

$\overline{D}$——平均日需求量；

L——生产过程时间（物料加工、搬运时间、看板回收时间、等待时间）；

α——安全系数（表示安全库存量）。

生产看板数量（N）计算公式如下：

$$N = \frac{B}{C} \qquad (6-11)$$

式中 C——盛放物料容器的容量。

传统的安全系数没有精确的计算公式，只是大致有一个估算的范围，比如 10% 或 15% 等。这个不精确的数值往往导致看板数量计算不够准确，本书给出安全系数的计算公式如下：

$$\alpha = \lambda \sqrt{L\delta_D^2 + \overline{D}\delta_L^2} \qquad (6-12)$$

式中 δ_L——交货期的标准差；

δ_D——日需求量的标准差；

λ——在货物进行补充的需求提前期之中，使得货物产生脱销的期望概率。

（2）工序间看板的数量计算 由图 6-26 知，后工序将采用定期领取方式，在这种方式下，并不能保证每次的领取数量是确定的，其领取数量应以基准量为参考，计算公式如下：

$$M = \overline{D}(L+T+T_S) \qquad (6-13)$$

式中 M——基准量；

T——看板周期（两次领取之间的时间间隔）；

T_S——安全库存时间（零部件在存放处的时间间隔）。

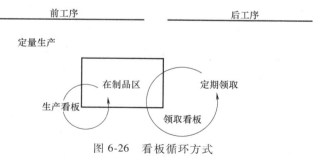

图 6-26 看板循环方式

领取工序间看板数量（N）计算公式如下：

$$N = \frac{M}{C} \qquad (6-14)$$

通过上述方式进行车间生产指示看板以及传送看板的数量计算，完成一天的生产指示工作。

6.2.3 装配线平衡理论研究

装配线平衡过程就是科学运用技术方法和手段尽可能地使各作业时间相等或相近，简言之是对装配生产线上的各个作业工序进行均衡化。而装配线平衡程度高低直接关系到装配生产线的效率及产量，进而影响到生产产品的质量。所以装配线平衡问题一直受到企业人员的高度重视。相关调查统计发现，即使像某些工业发达国家在制造业装配生产过程中也会存在生产平衡延迟时间浪费，大约占总生产时间的 5%~10%。而我国部分装配生产线还处于手工和半自动化阶段，所以进行装配线平衡改善研究就显得更为迫切。

1. 装配线平衡定义

装配线平衡是指产品的装配过程由一系列不可再进一步细分的装配作业元素构成，每一作业元素均对应于确定的作业时间，其中部分作业元素之间存在装配顺序上的先后约束关系。装配线平衡不仅需满足作业顺序约束关系，还需在满足作业时间不超过给定生产节拍的条件下，将所有作业元素经适当合并后分派到装配生产线的各个工作站上，使需要的工作站数目最小，或在满足作业顺序约束关系的条件下，将所有作业元素合理分派到给定数目的工作站中，使装配线的节拍时间最短。

2. 装配线平衡的相关概念

（1）节拍（takt time）　节拍是装配生产线中重要的参数指标之一。在整个生产线中，节拍是指装配线上连续装配两个相同在制品之间的间隔时间。节拍根据生产产量来确定，具体计算方法如下：

$$生产节拍 = 有效生产时间/周期产量（顾客需求） \tag{6-15}$$

$$有效生产时间 = 需求周期 \times 运作模式 - 计划内停工 - 计划外停工 \tag{6-16}$$

有效生产时间一般考虑的因素如下：

1）需求周期：生产需求相对稳定的时间。

2）运作模式：包括每班工作时间与每天几班工作。

3）计划内停工：包括操作人员的休息时间、机器维护时间、产量变更等必需的生产变更时间。

4）计划外停工：包括机器故障、质量不达标、岗位变更等突发因素造成的停工。

（2）瓶颈工位　通常把生产线中作业耗时最长的工位叫作"瓶颈"（bottleneck）。生产线中瓶颈工位制约着整条生产线产品的生产速度与产量，同时直接导致其他工位无法完全发挥出本身的生产能力。所以企业在正常生产运作中一定要对瓶颈工位高度重视，并进行持续改善。

（3）作业单元　每种产品需要进行操作分析，当将所有作业划分到不能再分，或者再分就容易造成操作人员重复操作时，则称这些作业元素为作业单元。而作业单元的合理划分有利于对操作人员的作业时间进行控制，还有利于为作业内容的完善、调整提供条件。

（4）总作业时间　着眼于整个装配流程，总作业时间是指装配某个产品从开始到结束所需的时间，也就是表示一个产品在所有作业工位装配过程中作业时间的总和。

（5）先后顺序约束　这是指作业单元按照生产工艺的先后顺序进行操作，也就是表示在装配生产线中只有当上一个作业单元的所有作业内容操作完毕时，下一个作业单元才能进行作业内容操作。若违反操作顺序约束，则可能导致产品质量问题。

（6）生产线工艺平衡 这是对所有工序进行均衡化设计。调整各工序作业负荷，尽可能地使各工序作业时间相等或相近，为生产流程设计与作业标准化提供依据。

3. 装配线平衡的评价方法

装配生产线平衡完成后，对其改善效果进行评价是不可缺少的步骤，本书主要从三个方面进行效果评价。分别是 P（生产线平衡率）、BD（平衡延迟率）和 SI（平滑性指数）。

（1）生产线平衡率 P 生产线平衡率 P 表示整条或部分装配生产线上全部工序的负荷分配平衡化程度状况，相关计算公式如下：

$$P = \frac{\sum\limits_{i=1}^{N} T_i}{CT \times N} \times 100\% \tag{6-17}$$

式中 T_i——第 i 个工作站的标准作业时间；

N——整个装配线工序数量；

CT——生产线工序中最大标准作业时间。

（2）平衡延迟率 BD 平衡延迟率（balance delay）又可称为时间损失系数，表示产品在装配线上的总空闲时间（平衡延迟时间）与该产品从开始到结束留在装配线的总时间的比值。计算公式如下：

$$BD = \frac{NC - t_{总}}{NC} \times 100\% \tag{6-18}$$

式中 N——工位数；

C——理论节拍；

$t_{总}$——总工作时间。

根据装配生产线平衡延迟率对生产线平衡的影响，对装配生产线的平衡效果进行评判，具体评判标准见表 6-24。

表 6-24 装配生产线平衡评判标准

平衡延迟结果	评判效果（装配线）
BD ≤ 10%	优
10% < BD < 20%	良
BD ≥ 20%	差

（3）平滑性指数 SI 平滑性指数 SI 是用来衡量装配生产线中工位之间工作时间离散分布情况的指数，同时也是反映各工位间工作时间波动程度的重要指标。平滑性指数数值越小，说明装配生产线各工位间工作时间波动越小，则平衡效果越好。其计算公式如下：

$$SI = \frac{1}{N} \sqrt{\sum_{i=1}^{N} \left[CT - t(i) \right]^2} \tag{6-19}$$

式中 SI——平滑性指数；

CT——最大工位作业时间；

$t(i)$——实际工序节拍；

N——工位数。

4. 装配线平衡的改善方法

在装配线中，影响平衡的因素很多，包括人、机、物、法、环，只有当这五个因素都达到了很好的平衡才能消除装配线的瓶颈工位，使装配线达到平衡。这五个因素都是在装配线现场有机结合存在的，要改善装配线平衡，就需要到现场进行流程分析，观察人、机、物、法、环五个方面存在的问题，从而提高工作效率、减小劳动强度，为下一步改善提供基础信息。

本章对于装配线的平衡改善主要是采用精益生产中 IE 的方法，运用 ECRS 原则进行作业改善。针对装配线作业时间不均的问题，把耗时较长的工序或工位和耗时较短的工序或工位做综合考虑，并不是孤立分开进行分析研究。

（1）针对作业耗时较长的　可采取以下方式：

1）分析工序流程，并进行科学合理的改善。

2）分割该作业，将部分耗时较长的作业调整到耗时较短的工序中。

3）利用专用工具或机械设备提高工作效率，缩短工作时间。

4）合理调整各工序操作人员数量。

5）引进新设备或增加作业单位的数量投入。

6）增加操作人员工作技能，提高工作效率。

7）进行方法研究，消除不需要的动作浪费。

（2）针对作业耗时较短的　可采取以下方式：

1）分割该工序将其作业分别调整到其他耗时短的工序中或直接取消该工序。

2）调整部分作业耗时较长的工序到该作业工序中。

3）将耗时较短的几道工序并为一道工序。

4）分析合并后的工位或工序的作业流程，并进行合理优化。

5. 产品装配线平衡研究实例

（1）装配线现状分析　本次主要针对产品装配厂房进行分析研究，其中产品装配线包括两大部分：产品装配生产线和驱动单元装配生产线，由于本项目产品装配生产线的工艺流程和作业单位数量相对不复杂，并且生产线的相关布局已经有人研究，所以这里只针对产品装配线的驱动单元装配生产线进行深入细致的研究。

企业为了适应时代的发展，会提高产能使得企业又好又快发展，实现产业化升级。企业未来目标是具有年生产 800 台机车的能力。驱动单元作为机车车辆结构中最为重要的组成部件之一，其性能的优劣直接影响到车辆的整体稳定性和乘坐舒适性，因此一个良好的装配生产线的平衡程度对企业的发展有着深远的影响。根据前期的调研，该企业驱动单元的型号主要分为三种车型，分别是 HXD3B 型、HXD3C 型、HXD3D 型。其工艺流程分别是：

HXD3B 型驱动单元装配现有的工艺流程为：主动齿轮装配→从动齿轮装配→压装车轴→安装抱轴箱→抱轴箱、电动机组装→油底壳装配→啮合试验→压轮→轴箱体、端盖压装→例行试验。

HXD3C 型驱动单元装配现有的工艺流程为：从动齿轮压装→抱轴箱组装→电动机组装、小齿轮压装→抱轴箱、电动机组装→齿轮箱组装→例行试验→压轮→轴箱体、端盖压装。

HXD3D 型驱动单元装配现有的工艺流程为：主动齿轮装配→从动齿轮装配→空心轴、连杆、齿侧连杆、盘压连杆关节组装→套装空心轴→车轴单轮压装→单边轮套装空心轴→套装齿侧轮→压装齿侧轮→装配电动机、油底壳→安装轴箱体→例行试验。

该机车车辆厂的三种车型订单量不同，HXD3B 型车年规划产量 100 台，HXD3C 型车年规划产量 500 台，HXD3D 型车年规划产量 200 台。由规划年产量可知，现企业主要生产 HXD3C 型车，故本章以 HXD3C 型驱动单元装配生产线平衡改善为主做实例研究，其他两种车型改善方法可以参考 HXD3C 型驱动单元装配生产线的平衡优化研究。

根据工厂的实际情况，生产力要求满足 500 台/年的需求，全年的工作时间为 251 天，生产采取二班工作制，每天的工作时间为 16h。

根据以上条件确定计算有效生产时间和生产节拍所需要的因素如下：

需求周期：1 天；

周期产量：2 台/天（2×6 驱动装置）；

运作模式：二班制，每班工作 8h；

计划内、外停工时间：0.48h；

由式（6-16）可得，其有效生产时间为

$$有效生产时间 = 2×8h - 2×0.48h = 15.04h$$

由式（6-15）可得，其驱动单元装配生产线生产节拍为

$$生产节拍 = 15.04h × 60min/h ÷ 12 = 75min$$

针对产品驱动单元装配作业属于重复性高、循环周期较长的作业特性，本章采用的作业时间的测定方法为时间研究方法中的秒表测时法。对每一个完整的工序操作进行 10 次测量，记录从开始到结束的所需时间。若中间存在一些不必要的动作，则可以先将这段时间计算在内，并对这些非标准的动作所需时间做备注，为以后的改善工作及非标准动作分析提供依据。根据 10 次所测数值计算平均值，即得到产品驱动单元装配生产线各工序所需要的平均作业时间，选取评比系数为 1，宽放率本章采用企业制定的内部标准定义 1.05，故最终通过计算得出标准工时。HXD3C 型改善前工序时间见表 6-25。

表 6-25　HXD3C 型改善前工序时间

工序号	工序名	作业区	设备数	实测平均总工时/min	单工作站工时/min	评比系数	宽放率	标准工时/min
1	从动齿轮压装	从动齿轮压装区二	1	38	38	1	1.05	40
2	抱轴箱组装	抱轴箱组装区	2	136	68	1	1.05	71
3	电动机组装、小齿轮压装	电动机与主动齿轮组装区	1	53	53	1	1.05	56
4	抱轴箱、电动机组装	抱轴箱-电动机装配区	1	42	42	1	1.05	44
5	齿轮箱组装	电动机抱轴箱与齿轮箱组装区	1	78	78	1	1.05	82
6	例行试验	驱动单元试验区	1	110	110	1	1.05	116
7	压轮	轮对压装区二	1	49	49	1	1.05	51
8	轴箱体、端盖压装	轴承压装区	1	27	27	1	1.05	28

$$标准工时 = 单工作站平均工时 × 评比系数 × 宽放率 \qquad (6\text{-}20)$$

根据表 6-25 中的相关数据，求得装配生产线平衡率为

$$P_1 = \frac{\sum\limits_{i=1}^{N} T_i}{CT \times N} \times 100\%$$

$$= \frac{40+71+56+44+82+116+51+28}{116 \times 8} \times 100\%$$

$$= 52.6\%$$

日产量 $Q = 15.04\text{h} \times 60\text{min/h} \div 116\text{min} = 7.8 < 12$，故不满足生产规划要求，必须进行装配生产线的平衡优化与改善。

（2）装配线平衡的改善对策和实施 根据上面的计算可以看到，产品驱动单元装配生产线的生产能力不能满足企业规划的产能，同时装配生产线平衡率不高，存在较大的改善空间。故根据装配生产线平衡的相关改善方法，在不影响工艺的情况下对作业单位各工序进行合理拆分。可以先对相邻工序初步进行微调，若改善效果不理想，则可以通过打乱工序进行合理重排。然后再运用 IE 相关理论进行进一步改善研究。

1）第一次改善。针对现状，利用人工平衡法和 ECRS 原则，对整个生产流程进行考虑：根据实际车间情况，为了保障机车的安全与质量，对新搬迁的厂区的装配生产线工艺流程进行调整，比较突出的调整是原工序的例行试验是指驱动单元不装配轮对进行试验，试验合格后运送到另一个厂房进行压轮，装配轴箱体、端盖等，最终完成装配。这样做不仅费时，运营成本高，还存在一定的安全隐患，例如，当轮对压装等工序不能满足工艺要求时，可能会出现偏离中心、平稳性降低等现象。故改进后的工艺将例行试验工序作为最后一道工序，避免了安全隐患的产生。这样例行试验台由无轮对试验改为带轮对例行试验的试验台位。同时为了检验齿轮箱装配完成后，主动齿轮与从动齿轮啮合是否正常，故需进行齿轮啮合试验。如不进行此工序继续进行装配就可能存在当例行试验检验出两齿啮合不满足要求时，不得不将已经装好的轴箱体、端盖、轮对等都拆下来的情况，这样会降低工作效率、浪费大量时间、增加操作人员的不满情绪和企业运营成本。虽然改进后增加一道工序，但是有必要的。经过改善得到的新的装配生产线工艺流程更加合理，重新得到相关数据见表6-26。

表 6-26　HXD3C 型第一次改善后工序时间

工序号	工序名	作业区	设备数	实测平均总工时/min	单工作站工时/min	评比系数	宽放率	标准工时/min
1	从动齿轮压装	从动齿轮压装区二	1	38	38	1	1.05	40
2	抱轴箱组装	抱轴箱组装区	2	136	68	1	1.05	71
3	电动机组装、小齿轮压装	电动机与主动齿轮组装区	1	53	53	1	1.05	56
4	抱轴箱、电动机组装	抱轴箱-电动机装配区	1	42	42	1	1.05	44
5	齿轮箱组装	电动机抱轴箱与齿轮箱组装区	1	78	78	1	1.05	82
6	啮合试验	驱动啮合试验台	1	43	43	1	1.05	45
7	压轮	轮对压装区二	1	49	49	1	1.05	51
8	轴箱体、端盖压装	轴承压装区	1	27	27	1	1.05	28
9	例行试验	驱动单元试验区	1	110	110	1	1.05	116

2）第二次改善。由于现装配生产线的操作方法的工时，不能满足企业规划的需求，运用 5W1H 提问理论、作业分析及工业工程相关理论主要针对节拍、瓶颈工序进行改善。

从表 6-26 不难看出工序 2、工序 5 和工序 9 为瓶颈工序。根据实际调研的情况，下面具体分析这几道工序。

工序 2 为抱轴箱组装工序。在进行装配作业过程时，工作人员存在一定的等待时间，由于装配中对轴承内环、轴承座、迷宫环等零件进行装配作业时，需进行加热或者冷却处理达到一定的温度要求。这样使得工作人员不得不等待，为了提高操作人员的效率，根据实际的调研，在不增加员工成本的条件下，建议增加一个抱轴箱组装台位，让这组操作人员同时进行抱轴箱装配。按照调整后的方法，操作人员在实际中进行装配作业，得到了预期的效果，单件装配时间减少了 14min，操作人员的效率也得到了很大程度的提高。

工序 5 为齿轮箱组装工序。由现场调研并运用 5W1H 提问理论可知，此工序的现有操作人员 3 人，工作量相对饱满，无法通过改善操作规范大幅度降低其工作时间。但通过分析，齿轮啮合试验工序和轴箱体、端盖压装工序的装配节拍时间短，人员工作量小，空闲时间多。故建议各抽调一名操作人员到齿轮箱组装工序。经试验，这样可同时进行两组齿轮箱装配。虽然在总时间上有所增加，但是单工作站的工时明显减少，能达到消除瓶颈、提高效率的目的。

工序 9 为驱动单元的例行试验工序。企业中现有 HXD3C 型车驱动单元试验台仅一台，而其他型号车型的试验台由于技术要求有异，不能通用，故无法在增加人员和作业方法上进行改善来消除瓶颈，所以为了保证企业能够顺利完成规划产能，建议再增加一个驱动单元试验台。

经过改善，重新测得相关数据见表 6-27。

表 6-27 HXD3C 型第二次改善后工序时间

工序号	工序名	作业区	设备数	实测平均总工时/min	单工作站工时/min	评比系数	宽放率	标准工时/min
1	从动齿轮压装	从动齿轮压装区二	1	38	38	1	1.05	40
2	抱轴箱组装	抱轴箱组装区	3	162	54	1	1.05	57
3	电动机组装、小齿轮压装	电动机与主动齿轮组装区	1	53	53	1	1.05	56
4	抱轴箱、电动机组装	抱轴箱-电动机装配区	1	42	42	1	1.05	44
5	齿轮箱组装	电动机抱轴箱与齿轮箱组装区	2	92	46	1	1.05	48
6	啮合试验	驱动啮合试验区	1	43	43	1	1.05	45
7	压轮	轮对压装区二	1	49	49	1	1.05	51
8	轴箱体、端盖压装	轴承压装区	1	27	27	1	1.05	28
9	例行试验	驱动单元试验区	2	110	55	1	1.05	58

根据表 6-27 的相关数据，可得改善后的装配生产线平衡率为

$$P_2 = \frac{\sum_{i=1}^{N} T_i}{CT \times N} \times 100\%$$

$$=\frac{40+57+56+44+48+45+51+28+58}{58\times9}\times100\%$$

$$=81.8\%$$

日产量 $Q=15.04\text{h}\times60\text{min/h}\div58\text{min}=15.6>12$，由生产节拍和标准工时可以看出来，生产节拍为 75min，而改善后各道工序的标准作业时间均少于节拍时间，生产周期时间满足生产要求，而且生产线平衡率已经达到了 81.8%，所以满足生产需求。

（3）装配线平衡的改善效果评价　通过运用 IE 相关理论完成产品驱动单元装配生产线改善后，需要对其改善效果进行检验与评价。本章主要讨论从装配生产线平衡率 P、平衡延迟率 BD 和平滑性指数 SI 三个方面对改善前后的装配生产线进行对比评价，具体如下：

1）装配生产线平衡率 P。根据式（6-17）得

改善前装配生产线平衡率　$P_1=\dfrac{\sum\limits_{i=1}^{N}T_i}{\mathrm{CT}\times N}\times100\%=52.6\%$。

改善后装配生产线平衡率　$P_2=\dfrac{\sum\limits_{i=1}^{N}T_i}{\mathrm{CT}\times N}\times100\%=81.8\%$。

装配生产线平衡率改善前后的分析对比如图 6-27 所示。

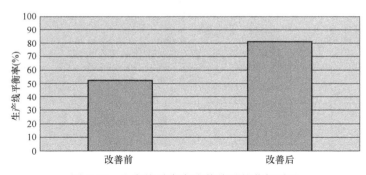

图 6-27　生产线平衡率改善前后的分析对比

2）平衡延迟率 BD。根据式（6-18）可得

改善前平衡延迟率　$\mathrm{BD}_1=(NC-t_{总})/(NC)\times100\%=47.4\%$。

改善后平衡延迟率　$\mathrm{BD}_2=(NC-t_{总})/(NC)\times100\%=18.8\%$。

改善后的平衡延迟率为 18.8%，$10\%<\mathrm{BD}_2<20\%$，依照表 6-24 装配生产线平衡评判标准可知，此装配生产线平衡效果已达到良。

3）平滑性指数 SI。工序作业时间的平滑性也是考察装配生产线平衡效果的常用指标，计算方式见式（6-19）。

改善前：$\mathrm{SI}_1=\dfrac{1}{N}\sqrt{\sum\limits_{i=1}^{N}\left[\mathrm{CT}-t(i)\right]^2}=21.6$。

改善后：$\mathrm{SI}_2=\dfrac{1}{N}\sqrt{\sum\limits_{i=1}^{N}\left[\mathrm{CT}-t(i)\right]^2}=4.6$。

可以看出平滑性指数大大降低，表明装配生产线各个工位作业时间分布偏差变小，装配

生产线平衡的效果好。

通过改善对比不难看出，改善后的方案使装配生产线平衡率提高到 81.8%，平衡延迟率降低到了 18.8%。虽然没有达到小于或等于 10% 的平衡延迟率的理想目标，但装配生产线平衡率的效果也已达到良好水平。改善后的平滑性指数值大大降低，说明其装配生产线平衡的效果得到很大程度的改善。同时改善后提高了装配生产线的生产效率，满足了企业的规划产量需求，从某种角度来说企业的生产管理水平也得到一定程度的改善。

第7章
精益工艺定额的研究与实践

工艺定额包括工艺材料定额、工艺工时定额、工艺成本定额，是影响精益工艺价值流的基本要素。本章从精益工艺管理精细化、价值流的角度，应用系统工程、工业工程等理论对影响某产品价值的工艺定额进行分析优化。

7.1 基于工业工程 MOD 法的工时定额方法研究

工时定额是指在一定的生产技术和生产组织条件下，为生产一定量的合格产品或完成一定量的工作，所规定的劳动消耗的时间标准，即生产单位产品所规定消耗的劳动时间。正确制定和执行工时定额，对于企业合理组织生产、贯彻按劳分配原则、完善经济责任制等都具有重要作用。多年来，我国生产制造相关部门曾经制定了各种有针对性的劳动定额时间标准，取得了较好的应用效果。但是对于生产制造过程中大量存在的需要频繁进行的手动作业，工时定额仍缺乏科学合理性。工时定额在企业合理组织生产方面也远远没有起到应有的技术工时定额的作用，仅仅起到了薪酬工时定额的作用，无法满足企业经营管理的需求。

本章以机械加工过程的时间耗费为研究对象，以工业工程的思想和方法为指导，提出一种基于工业工程 MOD 法和工艺过程的工时定额方法，简称工艺 MOD 法，可以提高工时定额的科学合理性，为企业经营的科学管理提供有效的技术支持。

7.1.1 我国传统工时定额方法和工业工程 MOD 法的比较

1. 我国传统工时定额方法

我国传统工时定额的制定方法主要有经验估算法、历史数据法、实写工时法、技术计算法等。前三种方法的缺点是无法排除不科学、不合理的因素。

技术计算法是根据产品图样、加工工艺以及有关的技术资料，通过理论分析和计算，估算出劳动工时耗费，进而制定出工时定额的方法。技术计算法将工时定额分为作业时间、布置工作地时间、休息与生理需要时间、准备与结束时间四部分。以机械加工为例，作业时间的机动作业时间，根据工艺卡片中的切削方式、切削用量和加工余量计算得出，其余时间（作业时间的手动作业时间、布置工作地时间、休息与生理需要时间、准备与结束时间），是根据大量现场实测数据统计分析得到的系数来确定的。技术计算法以工艺参数和实写工时统计数据为依据，精度较高，有较高的科学性，但有关系数的测定工作量比较大，需要事前做大量的基础工作。我国相关制造部门曾经制定了各种有针对性的机械加工劳动定额时间标准，取得了较好的应用效果。传统的技术计算法对于需要频繁进行的大量手动作业，仍缺乏科学合理性。

2. 工业工程 MOD 法

采用 IE 理论中预定时间标准法预测操作过程工时定额的优越性已经在工业发达国家工时定额研究应用历史中得到反复的证实，工业工程 MOD 法是其中的一种。实践证明，工业工程 MOD 法的实用精度不低于其他预定时间标准法，分类简单易记，方法容易掌握，得到了广泛的应用。

7.1.2 工艺 MOD 法

本章以机械加工过程的时间耗费为研究对象，以相似制造论为指导，结合我国传统工时定额方法和工业工程 MOD 法，提出一种基于工业工程 MOD 法和工艺过程的工时定额方法，简称工艺 MOD 法。工艺 MOD 法从产品工艺过程出发，进行工时定额的制定和人工操作时间的计算。工艺 MOD 法制定的工时定额具有科学合理性，能够充分满足企业经营管理的需要，具有重要的理论意义和实用价值。

结合我国目前制造业的国情，工艺 MOD 法的工时定额分为两种，技术工时定额与薪酬工时定额。技术工时定额用于企业的技术管理和生产管理，薪酬工时定额用于企业的人力资源管理。

7.1.3 工艺 MOD 法的技术工时定额

工艺 MOD 法将技术工时定额划分为正常时间和宽放时间，正常时间划分为机动时间、手动时间、机手并用时间，如式（7-1）所示：

$$T_t = T_1 + T_2$$
$$= T_1(1 + a_t)$$
$$= (T_{11} + T_{12} + T_{13})(1 + a_1 + a_2 + a_3 + a_4) \tag{7-1}$$

式中　T_t——技术工时定额；

T_1——正常时间；

T_2——宽放时间；

a_t——技术宽放率；

T_{11}——机动时间；

T_{12}——手动时间；

T_{13}——机手并用时间；

a_1——私事宽放率；

a_2——疲劳宽放率；

a_3——延迟宽放率；

a_4——其他技术宽放率。

机手并用时间由机动时间与手动时间之和减去共用时间确定。机动时间根据产品工艺卡片中的切削方式、切削用量和加工余量计算得出。手动时间采用工艺 MOD 法计算得出。宽放时间按照工业工程作业测定划分为私事宽放、疲劳宽放、延迟宽放等，宽放时间根据工作抽样或者经验统计数据得出。

1. 相似制造论在工艺 MOD 法中的应用

工艺 MOD 法需要具有一定资质的工艺管理人员进行操作，对于多品种、单件、小批产品，如果一个一个按部就班地去制定工时定额，工作量很大，实时性较差，难以短时间内见到成果。利用相似制造论可以解决这个问题。据统计，机械产品中的组成零件可以分为三类，相似件占 65%~70%，标准件占 20%~25%，特殊件占 5%~10%。将零部件按照相似制造论的几何相似性和工艺相似性原理进行分类，找出各类的典型零部件。把典型零部件作为标准零部件，确定其他零部件与标准零部件的相似系数。利用工艺 MOD 法计算出标准零部件的工时定额，相似零部件的工时定额通过相似系数约当计算得到，可以大大提高制定工时定额的效率。随着典型数据的逐步积累，制定工时定额的实时性会越来越好。

在利用工艺 MOD 法计算工时定额时，将工艺过程作业分解为操作单元序列、将操作单元序列分解为动素序列组合也存在着相似性。可以按照相似制造论的原理，进行归纳分类，形成典型操作单元序列与典型动素序列组合，用作计算相似操作单元序列和相似动素序列组合的参照，以提高工艺 MOD 法计算手动时间的效率。

2. 工艺 MOD 法的技术工时定额计算方法

1）将零部件按照相似制造论的几何相似性和工艺相似性原理进行分类，先确定标准零部件，再确定其他相似零部件与标准零部件的相似系数。

2）将标准零部件的工艺过程进行作业分解，划分成操作单元序列。在划分过程中，注意分解手工操作单元、机器操作单元、机手操作单元。按照相似制造论的原理，进行归纳分类，形成典型操作单元，用作相似操作单元的参照，以提高单元划分和单元时间计算的工作效率。

3）加工机器操作单元时间根据切削方式、切削用量和加工余量按照相应公式计算得出。物料搬运机器操作单元时间可以根据速度、距离等参数计算得出。

4）对于手工操作单元，先把手工操作单元的操作过程，分解为 MOD 法中的动素序列，再将各个动素的预定标准时间求和，即可得到该手工操作单元的时间。对于手工操作单元的动素序列，可以按照相似制造论的原理，进行归纳分类，形成典型动素序列，用作相似动素序列的参照，以提高手工操作单元时间计算的工作效率。

5）机手操作单元需要分别计算出机动时间和手动时间，求和后减去一个共用时间。

6）将各个单元的时间按照一定的规则进行求和，即可得到所求标准零部件的正常时间。

7）确定宽放时间系数，计算得到标准时间，作为所求标准零部件的工时定额。

8）根据相似系数，可以计算得到相似零部件的工时定额。

标准零部件工艺 MOD 法计算技术工时定额工作流程如图 7-1 所示。

3. 构架焊接工艺 MOD 法工时定额估算实例

在对现场构架焊接生产过程进行程序分析、作业分析、动作分析方法研究的基础上，按照相似制造论原理将构架焊接的辅助操作划分为标准操作、典型操作、特殊操作，分别用工艺 MOD 法进行技术工时定额估算。构架焊接作业时间是构架焊接基本时间与辅助操作序列时间的集合。标准操作、典型操作、特殊操作的定义如下：

1）标准操作是指其 MOD 法工时一旦制定可以直接采用的那些具有完全相似性的操作。

2）典型操作是指其 MOD 法工时一旦制定可以根据相似参数修订采用的那些具有基本相似性的操作。

3）特殊操作是指其 MOD 法工时必须针对每一个操作进行分析制定的那些没有相似性

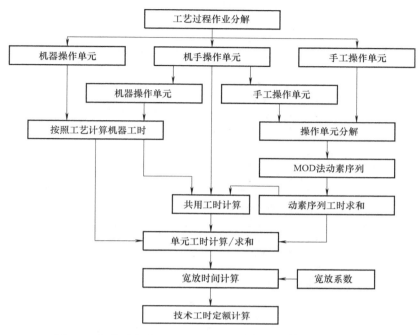

图 7-1　标准零部件工艺 MOD 法计算技术工时定额工作流程

的操作。

标准操作、典型操作、特殊操作是根据统计规律及细化程度分类的，在一定条件下可以互相转化。采用 MOD 法计算工时使构架焊接工时更加科学化、合理化、规范化，分类制定 MOD 法工时可以大大提高工时制定效率。

对构架焊接工时中频繁发生的手动作业进行分类和 MOD 法工时计算，见表 7-1。构架组对工序工时估算一览表见表 7-2。

表 7-1　构架焊接操作 MOD 法工时分类

类别	代号	名称	MOD 工时 MOD 值/秒[①]	说明	备注
1. 标准操作	1.1	每次焊接准备	101/13.03	取焊接工装至焊接工作台	
	1.2	工件吊装	85/10.965	利用起重机将焊接件安装在焊接工作台	
	1.3	工件卸装	46/5.934	利用起重机将焊接件从焊接工作台卸下	
2. 典型操作	2.1	焊接准备	$12+5n$/$1.548+0.645n$	取焊接工装至焊接工作位	其中，n 为从一个工作位到下一个工作位的步行步数
	2.2	工件定位夹紧	$220n$/$28.38n$	用定位夹紧机构对焊接件定位夹紧	其中，n 为定位夹紧机构数量
3. 特殊操作	3.1	筋板定位	66/8.514	将筋板插入组对胎	

① 斜线左边表示 MOD 值，右边表示秒数，如 101/13.03 表示 101MOD/13.03s，1MOD = 0.129s。

表 7-2　构架组对工序工时估算一览表

工步	动作分析	所用时间
辅助时间 1：工件从毛坯区吊至某部件组对胎附近	吊车做匀速直线运动，速度为 1m/s，两工序之间距离为 35m	35s
辅助时间 2：吊车到达某部件组对胎附近，卸下工件，并把底板和侧板吊至组对胎相应位置	起吊工件、卸下工件动作按照表 7-1 标准操作 1.2、标准操作 1.3 所计算出的时间来分析，其中等待钩眼上升至安全位置的时间为 6s。由于底板需要运输 1 次，侧板需要运输 2 次，故共循环 3 次	$3\times(10.965s+11.934s)=68.697s$
辅助时间 3：进行侧板的定位夹紧	夹紧元件共有 2 个，定位夹紧动作所用时间按照典型操作 2.2 来分析，共循环 2 次	$2\times28.38s=56.76s$
辅助时间 4：定位焊接前的准备动作	开始进行焊接，焊接前准备动作分析见标准操作 1.1	13.03s
辅助时间 5：焊缝之间的准备动作	每名操作员负责一条焊缝，焊缝长度为 6500mm，定位焊接形式为短焊缝，焊缝之间距离为 300mm，每焊接完一个焊点向前走一步，拿起防护面罩与焊枪继续焊接，准备动作分析及所用时间见典型操作 2.1	$[30mm/(5mm/s)+2.193s+0.387s]\times20=171.6s$（测量共有 20 个焊点，每个焊点所需要的时间包括准备时间、加工时间和结束时间，所以共循环 20 次）
基本时间 1：开始进行定位焊接	焊缝厚度为 20mm，所以定位焊接形式为短焊缝，每条焊缝长 30mm，焊接速度为 5mm/s	
辅助时间 6：焊接完毕后的结束动作	焊接结束后放下防护面罩与焊枪，共用 MOD 值为 3。时间为 $3\times0.129s=0.387s$	
辅助时间 7：筋板的定位动作	筋板的定位动作分析及所用时间见特殊操作 3.1，现场调研结果某部件之间共有 10 块筋板，所以动作共循环 10 次	$8.514s\times10=85.14s$
辅助时间 8：筋板定位焊接前的准备动作	焊接前准备动作分析见典型操作 2.1	$[30mm/(5mm/s)\times3+2.193s+0.387s]\times10=205.8s$（测量得每个动作循环 10 次）
基本时间 2：筋板的定位焊接	每个筋板共有 3 个焊点，每条焊缝长 30mm，焊接速度为 5mm/s	
辅助时间 9：焊接完毕后的结束动作	与辅助时间 6 所用时间相同	
辅助时间 10：吊车运送上盖板至组对胎上方	此过程设计工件的起吊与卸下，动作为标准操作，所用时间见标准操作 1.2、标准操作 1.3	$10.965s+11.934s=22.899s$
辅助时间 11：焊缝之间的准备动作	与侧板与底板焊缝之间的准备动作相同	171.6s
基本时间 3：上盖板的定位焊接	与底板和侧板的定位焊接相同，所用时间按照相似制造论的理论认为时间相同	
辅助时间 12：焊接完毕后的结束动作	与侧板与底板焊缝之间的结束动作相同	
基本时间 4：检查、校验	检查焊缝是否符合要求，定位精度是否达到，予以适当修正	600s
辅助时间 13：吊车吊起焊接好的工件准备运至下一工序处	工件的起吊动作，时间见标准操作 1.2	10.965s
工时总计	1441.491s	

7.1.4 工艺 MOD 法的薪酬工时定额

薪酬是组织对人力资源贡献的一种经济回报，也是组织经营的一种成本支出。薪酬代表了企业与员工之间的一种利益交换关系。制定科学公平合理的薪酬，是保证企业经营正常运行的必要条件。制造企业人力资源的主体之一是生产第一线的操作者，计件薪酬是他们的主要薪酬模式，其基本数学模型如式（7-2）所示。

$$C_r = \sum (TN)b \qquad (7\text{-}2)$$

式中　C_r——计件薪酬；

　　T——单件工时；

　　N——件数；

　　b——单位工时工资率。

当前薪酬存在的普遍问题是，为了在财务部门既定的单位工时工资率下保证操作者的薪酬，不得不虚增薪酬工时。而虚增的薪酬工时与正常的工艺工时差距很大，缺少科学依据，与产品生产期量根本无法匹配，严重影响了企业经营的科学管理。因此本章提出两个解决方案。

方案一：计件薪酬采用薪酬工时定额。薪酬工时定额根据实际需要，在技术工时定额的基础上增加政策宽放得到，如式（7-3）所示。政策宽放系数是财务部门既定的单位工时工资率与人力资源部门变化的操作者薪酬需求之间的平衡系数。制定薪酬工时定额的原则是，薪酬工时定额必须从技术工时定额出发，以确保薪酬工时定额的科学依据。

$$T_r = T_t(1 + a_p) \qquad (7\text{-}3)$$

式中　T_r——薪酬工时定额；

　　T_t——技术工时定额；

　　a_p——政策宽放系数。

方案二：计件薪酬采用单件工资率。按照相似制造论的原理，先对标准零部件的单件工资率进行测算，相似零部件的单件工资率通过相似系数约当计算得到。标准零部件单件工资率的测算过程为：先将生产计划产量根据相似系数全部折算成为标准零部件约当产量总额，然后根据计件薪酬总额得到标准零部件的单件工资率，如式（7-4）所示。单位工时工资率转化为单件工资率，将劳动定额时间转化为劳动定额数量，单件工资率可以完全独立于技术工时定额，随人力资源部门对操作者薪酬的管理需要浮动。

$$b_s = C_{rt} / \sum (N_{out} c) \qquad (7\text{-}4)$$

式中　b_s——标准零部件单件工资率；

　　C_{rt}——计件薪酬总额；

　　N_{out}——零部件产量；

　　c——相似系数。

上述方案既保证了技术工时定额的科学性，满足了生产制造部门对产品生产期量的管理需要，又满足了人力资源部门对操作者薪酬的管理需要，为企业经营的科学管理提供了多方技术支持。

对工时定额进行有效的控制与管理，对提高企业经营科学管理水平具有重要意义。工艺MOD 法需要结合不同企业的不同情况进行运用和不断完善。

7.2 基于 ERP 的材料定额方法研究

实现任何生产过程，都要以原料、产品结构材料、工艺材料以及各种辅料等为首要条件，产品的材料成本一直是产品成本结构的主要因素之一，大约占 50%。对材料消耗进行有效的控制与管理，是企业降低经营成本、提高经济效益不可或缺的任务。而材料定额是对材料消耗进行控制与管理的依据，材料定额的正确制定、管理、使用对企业的经营具有重要意义。经过多年的实践，我国材料定额的估算已经形成了比较规范的材料定额体系，但是在现代制造环境中仍存在材料定额与实际下料消耗吻合度较差的情况，这一直困扰着企业的经营管理与工艺管理。本章在对传统材料定额方法与流程及存在的问题进行分析的基础上，提出了基于精益制造与企业资源计划的材料定额方法与流程的解决方案，以提高材料定额的准确率、集成度、协同度，降低材料定额差异，提高材料定额的控制与管理水平。

传统制定材料定额的基本方法主要包括技术计算法、实际测定法、经验统计法等。材料定额的技术计算法主要包括选料法、下料利用率法、材料综合利用率法等。经过多年的实践，我国材料定额的技术计算法，针对不同的加工工艺方式（机械加工、铸造、冲压、锻造、焊接、热处理、铆焊、表面处理等），已经形成了比较科学、规范的材料定额体系。

7.2.1 材料定额的制定

在企业中，工艺部门提供材料消耗定额，供应部门根据工艺部门提供的定额资料及生产计划，向有关供应商进行采购。对于大批量采购，可以根据材料定额，向供应商协商定尺供料或者按工艺参数的要求组织供货。原材料到货检验合格后，按照材料定额进行原材料下料和限额发料。但是在现代制造环境中企业往往存在材料定额与实际下料消耗吻合度较差的情况，一直困扰着企业的经营管理与工艺管理。通过调研分析，发现其主要原因：一是采购或库存原材料与工艺材料定额所选择原材料规格不一致，二是生产过程的原材料排料与下料依据与工艺材料定额的依据不一致。

1. 原材料的规格优化

工艺部门在制定材料定额的时候，一般是根据零件毛坯尺寸和工艺手册材料目录中给定的材料范围，结合具体产品情况，选定一个比较经济合理的材料规格。而在现代制造和市场经济条件下，企业由于产品的批量，对于原材料的需求往往不是大批大量，而是中批中量甚至小批小量。供应商提供的原材料尺寸规格，往往并不一定符合工艺手册材料目录中给定的材料范围，从而造成供应部门采购或库存原材料规格可能与工艺部门材料定额所选原材料的规格并不一致，这是导致材料定额与实际材料消耗吻合度较差的主要因素之一。

针对这一问题，本章提出一个基本假设，对于一个企业来说，产品以及供应商是相对稳定的，企业供应部门采购原材料的规格若有必要也能够做到相对稳定。基于这一假设提出原材料的规格问题优化方案，使企业工艺部门提出的对于原材料规格的需求与供应部门提供的实际原材料规格保持基本一致。企业供应部门与工艺部门信息共享，提供历年采购原材料规格的统计资料；工艺部门制定材料定额时，根据材料目录中给定的材料范围及供应部门提供的相关资料，作为选择原材料规格的依据；遇到特殊需求或者特殊供应的情况，工艺部门与供应部门要及时沟通、咨询协商，选择科学合理实际的原材料规格，最大限度地保证需求与供应的一致性，保证材料定额与材料消耗的一致性，保证材料定额的有效性与严肃性。

2. 原材料的下料组合优化

工艺部门在制定型材或者板材材料定额时，一般是基于单位产品的，根据产品 BOM（bill of material，物料清单），把对原材料的需求按照原材料及规格归类，综合考虑排料问题，以此为依据确定相关材料定额。工艺部门制定材料定额时的综合排料问题与产品种类无关，相同产品的数量与材料定额只是单位产品材料定额与产品数量的简单乘积关系。而企业的生产组织是以零部件为中心的，并且是基于任务和提前期的，以 ERP 的 MRP 或者精益生产的 JIT 来指导实际排料下料。制定材料定额时参与排料的物料种类和数量，与实际生产时参与排料下料的物料种类和数量几乎是不同的，是导致材料定额与实际材料消耗吻合度较差的另一主要因素。

综上所述，对于原材料采用型材或者板材的产品零部件来说，工艺过程一定，对应的毛坯尺寸就是确定的；根据上述原材料的规格优化，假设原材料的型号、规格、尺寸也是确定的。而由于实际下料时参与套裁的产品零部件的品种数量可能是不确定的，套裁的排料可能不同，工艺性损耗的均摊可能是不确定的，导致材料定额和材料实际耗费的不确定。针对这一问题，本章提出通过材料综合下料利用率的方式来解决。本章定义材料综合下料利用率的计算方法如式（7-5）、式（7-6）所示。

$$C_{zx} = (\sum W_1) / W_2 \times 100\%$$ (7-5)

式中　C_{zx}——材料综合下料利用率；

　　W_1——零件净重；

　　$\sum W_1$——批零件净重和；

　　W_2——该批零件消耗材料总重量。

$$W = W_1 / C_{zx}$$ (7-6)

式中　W——零件材料消耗工艺定额。

当同一规格的某种材料可用于一种产品的多种零件或用于多种产品的零件上时，可采用更广泛的套裁。现代制造系统提倡面向制造的设计（DFM），工艺设计也应该遵循这一法则，为产品制造过程提供充分的技术支持。供应部门是按照工艺部门提供的零件毛坯尺寸下料的，采用材料综合下料利用率法计算零件材料消耗工艺定额，有利于工艺部门与供应部门协同进行材料定额的控制与管理。

本章提出生产下料时应该按照既定生产模式对给出的产品零部件的投料时间、规格和数量等数据进行归集，然后排料套裁。下料时间不同，参与套裁的物料规格、数量不同，影响下料利用率。排料除了物料本身的几何特征与数量、毛料规格外，增加了下料的时间维度，使下料套裁问题既具有计划性又具有随机性。需要对下料现场实际数据进行详细记录，保证记录的实时性和准确性，按照产品零部件的相似性进行分类统计，根据统计规律确定材料综合下料利用率。

7.2.2　材料定额的控制与管理流程优化

根据精益制造的思想，制造工艺过程中的材料消耗包括有效消耗和无效消耗。有效消耗是指在产品的制造过程中，材料有效利用的部分。无效消耗是指在产品制造过程中损失的部分。无效消耗又分为无效但不可避免的消耗（工艺性损耗）和无效且必须避免的消耗（非工艺性损耗）。工艺性损耗是指在产品零件的制造过程中，按照工艺要求，制成零件实体所必需的材料损耗，包括从下料开始，到制成产品为止，整个生产过程中诸如下料的料头、切口、加工余量以及热加工工艺的各种损耗等。非工艺性损耗是指在产品制造过程中，所发生的与工艺过程没有直接关系的损耗，主要包括：由于废品而产生的材料损耗；由于材料没有按材料定额所规定的规格尺寸供应，用其他材料代用所增加的材料损耗；材料检验用料等。

进行材料定额的控制与管理流程优化，必须实现材料定额的闭环控制和企业材料定额控制与管理的协同。

1. 材料定额的闭环控制

材料定额的闭环控制包括材料定额控制与管理的事先计划、事中监控、事后考核分析改善。事先计划包括根据企业采购进料规格确定毛料规格，根据统计规律确定材料综合下料利用率，材料综合下料利用率因物料的属性不同而不同，按毛坯尺寸、原材料规格、材料综合下料利用率制定材料定额。事中监控包括按生产组织下料，及时反馈下料情况，控制下料利用率，结合任务号领料（考核依据），杜绝不合格产品的生产。事后考核分析改善，包括指导材料定额，考核控制现场材料消耗，定期或不定期根据实际情况调整材料综合下料利用率和原材料规格标准。不断提升工艺材料定额管理水平，使其保持在一个较高水平的稳定状态。材料定额的原材料的规格优化流程、原材料的下料组合优化流程如图 7-2、图 7-3 所示。

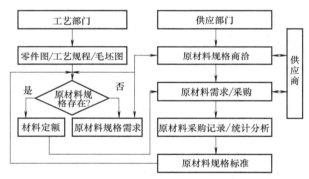

图 7-2　原材料的规格优化流程

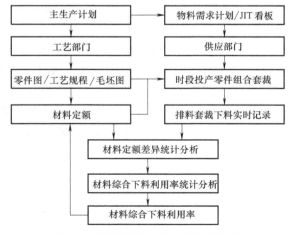

图 7-3　原材料的下料组合优化流程

2. 材料定额控制与管理的协同

企业材料定额控制与管理的协同包括外部协同和内部协同。外部协同是指企业与供应商的协同。供应商是企业长期运营的宝贵财富，是企业的外部合伙人。如果制造商希望供应商提供任何优质的支持和服务，就必须担当起领导者的角色，整合出一条精益供应链，使精益供应链每个环节的企业都受益，制造商与他们信息共享，风险与利益共担。要确保供应商能够提供满足企业产品所需规格的高质量的原材料，避免因为供应商提供的原材料规格或者质量问题而导致的无效材料消耗。内部协同是指企业内部相关部门（包括工艺部门、供应部门、制造部门等）的协同。企业一盘棋，若想要实现企业材料定额控制与管理的系统工程，必须在企业的经营战略思想指导下，各部门信息共享，风险与利益共担。要确保各部门之间的无缝连接，工艺部门能够制定出符合企业实际情况的材料定额，供应部门能够提供满足企业产品所需规格的高质量的原材料，制造部门能够确保制造零缺陷零废品，避免因为企业内部原因导致的无效材料消耗，实现企业材料定额控制与管理的良性循环。

7.2.3 材料定额控制优化示例

企业某产品需求 100 件，在每件产品的原材料中有某规格的棒料毛坯长 290mm、210mm、150mm 的各 1 根。设下料切口 5mm。根据企业标准，该棒料原料长 2200mm。采用套裁下料可以节省原材料。

工艺部门通过研究，已知有几种较好的方案可供选择，见表 7-3。采用线性规划，混合使用表中方案，使所用原材料最省，得到套裁下料优化方案最优结果，见表 7-4。材料定额用料 31 根。材料综合下料利用率为 95.31%。

表 7-3 套裁下料初始方案一览表（工艺部门）

项目	毛坯长度	方案 1	方案 2	方案 3	方案 4	方案 5
毛坯 1	290mm	4 根	3 根	4 根	4 根	2 根
毛坯 2	210mm	4 根	3 根	3 根	2 根	4 根
毛坯 3	150mm	1 根	4 根	2 根	3 根	4 根
长度合计		2150mm	2100mm	2090mm	2030mm	2020mm
余料长度		5mm	50mm	65mm	125mm	130mm

表 7-4 套裁下料优化方案最优结果

材料综合下料利用率	95.31%	方案 1	方案 2	方案 3	方案 4	方案 5
优化方案（根）	31	7	18	0	3	3
长度合计/mm	65000	15050	37800	0	6090	6060
余料长度合计/mm	1700	35	900	0	375	390

企业实施 MRP，供应部门按时段 MRP 组织生产下料，对该棒料的需求计划见表 7-5。可见每个实际下料时参与套裁的产品零部件的品种数量是根据时段 MRP 确定的，套裁的排料不同，必然导致材料定额和材料实际耗费的不一致性。实际套裁材料综合下料利用率见表 7-5，为 93.56%。

表 7-5　实际套裁材料综合下料利用率

项目	棒料原料（2200mm）	时段 1	时段 2	时段 3 根	……
毛坯 1（290mm）	—	120 根	50 根	80 根	
毛坯 2（210mm）	—	80 根	120 根	50 根	
毛坯 3（150mm）	—	50 根	80 根	120 根	
⋮					
材料综合下料利用率	93.56%	95.94%	90.38%	94.00%	

根据相似制造论原理，经过对供应部门下料现场记录的阶段性分类统计，考虑安全系数，工艺部门对该类棒料材料定额按照材料综合下料利用率 92% 进行制定。据不完全统计，材料定额与实际耗费的差异控制在 95% 左右。取得了较好的效果。企业产品在市场经济状态下是不断变化的，对于原材料的需求也是变化的，材料定额的材料综合下料利用率需要根据企业产品变化、供应部门实际下料的材料综合下料利用率的分类统计规律不定期进行调整。

7.3　基于价值流的制造物料控制与管理

物料控制与管理是生产与物料控制的重要组成部分，是配合生产计划，对企业生产经营过程中的各种物料进行有计划的采购、存储、供应和使用等一系列的组织、控制与管理工作。在 ERP 中，物料不仅是指生产过程所需要的各种原材料、辅助材料、燃料和动力及配件、工具等，还包括产成品、设备等。本章提到的制造物料限于产品的原材料及其制造过程中各种形态的在制品乃至产成品。一般产品的材料成本是产品成本结构的主要部分之一，大约占 50% 左右，甚至更高。设某产品的单位成本，直接材料 80 元，直接人工 30 元，制造费用 20 元。如果该产品单价 150 元，则该产品销售毛利对各个成本项目的敏感程度见表 7-6。表中敏感系数的计算方式如式（7-7）所示。在产品单价和其他条件不变的情况下，直接材料只要降低 8% 就可以达到使销售毛利提高 30% 的效果，而直接人工需要降低 20%、制造费用需要降低 30% 才能够达到同样的效果。由此可见，企业经济效益对材料成本的敏感程度很高，进行制造物料的有效控制与管理，对于企业降低成本提高经济效益具有重要的价值与意义。本章从成本出发对物料控制与管理进行价值流分析与研究，提出相关问题的解决方案。

$$敏感系数 = 目标值变动百分比/因素变动百分比 \tag{7-7}$$

表 7-6　销售毛利对各个成本项目的敏感程度

项目	原值（元）	直接材料变化（元）	直接人工变化（元）	制造费用变化（元）	变化率	敏感系数
直接材料	80	74	80	80	−8%	−4.0
直接人工	30	30	24	30	−20%	−1.5
制造费用	20	20	20	14	−30%	−1.0
制造成本	130	124	124	124	−5%	
价格	150	150	150	150	0	
销售毛利	20	26	26	26	30%	

7.3.1　精益制造模式下的物料控制与管理价值

进行精益制造模式及价值流下的物料控制与管理，就是在进行企业经营的物料控制与管理价值流分析的基础上，立即消除物料控制与管理第二种浪费活动，不断改善逐步消除物料控制与管理第一种浪费活动，不断完善物料控制与管理增值活动。要确保价值流顺畅地流动，就是确保物料在产品制造过程中顺畅地流动，下游需求拉动上游操作，形成稳定、连续的物料流。克服浪费，实现 JIT 物料供应，确保在正确的时间，以正确的方式，按正确的路线，把正确的物料，送到正确的地点，并且每次都刚好、及时。

企业经营的物料控制与管理和生产控制与管理是互相影响和制约的。不妨把企业产品制造任务中的物料控制与管理作为一个项目或者子项目来看待，简称物料项目。一个物料项目的全生命周期起始于企业某一时段产品制造任务生成的那一刻，结束于产品制造任务完成的那一刻。物料项目的全生命周期价值，是通过合理地平衡物料项目的利益相关者对项目的期望，降低相关风险和浪费，在项目的全生命周期中最大限度地满足这些期望的过程来实现的。物料项目的利益相关者，包括物料供应商、物料运输商、客户、制造商及其内部物料项目相关部门与操作者。为了达到产品的 TQCSE 要求，物料供应首先要满足 TQCSE 要求。

实现物料项目全生命周期价值的关键阶段在物料供应过程。物料项目全生命周期价值影响因素如图 7-4 所示，物料项目全生命周期价值体现为物料项目过程的价值和物料项目交付物的价值。其中，物料项目过程的价值主要体现为物料供应过程的价值。物料供应过程的价值主要包括项目的性能参数指标、物料供应成本、物料供应提前期、物料供应正确度（物料供应的时间、方式、路线、品种规格、质量、数量、送达地点位置等）。物料项目交付物的价值是指供应物料的综合性能，主要包括物料供应的时间、品种规格、质量、数量、送达地点位置，及其对产品制造生产控制与管理过程产生的风险和成本的影响。所有利益相关者的价值需求是基于不同目标的、复杂多样的、互相影响的，有的可能是负相关的。价值必须在所有利益相关者的需求中进行科学平衡，求得价值的最佳效果和所有利益相关者的认可。

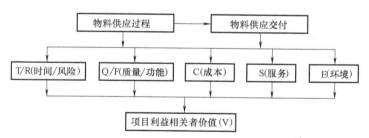

图 7-4　物料项目全生命周期价值影响因素

根据图 7-4 进行物料项目全生命周期价值分析，本章从下述 8 个方面出发进一步讨论物料项目的过程及物料供应对物料项目的技术性、经济性、可行性、环境性的影响，将其作为物料项目价值分析的主要过程：

1）物料供应的全部过程能否确保其产品满足客户需求。

2）物料供应所交付的物料能否使产品满足所有利益相关者要求。

3）物料供应能否使产品制造成本达到最低值或者最低成本风险。

4）物流项目规划是否符合物料项目全生命周期成本最低原则。

5）物料项目能否保证物料供应周期最短或者最小进度风险。

6）物料项目能否保证产品制造周期最短或者最小进度风险。

7）物料项目过程对环境的影响程度。

8）物料供应是否符合对环境影响最小原则。

通过深入细致的分析研究，得到物料项目的价值要素，见表 7-7。物料项目的技术性要素是项目的基本性能要求，是物料项目的基本因素和先决条件。首先对技术性要素进行分析和评价，技术性要素满足需求，再对其他要素进行分析评价。

表 7-7　物料项目的价值要素

技术性要素	经济性要素	可行性要素	环境性要素
材质	物料价格	企业订货 JIT 能力	环境污染
品种	运输成本	企业资金 JIT 能力	占地面积
规格	库存成本	供应商 JIT 能力	上游生产计划
质量	备料成本	运输商 JIT 能力	下游生产计划
批量	待料风险成本	生产备料 JIT 能力	环境性风险
物料供应提前期	呆料风险成本	送达时间	
	物料运输风险成本	送达地点	
		可行性风险	

7.3.2　物料供应的工作流与物料供应成本

物料供应的优化工作流如图 7-5 所示，按照事前、事中、事后进行阶段划分。事前做好物料供应控制与管理的基础工作，包括供应商资源管理、供应商订单评价规则确定、物料供应提前期管理、物料供应时段管理、物料供应评价规则确定等。事中做好物料供应的实施监控工作，包括根据 MRP/JIT 制造看板、物料库存情况、供应商资料、物料供应提前期与时段等制订采购订单计划，根据企业资金能力与供应商供货能力校核采购订单的可行性，生成与下达物料订单，监控订单进度，进行订单交货的验收入库、生产备料与发料的出库等。事后做好物料供应控制与管理的评价反馈工作，包括对供应商按照订单交货进行评价，根据评价结果进行供应商订单付款动态决策和供应商信誉等级的动态评定，对供应商资源管理进行信息反馈，对物料供应进行总体评价，对企业物料供应管理进行信息反馈等。

伴随着物料供应工作流的是产品和企业经营的价值流。为使物料供应对价值流的负面影响最小，必须使物料供应成本达到最低。物料供应成本包括物料成本和物料供应风险成本两大部分。

1. 物料成本

物料成本包括物料价格成本、物料运输成本、物料库存成本。

（1）物料价格成本　物料价格成本是企业物料供应部门与供应商洽谈确定的物料采购价格，与企业对物料的技术性要求有关，包括物料材质、品种、规格、质量、批量、提前期等对物料供应的要求。

（2）物料运输成本　物料运输成本是企业物料供应部门与运输商洽谈确定的物料运输价格，与企业对物料的技术性要求有关，包括物料材质、品种、规格、质量、批量、提前期

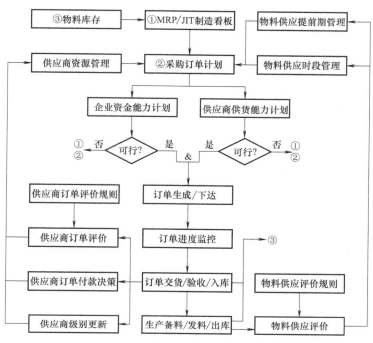

图 7-5 物料供应的优化工作流

等对物料运输的要求。

（3）物料库存成本 物料库存成本是企业为保存物料而发生的成本，包括库存物料资本成本、库存物料空间成本、库存物料服务成本。

1）库存物料资本成本。库存物料资本成本包括库存物料占用企业流动资金而不能作为其他用途的机会成本、库存物料的税金和保险费等。

2）库存物料空间成本。库存物料空间成本包括物料占用仓储空间的折旧/租金、取暖/冷藏、照明等仓储费用。

3）库存物料服务成本。库存物料服务成本包括物料整理验收入库、物料备料发料、库存管理等的人工、设备等费用。

2. 物料供应风险成本

物料供应风险成本包括待料风险成本、呆料风险成本、物料运输风险成本。

（1）待料风险成本 待料风险成本是指由于物料供应失误而造成的损失，包括物料供应未按照正确的时间、品种规格、质量、数量、地点位置送达，造成的紧急采购成本、停工资源成本、延期交货成本和丧失销售机会成本、商誉损失成本。

1）紧急采购成本。如果企业以紧急采购来解决物料供应的中断之急，紧急采购成本将远大于正常采购成本。

2）停工资源成本。原材料或半成品或零配件的缺货，意味着生产计划中的人员、资金、设备等资源处于闲置停工状态，这会导致企业产生停产损失。

3）延期交货成本。缺货产品延期交货，而延期交货的特殊订单处理成本和延期交货小规模配送成本远高于正常订单处理成本和正常交货配送成本。

4）丧失销售机会成本。如果客户在产品缺货的时候转而去购买竞争对手的产品，将对企业产生直接利润损失。

5）商誉损失成本。由于企业未能按时供货或者缺货造成客户满意度下降，导致企业信誉度下降，可能使企业失去已有客户和潜在客户，甚至失去已有的市场份额，将对企业造成间接或长期利润损失。

（2）呆料风险成本　呆料是指呆滞在企业仓库中长期未被生产使用的物料。呆料风险成本包括呆料贬值风险成本、呆料库存风险成本，呆料风险成本的程度会影响呆料库存价值和相应的持有成本。

1）呆料贬值风险成本。呆料贬值风险成本反映的是呆料存货现金价值下降的可能性，这种可能性远远超出企业的控制范围。

2）呆料库存风险成本。呆料库存风险成本包括与陈旧、破损、丢失、被盗以及库存物料的其他风险相关的成本。

（3）物料运输风险成本　物料运输风险成本是指因为物料运输风险导致的待料风险成本、物料损毁风险成本等。

7.3.3　基于价值流的制造物料控制与管理策略

为了保障企业经营，保障企业产品生产进度能够按照生产计划有效实施，保证企业的物料供应是前提条件。物料供应必须保证在生产需要的时候，以正确的方式，在正确的地点，提供正确批量的正确物料，否则将会产生物料供应待料风险成本。如果为了规避待料风险而增加物料存储，将会增加物料库存成本，也可能会发生呆料风险成本。为解决物料供应控制与管理的两难问题，根据精益制造理念，实施 JIT 物料供应，基于价值流进行制造物料控制与管理，是行之有效的方法。它主要包括以下方面：

1. 供应商资源闭环管理

供应商资源闭环管理包括供应商的选择、供应商的培养、供应商的监控、供应商的评价。

（1）供应商的选择　建立供应商的评价体系，从 JIT、价值流出发建立评价指标和评价方法。不仅考虑供应商的供应价格、供应质量、地理位置，还要考虑供应商的核心竞争力、商誉、合作愿景，注重技术互补、技术创新，缩短供应物流周期、提高服务质量，着眼于长远合作，风险共担，实现企业与供应商在市场竞争中的协同共赢，降低物料供应风险。

（2）供应商的培养　对所选择的供应商给予技术支持、信息共享，帮助供应商提高对企业 JIT 供应的响应能力，降低物料供应待料风险。

（3）供应商的监控　对供应商的企业订单供应过程实施监控，帮助供应商实现对企业订单的 JIT 供应。根据不同供应商订单的供应情况，实行供应商订单差别付款制，对供应商的供应行为进行导向，降低物料供应的待料风险，改善供应商的供应行为。

（4）供应商的评价　建立供应商订单行为评价体系，从 JIT 出发建立评价指标和评价方法。对每个供应商的每个订单行为进行实时评价，实时更新供应商级别，实时决策供应商订单付款方式，进行供应商信息反馈，改善供应商的供应行为。

2. 物料供应提前期与计划时段的闭环管理

根据企业经营的内部和外部环境，做好物料供应的待料风险和呆料风险的 JIT 综合平衡，当待料风险成为企业经营的主要矛盾时，适当调整加大物料供应的提前期、减小物料供应的计划时段，可以降低物料供应的待料风险。按照生产任务的物料需求与供应情况，实时调整物料供应提前期与计划时段，降低物料供应风险。

3. 物料供应的闭环管理

物料供应闭环管理包括物料采购订单计划编制、物料采购订单能力计划校核、物料订单生成下达、物料订单进度监控、物料订单交货验收入库、生产备料发料出库、物料供应评价。

（1）物料采购订单计划编制　制定科学合理的物料消耗定额和物料储备定额，根据企业生产任务做好物料综合平衡。根据企业 MRP/JIT 制造看板、物料库存情况、供应商资料、物料供应提前期与计划时段制订采购订单计划。

（2）物料采购订单能力计划校核　考虑企业资金 JIT 风险、供应商 JIT 风险、运输商 JIT 风险，根据企业 JIT 资金能力与供应商 JIT 供货能力校核采购订单的可行性，必要时对采购订单计划甚至 MRP 与 JIT 计划进行调整，确保物料采购订单计划的 JIT 可行性与严肃性，降低物料供应风险成本。

（3）物料订单生成下达　通过校核的物料采购订单必须 JIT 生成下达。必须确保企业订货的 JIT 能力，降低物料供应的待料风险。

（4）物料订单进度监控　对企业订单的供应商供应过程实施监控，帮助供应商实现对企业订单的 JIT 供应，降低物料供应的待料风险。

（5）物料订单交货验收入库　在物料验收入库、保管保养、存放、发料、送料、账物盘点等工作过程中实行科学管理。按照既定规程对供应商的企业订单交货进行物料验收入库，实时反馈物料库存信息，降低物料供应风险。

（6）生产备料发料出库　科学备料、做好物料回收、修旧利废。根据生产计划 JIT 备料发料出库，实时反馈物料库存信息。在库存条件满足的情况下，确保生产备料 JIT 能力，在正确的时间，以正确的方式，按正确的路线，把正确批量的正确的物料，送达正确的地点，每次都刚好、及时，降低物料供应风险。

（7）物料供应评价　建立物料供应的评价体系，从 JIT、价值流出发建立评价指标和评价方法。按照生产任务，对每项物料的供应行为进行实时评价和物料供应信息反馈，改善物料供应行为。

4. 物料供应的战略管理

物料供应的战略管理包括物料供应的制度管理和物料供应的 JIT 协同。

（1）物料供应的制度管理　科学地建立健全 JIT 物料供应控制与管理制度，包括责任制度、计划管理制度、采购制度、仓库管理制度、限额供料制度、验收制度、统计制度、定额制度等，从制度管理上降低物料供应风险。

（2）物料供应的 JIT 协同　物料供应的 JIT 协同包括企业外部协同和企业内部协同，对企业经营具有重要的战略意义。企业外部协同要求建立稳定的供应商资源和客户资源，着眼于长远合作、风险共担、信息共享、利益共享，以物料供应 JIT 确保客户需求得到 JIT 满足，实现企业供应链在市场竞争中的协同共赢。企业内部协同要求企业物料供应部门与其他部门保持良好的协同关系，以物料供应 JIT 确保生产需求得到 JIT 满足，实现企业经营 JIT 的良性循环。

对物料供应进行有效的 JIT 控制与管理，对企业经营降低价值流中的物流浪费、提高经济效益具有重要意义。本章在对物料供应工作流程和价值流进行成本分析研究的基础上，提出了基于精益制造与价值流的制造物料供应控制与管理的解决方案，需要结合不同企业的不同情况进行运用和不断完善。

7.4 产品全生命周期工艺成本估算研究

工艺成本是指从工艺技术的角度对产品或零部件在工艺过程中所有相关耗费的货币化衡量。工艺成本是产品成本的核心组成部分，是成本会计的基础。全生命周期工艺成本估算是对产品或工艺项目全生命周期所需工艺成本的一种预测或估计。工艺成本估算是根据产品或项目的工艺工作与活动和产品或工艺项目全生命周期所需占用和消耗的资源数量信息以及相关的价格信息，对产品或工艺项目的工艺工作与活动的成本的预测和估计。

7.4.1 产品全生命周期工艺成本研究

1. 从工艺角度出发的产品全生命周期

产品全生命周期（product life cycle）指的是从产品论证开始到报废为止所经历的全部时间。按照国家标准 GB/T 6992.2—1997 的规定，产品全生命周期分为六个阶段，分别为概念和定义阶段、设计与开发阶段、制造阶段、安装阶段、运行和维修阶段、处置阶段。上述是从工艺角度出发的产品全生命周期定义，与从企业营销角度出发的产品全生命周期定义是有区别的。

2. 从工艺角度出发的产品全生命周期成本

根据国家军用标准《维修性设计技术手册》（GJB/Z 91—1997）的定义，产品全生命周期成本是"在装备的寿命周期内用于研制、生产、使用与保障以及退役所消耗的一切费用之和"。日本专家提出产品全生命周期工艺成本曲线如图 7-6 所示。产品全生命周期工艺成本构成见表 7-8。

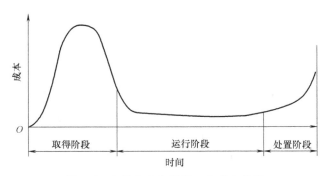

图 7-6 产品全生命周期工艺成本曲线

（1）取得阶段 取得阶段是产品生命周期的开始，产品的定义与概念设计、物理设计与研制、制造与安装等均属于取得阶段的活动。取得阶段的时间跨度随产品各生产要素的不同而有所变化，其单位时间成本是整个生命周期中比较高的。

（2）运行阶段 产品获得后，将进入运行阶段。产品进入客户的使用阶段，面临运行维护方面的活动，包括产品的使用与保养、故障诊断、拆装与维修等。运行阶段是整个生命周期单位时间成本较低且相对稳定的时期。但是运行阶段是产品全生命周期最长的阶段，是产品使用价值的实现阶段，这个过程的总成本是产品全生命周期中最高的。有资料统计，产品使用维护总成本是购置成本的数倍。

（3）处置阶段 产品的处置阶段并不一定是产品生命周期终了之时，它包括回收与报废处理等方面。被回收处理的产品可能是用户由于技术经济原因而提前淘汰的，但对另外的用户群体来说可能仍然是适用的；被报废处理的产品也可能是已经超过设计寿命的，但产品中的某些零部件还具有利用价值等。无论是产品转手他人的处置阶段，还是产品生命周期进入不再获利的处置阶段，其处置成本将有所上升。

表 7-8 产品全生命周期成本构成

一级分类	二级分类	专有成本项目		共有成本项目
1. 取得阶段成本	1.1 研究开发成本	1.1.1 开发规划费用	1.1.2 市场调查费用	1.0.1 技术资料费用
		1.1.3 试验费用	1.1.4 试制费用	1.0.2 计算机费用
		1.1.5 试验设备器材费用	1.1.6 试验用低值易耗费用	1.0.3 工业工程费用
		1.1.7 试验用动力费用		1.0.4 质量管理费用
	1.2 设计成本	1.2.1 设计费用	1.2.2 专利使用费用	1.0.5 经济管理费用
	1.3 制造安装成本	1.3.1 制造费用	1.3.2 包装费用	1.0.6 图书费用
		1.3.3 运输费用	1.3.4 库存费用	1.0.7 合同费用
		1.3.5 安装费用	1.3.6 用户手册编印费用	
		1.3.7 操作人员培训费用	1.3.8 培训设施费用	
		1.3.9 备件购置费用		
	1.4 试运行成本	1.4.1 试运行费用		
2. 运行阶段成本	2.1 运行成本	2.1.1 操作人员费用	2.1.2 辅助人员费用	2.0.1 搬运费用
		2.1.3 能源费用（水、电、气、汽、燃料、油料等）		2.0.2 调查费用
		2.1.4 低值易耗费用	2.1.5 操作人员培训费用	2.0.3 办公费用
		2.1.6 专利使用费用	2.1.7 空调费用	2.0.4 计算机费用
	2.2 维修成本	2.2.1 维修材料费用	2.2.2 维修备件费用	2.0.5 工业工程费用
		2.2.3 内部维修劳务费用	2.2.4 外部维修劳务费用	2.0.6 质量管理费用
		2.2.5 技术改造费用	2.2.6 维修人员培训费用	2.0.7 经济管理费用
	2.3 物流支持成本	2.3.1 库存器材费用	2.3.2 备用设备费用	2.0.8 图书费用
		2.3.3 维修器材费用	2.3.4 试验设备费用	2.0.9 设备停机损失费用
		2.3.5 租赁费用	2.3.6 仓库保管费用	
		2.3.7 图样、说明书、指导书编印费用		
		2.3.8 维修合同费用	2.3.9 安全措施费用	
		2.3.10 保险费用	2.3.11 固定资产税费	
		2.3.12 销售人员费用	2.3.13 销售费用	
		2.3.14 售后服务费用	2.3.15 质量保证费用	
3. 处置阶段成本	3.1 处置成本	3.1.1 售出费用	3.1.2 拆除费用	

3. 产品全生命周期工艺成本估算方法

产品全生命周期工艺成本估算方法是一种计算发生在产品全生命周期内的全部工艺成本的方法。一个产品经历的研究与开发、设计、试制、小批量生产、大批量生产直到停止生产的整个过程，被称为产品制造生命周期过程。从产品购置，经过使用，直至报废的过程，是产品使用生命周期过程，也是制造商售后服务的过程。以产品全生命周期跨度为基础，按照工艺成本细分结构模式，产品全生命周期成本的结构按照承担者还可以划分为制造商产品全生命周期成本、运营商产品全生命周期成本、社会产品全生命周期成本。

产品全生命周期成本估算方法首先从经营特点出发，确定对象基本工艺成本分类，细分基本工艺成本分类，定义和量化工艺成本组成要素，建立适当的成本模型。接着搜集相关数据，根据对象的设计寿命，估算工艺要素成本，加总工艺成本，然后进行盈亏平衡分析、风险分析和敏感性分析，对建立的成本模型进行评价和优化。最终给出产品全生命周期工艺成本数据。产品全生命周期工艺成本估算方法根据需求的精确度，可以采用基于工序的工艺成本估算方法、基于工艺工作中心的工艺成本估算方法、智能计算方法、统计方法等。

本章分别从制造商和使用商的角度研究产品全生命周期成本。产品全生命周期成本估算，可以采用上述工艺成本的方法进行估算，分别估算产品各个零件的工艺成本，按照产品 BOM 求和，得出产品总成本。工艺成本估算方法精度较高，但是该方法要求有足够的基础数据，实现起来具有难度。本章给出了面向制造商的产品全生命周期成本估算的目标成本估算与比例估算相结合的估算模型，和面向使用商的产品全生命周期成本估算的工艺成本估算与比例估算相结合的估算模型。这两种模型所需的基础数据不多，可以简单方便快捷地为企业提供决策依据。其中，比例数据的精度是成本估算精度的重要保证，需要在实践中不断积累验证。

7.4.2　面向制造商的产品全生命周期工艺成本估算研究

本小节给出的面向制造商的产品全生命周期工艺成本估算模型，包括产品的售前成本和售后成本。售前成本采用企业产品的目标成本。售后成本包括在产品售后生命周期过程中由制造商支付的产品服务成本现值、发生故障时由制造商支付的赔偿现值，以及产品的回收与处理成本。其中，产品的回收与处理成本在整个周期工艺成本中的占比在 5% 左右。以产品销售年份作为现值时间点，采用复利现值。设制造商产品产销平衡，当年制造当年销售。

1. 面向制造商的产品全生命周期工艺成本估算模型

1）产品目标成本 C_{sb} 的计算公式如下：

$$C_{sb} = C_{ys}(1-\mu)(1-\omega) \tag{7-8}$$

式中　C_{ys}——产品目标销售价格；

　　　μ——产品税率；

　　　ω——产品目标利润率。

2）产品服务成本现值 C_{zf} 的计算公式如下：

$$C_{zf} = C_{sb} \sum_{i=1}^{n} \left\{ \varepsilon_i \alpha_i \sum_{j=1}^{m_i} \left[(1+\beta_i)^{j-1} / (1+k)^j \right] \right\} \tag{7-9}$$

式中　ε_i——产品第 i 子系统占产品目标成本的比重；

　　　m_i——制造商对该子系统提供服务的年限；

　　　α_i——该子系统的年故障率；

　　　β_i——该子系统的年故障增长率；

　　　n——产品子系统数；

　　　k——资金年利率；

　　　j——产品服务年序数。

3）产品故障赔偿成本现值 C_{gz} 是指根据产品质量保证书的规定，对产品使用过程中发生的某些故障所导致的损失给予的赔偿的现值。其计算公式如下：

$$C_{gz} = C_{ys} \sum_{i=1}^{n} \left\{ \varepsilon_i \alpha_i \sum_{j=1}^{m_i} \left[(1+\beta_i)^{j-1} / (1+k)^j \right] \right\} \qquad (7\text{-}10)$$

式中　ε_i——产品第 i 类故障赔偿金额占该产品销售价格的比重；

　　　m_i——制造商对该类故障提供质量保证的年限；

　　　α_i——该类故障的年故障率；

　　　β_i——该子系统的年故障增长率；

　　　n——产品故障种类数；

　　　k——资金年利率；

　　　j——产品质量保证年序数。

4）制造商产品全生命周期工艺成本现值 C 的计算公式如下：

$$C = (C_{sb} + C_{zf} + C_{gz})(1+\lambda) \times (1+5\%) \qquad (7\text{-}11)$$

式中　λ——产品全生命周期工艺成本其他费用比例。

2．面向制造商的产品全生命周期工艺成本估算示例

某产品面向制造商产品全生命周期工艺成本估算的相关数据及估算结果见表 7-9，其中产品由 8 个子系统构成，并对 3 种故障进行质量保证。

表 7-9　某产品面向制造商产品全生命周期工艺成本估算的相关数据及估算结果

销售价格 C_{ys}（元）	税率 μ		利润率 ω	处置成本率	目标成本现值 C_{sb}（元）
21000000	17%		10%	5%	15687000
子系统 i	子系统比重 ε_i	年故障率 α_i	年故障增长率 β_i	服务年限 m_i/年	资金年利率 k	系统 i 服务成本现值（元）
1	30%	5%	10%	5	10%	1069525.9
2	5%	5%	10%	5	10%	178254.4
3	3%	5%	10%	5	10%	108770.6
4	5%	5%	10%	5	10%	178254.4
5	2%	5%	10%	5	10%	71301.58
6	15%	5%	10%	5	10%	534738.3
7	20%	5%	10%	10	10%	549501
8	20%	5%	10%	10	10%	549501
产品服务成本现值合计 C_{zf}（元）						3239847.18
故障类别 i	比重 ε_i	年故障率 α_i	年故障增长率 β_i	质保年限 m_i（年）	资金年利率 k	i 故障赔偿成本现值（元）
1	0.03%~5%	5%	10%	10	10%	2846.07~477350.1
2	0.01%~5%	5%	10%	5	10%	477.3~238626.781
3	0.5%~5%	5%	10%	10	10%	47735.01~477350.1
产品故障赔偿成本现值合计 C_{gz}（元）						51058.38~1193326.98
制造商产品全生命周期工艺成本现值合计 C（元）						19926800.84~21126182.87

7.4.3　面向使用商的产品全生命周期工艺成本估算研究

使用商的概念对制造商企业同样适用，制造商本身也是用户，企业的资源特别是固定资产，都存在用户产品全生命周期的相关使用与管理问题。此处的产品是指参与本企业经营过程的本企业或非本企业的产品。本章给出的基于使用商的产品全生命周期工艺成本估算模型，包括设备初始成本、操作人工成本现值、设备运行成本现值、设备折旧和维修成本现值，以及设备处置成本。其中，设备处置成本在整个周期中所占比例按照5%估算。以产品购买年份作为现值时间点，采用年金现值。设使用商设备当年购买当年安装调试使用，设备满负荷运行，以设备折旧年限作为设备使用生命周期年限。

1. 面向使用商的产品全生命周期工艺成本估算模型

1）初始成本 C_{cs} 的计算公式如下：

$$C_{cs} = C_{ys}(1+\mu) \tag{7-12}$$

式中　C_{ys}——设备购置成本；

　　　μ——设备初始安装调试等成本占该设备购置成本的比重，即初始成本率。

2）操作人工成本现值 C_{cy} 的计算公式如下：

$$C_{cy} = (X_{zy}+X_{sc}B_{zy})c_{pg}(1+\ell)\times12\frac{1-(1+k)^{-m}}{k} \tag{7-13}$$

式中　X_{zy}——正班人员数；

　　　X_{sc}——每班生产人员数；

　　　B_{zy}——作业班数；

　　　c_{pg}——平均月工资单价；

　　　ℓ——员工福利率；

　　　k——资金年利率；

　　　m——设备折旧（使用）年限。

3）设备运行成本现值 C_{yx} 的计算公式如下：

$$C_{yx} = (C_{df}+C_{dj}+C_{xh})\frac{1-(1+k)^{-m}}{k} \tag{7-14}$$

式中　C_{df}——设备年耗电费；

　　　C_{dj}——设备刀具的年使用费；

　　　C_{xh}——维持设备正常运行所需要的其他消耗品年消耗费用。

$$C_{df} = P\gamma c_{pd}(1+\kappa)st \tag{7-15}$$

式中　P——产品电动机功率；

　　　γ——平均电动机负荷率；

　　　c_{pd}——平均电价；

　　　κ——空程时间电能消耗系数；

　　　s——每天工作小时数；

　　　t——每年工作天数。

$$C_{dj} = \frac{st}{u}c_{pdj} \tag{7-16}$$

式中　u——刀具使用寿命（h/把）；

c_{pdj}——刀具平均价格（元/把）。

$$C_{xh} = st \sum_{i=1}^{n} w_i c_i \tag{7-17}$$

式中 w_i——i 消耗品的消耗率（单位/h）；

c_i——i 消耗品价格（元/单位）；

n——消耗品种类数。

4）设备折旧现值 C_{zj} 的计算公式如下：

$$C_{zj} = C_{cs} \tau \frac{1-(1+k)^{-m}}{k} \tag{7-18}$$

式中 τ——年折旧率。

5）设备维修成本现值 C_{wx} 的计算公式如下：

$$C_{wx} = C_{zj} \phi \frac{1-(1+k)^{-m}}{k} \tag{7-19}$$

式中 ϕ——年维修费率。

6）使用商产品全生命周期工艺成本现值 C 的计算公式如下：

$$C = (C_{cs} + C_{cy} + C_{yx} + C_{zj} + C_{wx})(1+\lambda) \tag{7-20}$$

式中 λ——产品全生命周期工艺成本其他费用比例。

2. 面向使用商的产品全生命周期工艺成本估算示例

某设备面向使用商产品全生命周期工艺成本估算的相关数据及估算结果见表 7-10。其中，设备运行需要 4 种消耗品，并且在折旧年限的最后一年，将设备折旧余额全部列为该年设备折旧费。

表 7-10 某设备面向使用商的产品全生命周期工艺成本估算的相关数据及估算结果

购置成本 C_{ys}（元）	初始成本率 μ			设备年限 m	处置成本率	资金年利率 k	初始成本 C_{cs}（元）
2983500	5%			12	5%	10%	3132675
正班人数 X_{zy}	每班生产人员 X_{sc}	作业班数 B_{zy}		工资率 c_{pg}（元/月）	福利率 ℓ	资金年利率 k	人工成本现值 C_{cy}（元）
1	1	1		4000	14%	10%	745284.4
电能消耗系数 κ	电动机负荷率 γ	电价 c_{pd}（元/kW·h）	电动机功率 /kW	日工作时数 s/h	年工作天数 t/d	资金年利率 k	动力成本现值（元）C_{df}
10%	50%	0.523	35.8	7.5	251	10%	61763.8
刀具价格 C_{pdj}（元/把）	刀具使用寿命 u(h/把)			日工作时数 s/h	年工作天数 t/d	资金年利率 k	刀具成本现值 C_{dj}（元）
20	37.5			7.5	251	10%	3198.744
消耗品类别 i	消耗率 w_i/(L/h)	消耗品价格 c_i（元/L）		日工作时数 s/h	年工作天数 t/d	资金年利率 k	i 消耗品成本现值（元）
1	72/2000	21		7.5	251	10%	4534.22
2	32/3500	15		7.5	251	10%	822.31
3	550/1882.5	7		7.5	251	10%	12253.356

（续）

消耗品类别 i	消耗率 $w_i/(\text{L/h})$	消耗品价格 c_i（元/L）	日工作时数 s/h	年工作天数 t/d	资金年利率 k	i 消耗品成本现值（元）
4	10450/1875	0.0032	7.5	251	10%	107.1
消耗品成本现值合计 C_{xh}（元）						17716.986

年折旧率 τ	设备前 11 年折旧现值（元）	设备第 12 年折旧现值（元）	资金年利率 k	设备折旧现值 C_{zj}（元）
0.081	1644084.65	108800.2	10%	1752884.85

年维修费率 ϕ	设备前 11 年维修成本现值（元）	设备第 12 年维修成本现值（元）	资金年利率 k	设备维修成本现值 C_{wx}（元）
25%	412021.2	27200.05	10%	439221.25
使用商产品全生命周期工艺成本现值合计 C（元）				6460382.38

7.4.4 基于工序的维修工艺成本估算研究

1. 基于工序的维修工艺成本

一般来说，产品在运行阶段的维修包括产品的维护保养、检查、修理等。维护保养是指人们为保持产品正常工作以及消除隐患而进行的一系列日常保护工作，包括日常保养、一级保养、二级保养、三级保养等。检查是指人们对产品的运行状况、工作性能、零部件的磨损程度进行检查和校验，包括日常检查、定期检查等。修理是指人们对产品的磨损或损坏部位所进行的补偿或修复，包括小修、中修、大修等。

按照基于工序的工艺成本估算方法，可以实现对产品不同维修工艺成本的精确估算。维修成本的组成与制造成本基本一致，可以被分为材料成本、人工成本、制造费用、燃料动力费及其他费用等。不同的是，在维修工艺的实施过程中，维修工艺中列出的所有项目并不是一定要进行的，例如对于某些部件的修理或者紧固件、密封件的更换。如果是依据维护保养、检查的结果决策发生的，则对于合格的产品来说，应该是一个小概率事件，是或有维修，而且维修的耗费与发现问题的严重程度有关，因此这一部分维修成本是或有成本。针对产品维修中的或有成本问题，本章提出采用概率的方法估算修理成本。为了提高维修工艺成本估算的精确度，要求产品维修人员必须做好现场维修实时记录，工艺管理人员根据现场记录进行维修统计数据反馈，根据统计数据反馈，可以得到相关的概率数据。

1）或有维修的耗费与发现产品问题的严重程度有关，单次发生或有维修的耗费按照统计严重程度估算，缺少统计数据时按照中等严重程度估算。统计严重程度按照加权移动平均法计算，通过重叠分组，计算以往若干统计期间实际问题严重程度的移动加权平均数，作为对预测期间问题严重程度的预测数。假设距离预测期越近，实际值对预测值的影响越大，将所用期间数据分别确定不同的权数进行加权以后算出的加权平均数，作为预计产品问题严重程度预测数。权数通常确定的原则为：近期数据的权数大一些，远期数据的权数小一些。问题严重程度预测数的计算公式如下：

$$y_t = \frac{\sum\limits_{i=t-n}^{t-1} c_i x_i}{\sum\limits_{i=t-n}^{t-1} c_i} \tag{7-21}$$

式中　y_t——第 t 期间产品问题严重程度预测数，$t>n$，$0<y_t\leqslant1$；

$\quad\quad x_i$——第 i 期间实际产品问题严重程度，$0<x_i\leqslant1$；

$\quad\quad n$——移动平均期数，$1<n\leqslant$ 产品问题严重程度数据总期间数；

$\quad\quad c_i$——第 i 期间产品问题严重程度权数。

2）根据维修统计概率对或有维修成本进行加权，缺少统计数据时按照经验概率估算。或有维修统计概率按照加权移动平均法计算，计算公式亦如式（7-21）所示。式中，y_t 为第 t 期间或有维修统计概率预测数，$t>n$，$0<y_t\leqslant1$；x_i 为第 i 期间实际或有维修统计概率，如式（7-22）所示，$0<x_i\leqslant1$；n 为移动平均期数，$1<n\leqslant$ 或有维修统计概率数据总期间数；c_i 为第 i 期间或有维修统计概率权数。

$$x_i = N_M/N_S \tag{7-22}$$

式中　N_M——统计期间内或有维修发生次数；

$\quad\quad N_S$——统计期间内各级别维修总次数。

2. 基于工序的维修工艺成本估算示例

（1）机车车辆产品的维修工作级别　机车车辆维修工作分为五级检修，每级检修的工作重点各不相同，级别越高的检修项目越多，所消耗的人力和物力也就越多，各个级别的检修周期也不同，机车车辆的五级检修具体见表 7-11。

表 7-11　机车车辆的五级检修

序号	检修级别	检修周期
1	一级检修	每次运行结束之后，一般为 48h
2	二级检修	每运行 3 万 km，或 1 个月
3	三级检修	每运行 45 万 km，或 1 年
4	四级检修	每运行 90 万 km，或 3 年
5	五级检修	每运行 180 万 km，或 6 年

（2）基于工序的产品轮对一级检修工艺成本估算　机车产品轮对一级检修主要包括轮对整体的清洗，车轮、车轴的外观检查，车轮高度、宽度的检查，车轮、车轴的修理等。根据轮对一级检修工序，调研基础数据，估算单次发生的工艺成本，按照概率加权求出轮对单次一级检修工艺成本。表 7-12 和表 7-13 分别给出了轮对车轮镟修工序基础数据和单次轮对车轮镟修工序工艺成本估算，按照中等严重程度估算，其他工序工艺成本估算过程与其类似。表 7-14 给出了单次轮对一级检修工艺成本估算，是按照经验概率进行加权合计的。因为维修工作是在不同时间点发生的，维修成本需要考虑资金的时间成本，设资金利率为 10%，按照年金现值的计算公式和不变的成本计算成本现值，如式（7-23）所示。单件轮对一级检修工艺成本现值见表 7-15。其他级别维修工艺成本估算过程与其类似。

$$P = A\frac{1-(1+i)^{-n}}{i} \tag{7-23}$$

式中　P——现值；

$\quad\quad A$——年金；

$\quad\quad i$——与计算利息次数相对应的利率；

$\quad\quad n$——计算利息次数。

表 7-12　轮对车轮镟修工序基础数据

	检修名称	工序耗时 /min	使用工具	年产量 （件）	设备年工时 /h	工具使用寿命 /h		
1	车轮镟修	50	量尺、镟床	2880	2400	4800		
2	机床型号	价格 （元）	功率 /kW	电动机 负荷系数	机床利用系数	设备折旧率	设备利用率	设备采购 安装系数
	—	60000	30	0.9	0.9	10%	90%	0.15
3	操作者 等级	等级工资率（元/h）	福利费率	日工时/h	年调整工时/h	电价 [元/（kW·h）]	电灯使用功率 /kW	
	四级	22.5	14%	8	5	0.5	0.15	

表 7-13　单次轮对车轮镟修工序工艺成本估算

							单件费用
1	直接人工	单件工时 （min/件）	操作者 等级	等级工资率 （元/h）	福利费率		单件费用 （元/件）
		50	四级	22.5	14%		21.375
2	消耗电费	单件工时 （min/件）	电价 ［元/（kW·h）］	电灯使用 功率/kW			单件费用 （元/件）
		50	0.5	0.15			0.063
3	调整费用	年调整工时 /h	操作者等级	等级工资率 （元/h）	福利费率	年产量 （件）	单件费用 （元/件）
		5	四级	22.5	14%	2880	0.045
4	设备折旧	单件工时 （min/件）	设备价格 （元）	设备采购 安装系数	设备折旧率	设备利用率	设备年工时/h	单件费用 （元/件）
		50	60000	0.15	10%	90%	2400	0.347
5	设备修理费	设备折旧费 （元/件）	维修费率				单件费用 （元/件）
		0.347	25%				0.087
合计							21.917

表 7-14　单次轮对一级检修工艺成本估算

序号	维修项目	材料成本 （元/件）	人工成本 （元/件）	制造费用 （元/件）	燃料动力费用 （元/件）	成本合计 （元/件）	发生概率	成本加权 （元/件）
1	轮对装置外观清洗	16.026	40.61	0.085	0.1	56.821	1.00	56.821
2	车轮外观检查		25.65	0.089	1.2	26.939	1.00	26.939
3	车轮镟修		21.375	0.479	0.063	21.917	0.05	1.096
4	车轴外观检查		23.51	0.081	0.069	23.660	1.00	23.660
5	车轴镟修		19.24	0.431	0.056	19.727	0.05	0.986
6	制动盘外观检查		14.96	0.053	0.044	15.057	1.00	15.057
7	制动盘紧固性检查		7.70	0.218	0.023	7.941	1.00	7.941
8	轮对踏面检查		25.65	0.080	0.075	25.805	1.00	25.805
9	轮对踏面镟修		32.06	0.718	0.094	32.872	0.10	3.287

（续）

序号	维修项目	材料成本（元/件）	人工成本（元/件）	制造费用（元/件）	燃料动力费用（元/件）	成本合计（元/件）	发生概率	成本加权（元/件）
10	车轮踏面剥离检查		21.38	0.048	0.036	21.464	1.00	21.464
11	车轮踏面剥离镟修		18.38	0.574	0.075	19.029	0.10	1.903
12	轮辋检查		7.70	0.071	0.063	7.834	1.00	7.834
13	轮辋镟修		20.52	0.412	0.054	20.986	0.10	2.099
14	轮缘高度厚度检查		10.69	0.029	0.028	10.747	1.00	10.747
15	轮缘镟修		25.65	0.459	0.06	26.169	0.10	2.617
16	车轮更换	19981.960	537.620	236.760	1963.680	22720.020	0.01	227.200
17	车轴更换	5589.600	203.120	168.720	992.231	6953.671	0.01	69.537
合计								504.993

表 7-15 单件轮对一级检修工艺成本现值

维修间隔期	单次维修成本（元）	年维修次数	资金年利率	年维修成本现值（元）	10年维修成本现值（元）
48h(2d)	504.993	183	10%	87908.54	540162.81

第8章
现代精益制造水平评价研究

现代精益制造主要包括精益生产与精益工艺管理两部分，因此，对精益制造水平的评价，也应该从精益生产和精益工艺管理两部分来分别进行。

8.1 评价指标体系的建立原则

科学建立现代精益制造水平评价指标是决定评价工作成败的关键所在。如果评价指标特别是关键指标设定得当，将对现代精益制造管理施以正确导向，可以提高评价结论的精度和效果。现代精益制造水平评价指标体系的建立原则包括整体性原则、重点性原则、层次性原则、准确性原则、可比性原则、独立性原则、可操作性原则、定性分析与定量分析结合原则等。

（1）整体性原则　现代精益制造水平评价指标的设定应该涵盖评价客体工艺管理工作的各个方面，合理构造评价层次与评价指标。

（2）重点性原则　现代精益制造水平评价指标的设定应该全面准确地反映现代精益制造管理的基本目标，主次分明，尽可能筛选与目标关联最紧密的重要指标，突出关键指标的功能和在评价中的主导地位。

（3）层次性原则　将现代精益制造水平评价指标进行分析归类，明确指标之间的内在联系，有助于简化评价过程。

（4）准确性原则　现代精益制造水平评价指标的设定应该确保指标含义清楚明确，不能有模糊性。

（5）可比性原则　现代精益制造水平评价指标的设定应该保证行业内或供应链内企业之间具有较好的横向可比性，具有历史纵向可比性。

（6）独立性原则　现代精益制造水平评价指标的设定应该使指标之间尽可能独立，指标的关联性尽可能小。

（7）可操作性原则　现代精益制造水平评价指标的设定必须确保每个指标的评价具有可操作性，包括相关数据的获取与处理。

（8）定性分析与定量分析结合原则　为了进行综合评价，必须将部分反映系统基本特点的定性指标定量化、规范化，为采用定量评价方法打下基础。

此外，还包括目标导向原则、完备原则、SMART 原则［明确（specific）、可衡量（measurable）、可实现（attainable）、与考核对象相关（relative）、明确考核期限（time-sensitive）］、成本-效益原则、与时俱进原则等。

除遵循了上述基本原则外，还应注意解决以下几个问题：

（1）指标大类和数量问题　这是一个很困难的问题，有较大的处理幅度。一般来说，指标范围越宽，指标数量越多，则方案之间的差距越明显，更有利于判断和评价，但在确定指标的大类和指标的重要程度时也越困难，歪曲方案本质特性的可能性也越大。所以分配指标大类和确定指标的重要程度是建立现代精益制造水平评价指标的关键。

（2）评价指标体系的提出和确定问题　评价指标体系的制定要求尽可能地做到科学、合理、实用。而评价指标体系内容的多样性使其达到上述要求很困难。为了解决这种矛盾，通常采用德尔菲法，即经过广泛地收集专家意见，反复交换信息，通过统计处理和归纳综合等方法使评价指标体系达到上述要求。

（3）评价指标体系的可操作性　在制定评价系统的评价指标体系时，应考虑单个指标的量化标准和方法。

8.2　精益工艺管理水平评价

8.2.1　精益工艺管理水平评价指标体系的建立

1. 衡量工艺管理水平的主要标志

1987年机械委颁发的一号文件《关于加强工艺工作，加速采用国际标准，稳定、提高产品质量的通知》对工艺工作进行了具体布置，要求重点企业加强工艺管理、严格工艺纪律，在一两年内有明显的提高，要达到五项要求，①建立起健全、统一、有效的工艺管理体系；②有一套能充分发挥工艺人员作用的办法；③完善工艺文件和规章制度，严格考核办法，执行"三按"（按标准、按设计、按工艺）、"三定"（定机、定人、定工种），工艺纪律有明显好转；④建立起文明生产秩序；⑤消除因工艺管理不善而造成的产品质量问题。

近几年来，一些企业在实现上述五项要求的工作中，有许多好的经验，在研究、总结这些经验的基础上，对五项要求进行细化、深化，提出下列补充内容：

1）统一思想，认识工艺工作在企业中的重要地位和当前加强工艺工作的紧迫性，提高全体职工特别是各级领导的紧迫感；建立健全有效的工艺管理体系、工艺保证体系和工艺监督体系；实行分级负责制，明确各部门的职责，专人监督，信息能及时反馈，并与职工的经济利益挂钩，不断提高工艺工作的质量。

2）建立起文明生产秩序，做到主要产品均衡生产，实现生产现场的科学管理，积极采用先进、科学的现场管理方法。

3）开展各种技术教育，进行技术培训和岗位练兵，提高职工文化、技术水平、操作技能和职业道德。建立一套能发挥工艺人员作用的办法，调动工艺人员的积极性。

4）全厂重视工艺技术进步，使工艺技术水平不断提高，工艺装备得到更新。

5）工艺文件具有较高的技术水平，工艺方案和工艺流程设计合理，工艺过程优化，能较好地发挥工艺装备的能力，从而使劳动生产率提高，工艺能力能够适应产品开发的需要。

6）理顺工艺管理和质量管理、双增双节、企业上等级以及其他相关工作的关系，可以通过开发加强工艺管理、严格工艺纪律的活动，提高产品生产的一次合格率、一等品率和优等品率，降低物耗，提高经济效益，为企业上等级创造条件。

7）引进科学的工艺管理方法，采用计算机辅助管理、成组技术等，加强技术基础数据的收集、分析和积累。对已取得的技术成果注意巩固、完善和提高，达到精益求精，长期坚持，创造条件建立较完善的企业管理信息系统。

企业在实践的基础上又不断总结出许多好经验，例如：建立工艺保证体系和工艺监督体系，采用先进、科学的现场管理方法，开展技术教育，重视工艺技术进步和工艺知识管理，采用计算机辅助设计与管理等。

2. 精益工艺管理水平评价内容

精益工艺管理水平评价的主要内容包括工艺管理创新、全生命周期工艺管理、工艺知识管理、数字化工艺管理、工艺人力资源管理、工艺管理业绩评价等。

（1）工艺管理创新　工艺管理是企业重要的基础管理，对提高产品质量、提高生产率、降低消耗、增加经济效益、保证安全生产等都起着举足轻重的作用。时代在发展，经济也随之不断发展，而在发展过程中，必将会出现以前不曾有过的新问题、新矛盾。因此，企业的工艺管理工作也要不断创新、不断完善，以适应发展的需要。工艺管理创新把新的工艺管理要素（例如：新的管理方法、新的管理手段、新的管理模式等）或要素组合引入工艺管理系统，在产品制造、服务或作业方法的过程中运用，以更有效地实现组织工艺战略目标。

（2）全生命周期工艺管理　随着市场经济的不断发展与需求，高新技术不断更新、相互渗透、融合及衍生，使得传统的工艺管理已经不能在功能、交货期、质量、价格、服务等方面令顾客满意。这就要求现代工艺管理技术必须突破传统的生产技术准备与产品制造过程的范畴，要求对产品全生命周期的工艺工作进行技术管理和控制。面向产品全生命周期的现代工艺管理可以划为四个阶段：工艺基础规划研究阶段、生产技术准备阶段、制造过程管理与控制阶段和售后工艺服务阶段。其中，生产技术准备与制造过程管理与控制阶段的工艺管理相对比较经典，可以作为工艺管理基础借鉴。

（3）工艺知识管理　全球一体化加剧了市场竞争，企业必须把经营目标扩大到 TQCSE 五个方面并寻求全面最优。工艺知识管理能够把企业长期在实践中保存下来的知识资源，连同员工积累的实践经验和创新思想进行有效、合理的挖掘、共享和利用，这对企业保持竞争力至关重要。工艺知识管理工作是企业实施信息化、网络化、知识化、数字化的基础工作，也是"四化"的前提和保障。

（4）数字化工艺管理　随着高新技术的不断推陈出新，产品更新换代的频率不断提升。传统的手工工艺管理无论是在效率上还是质量上都已经不能满足发展的需要。再者，企业的工艺工作与企业许多部门发生密切联系，要求各个部门的信息集成，实现信息在企业间、地域间、国家间的集成。因此，为了提高企业对市场的响应能力和竞争力，数字化工艺管理已经成为关键技术之一。数字化工艺管理代表信息技术被高度应用于工艺管理，工艺管理相关信息资源被高度共享，从而使得工艺人员的智能潜力以及工艺资源潜力被充分发挥，工艺人员行为、工艺管理组织决策和工艺管理运行趋于合理化的理想状态。数字化工艺管理为跨时空、跨区域工艺管理集成，提高工艺管理效益提供了条件。

（5）工艺人力资源管理　工艺人力资源的知识技能、个人素质、职业道德等直接影响到产品的质量和企业的效率。故本章将工艺人力资源管理作为一级指标提出，通过注重对工艺人员的培养来充分发挥他们的主观能动性，提高企业整体士气。21世纪的竞争是人才的竞争、知识的竞争。工艺人力资源，特别是核心工艺人才，对于提高工艺管理水平至关重要。

（6）工艺管理业绩评价　企业的生产目的就是用尽可能低的生产经营成本（所费）去创造和实现（获取）尽可能大的产品和服务价值（所得），这是企业业绩的根本所在。工艺管理业绩评价模块从工艺质量、工艺定额、工艺成本及企业效益4个方面出发，对企业的生产过程及其结果做出一种价值评价，以发现薄弱环节，指明企业生产应努力的方向，获得最大的经济效益。工艺管理业绩评价依照预先确定的标准和一定的评价程序，运用科学的评价方法、按照评价的内容和标准对评价对象的工艺管理工作业绩进行定期和不定期的考核和评价，为工艺管理战略决策提供依据。

3. 精益工艺管理水平评价指标体系的具体内容

考虑到精益工艺管理水平评价各因素间的相互关联性、制约性，本章拟采用调查问卷法，经过初步拟定、专家咨询、信息反馈、统计处理和综合归纳等环节，最后筛选确定评价指标体系。

本章对精益工艺管理水平采用工艺管理创新、全生命周期工艺管理、工艺知识管理、数字化工艺管理、工艺人力资源管理、工艺管理业绩等6个方面的指标，建立了现代工艺管理水平评价指标体系，共6个一级指标，24个二级指标，67个三级指标，具体内容见表8-1。

表 8-1 现代工艺管理水平评价指标体系

一级指标	二级指标	三级指标
1. 工艺管理创新	1.1 工艺战略管理	1.1.1 工艺战略管理与企业战略管理协同
		1.1.2 工艺可持续发展战略管理
	1.2 工艺管理理念应用与创新	1.2.1 工艺管理理念自主应用与创新
		1.2.2 工艺管理理念引进消化吸收再创新
	1.3 新工艺新管理方法应用与创新	1.3.1 新工艺新管理方法自主应用与创新
		1.3.2 新工艺新管理方法引进消化吸收再创新
	1.4 工艺管理标准化创新	1.4.1 基于工业工程估算工时定额率
		1.4.2 基于工艺成本估算成本定额率
		1.4.3 绿色工艺
		1.4.4 工艺质量 6σ 管理
		1.4.5 文明工艺 6S 管理
	1.5 工艺及其管理研发经费比重	1.5.1 工艺及其管理研发经费占销售收入比重
		1.5.2 工艺及其管理研发经费占总研发经费比重
2. 全生命周期工艺管理	2.1 管理体系管理	2.1.1 工艺管理体系管理
		2.1.2 工艺保证体系管理
		2.1.3 工艺监督体系管理
	2.2 工艺文件管理	2.2.1 正确性
		2.2.2 完整性
		2.2.3 一致性
	2.3 工艺纪律管理	2.3.1 岗位责任制
		2.3.2 考核办法
		2.3.3 ABC 管理及工艺执行率
		2.3.4 操作者三定（定人、定机、定工种）
		2.3.5 生产三按（按技术标准、按设计图样、按工艺文件）

（续）

一级指标	二级指标	三级指标
2. 全生命周期工艺管理	2.4 现场工艺管理	2.4.1 职能部门现场责任制
		2.4.2 工序质量管理
		2.4.3 定置管理
		2.4.4 均衡生产
		2.4.5 现场工艺记录
	2.5 工艺装备管理	2.5.1 工艺装备设计管理
		2.5.2 工艺装备制造管理
		2.5.3 工艺装备使用维修管理
	2.6 工艺定额管理	2.6.1 工艺材料定额制定/验证/控制/管理
		2.6.2 工艺工时定额制定/验证/控制/管理
		2.6.3 工艺成本定额制定/验证/控制/管理
3. 工艺知识管理	3.1 工艺知识管理	3.1.1 工艺知识分类及编码体系管理
		3.1.2 工艺知识存储管理
		3.1.3 工艺知识数据库优化管理
		3.1.4 工艺知识发布管理
4. 数字化工艺管理	4.1 工艺管理数字化平台	4.1.1 工艺管理数字化平台搭建
		4.1.2 工艺管理物联网
	4.2 工艺管理信息仓库	4.2.1 工艺管理数据仓库搭建
		4.2.2 工艺管理知识库搭建
	4.3 工艺管理数字化协同	4.3.1 工艺规划与产品设计实时协同
		4.3.2 工艺工作与企业经营活动和部门多元协同
		4.3.3 远程工艺管理协同
	4.4 工艺管理数字化资源	4.4.1 工艺管理软硬件
		4.4.2 工艺管理网络
5. 工艺人力资源管理	5.1 工艺人力资源工艺知识与技能	5.1.1 工艺人员工艺知识与技能
		5.1.2 生产人员工艺知识与技能
	5.2 工艺人力资源培养	5.2.1 工艺人员培养与再教育
		5.2.2 生产人员培养与再教育
	5.3 工艺人员匹配	5.3.1 工艺人员与设计人员比例
		5.3.2 工艺人员占研发人员比例
6. 工艺管理业绩	6.1 工艺质量	6.1.1 关键件一次合格品率
		6.1.2 关键工序与瓶颈工序的工序能力
	6.2 工艺定额	6.2.1 工艺工时劳动生产率
		6.2.2 工艺材料利用率
	6.3 工艺成本	6.3.1 工艺成本与质量成本比率
		6.3.2 工艺成本与产品成本比率

（续）

一级指标	二级指标	三级指标
6. 工艺管理业绩	6.3 工艺成本	6.3.3 工艺成本与销售收入比率
		6.3.4 工艺成本利润率
	6.4 工艺管理满意度	6.4.1 客户满意度
		6.4.2 工作满意度
		6.4.3 员工满意度
	6.5 企业效益	6.5.1 企业经营销售收入
		6.5.2 企业经营利润

工艺管理创新、全生命周期工艺管理、工艺知识管理、数字化工艺管理、工艺人力资源管理、工艺管理业绩是一级指标，一级指标下又分设 24 个二级指标。其中，工艺管理创新下设工艺战略管理、工艺管理理念应用与创新、新工艺新管理方法应用与创新、工艺管理标准化创新、工艺及其管理研发经费比重等 5 个二级指标；全生命周期工艺管理下设管理体系管理、工艺文件管理、工艺纪律管理、现场工艺管理、工艺装备管理、工艺定额管理等 6 个二级指标；数字化工艺管理下设工艺管理数字化平台、工艺管理信息仓库、工艺管理数字化协同、工艺管理数字化资源等 4 个二级指标；工艺人力资源管理下设工艺人力资源工艺知识与技能、工艺人力资源培养、工艺人员匹配等 3 个二级指标；工艺管理业绩下设工艺质量、工艺定额、工艺成本、工艺管理满意度、企业效益等 5 个二级指标。各个二级指标下又设相应的三级指标。

8.2.2 评价指标的含义

1. 工艺管理创新评价

工艺管理创新是指以新思维、新发明和新描述为特征的工艺管理更新、工艺管理创造过程。创新是人类特有的认识能力和实践能力，是人类主观能动性的高级表现形式。工艺管理创新是企业生产力发展的源泉之一。衡量工艺管理创新的指标有 5 个：

（1）工艺战略管理　从战略的高度，以集团、企业全局的角度，对工艺管理进行评价。主要考虑工艺战略管理与企业战略管理协同、工艺可持续发展的战略管理等。

（2）工艺管理理念应用与创新　主要包括工艺管理理念的自主应用与创新和引进消化吸收再创新的考量等。

（3）新工艺新管理方法应用与创新　主要包括新工艺、新管理方法自主应用与创新和引进消化吸收再创新等方面的考量等。

（4）工艺管理标准化创新　主要包括工艺定额制定实施创新方法的数量与程度的考量，实施绿色工艺的数量与程度的考量，工艺现场实施 6σ 工艺质量控制与管理的数量与程度的考量，工艺现场实施文明工艺管理及 6S 管理的数量与程度的考量等。

（5）工艺及其管理研发经费比重　主要包括工艺及其管理研发经费投入占销售收入比重和工艺及其管理研发经费投入占总研发经费比重等。

2. 全生命周期工艺管理评价

随着市场经济的不断发展与需求，高新技术不断更新，相互渗透、融合及衍生，使得传统的工艺管理已经不能在功能、交货期、质量、价格、服务等方面令顾客满意。这就要求现代工艺管理技术必须突破传统的生产技术准备与产品制造过程的范畴，要求对产品全生命周期的工艺工作进行技术管理和控制。衡量全生命周期工艺管理的指标有6个：

（1）管理体系管理　主要包括工艺管理体系管理、工艺保证体系管理、工艺监督体系管理等。

（2）工艺文件管理　主要包括工艺文件的正确性、完整性、一致性等。

（3）工艺纪律管理　主要包括岗位责任制、考核办法、ABC管理及工艺执行率、操作者三定（定人、定机、定工种）、生成三按（按技术标准、按设计图样、按工艺文件）等。

（4）现场工艺管理　主要包括职能部门现场责任制、工序质量管理、定置管理、均衡生产、现场工艺记录等。

（5）工艺装备管理　主要包括工艺装备设计管理、工艺装备制造管理、工艺装备使用维修管理等。

（6）工艺定额管理　主要包括工艺材料定额制定/验证/控制/管理、工艺工时定额制定/验证/控制/管理、工艺成本定额制定/验证/控制/管理等。

3. 工艺知识管理评价

在从工业经济向知识经济的转化中，知识正成为生产要素中最活跃最重要的部分。知识的创新和应用使企业在竞争中不断发展，并创造巨大财富。同时，全球一体化加剧了市场竞争，企业必须把经营的目标扩大到TQCSE五个方面并寻求最优，为此，技术创新成为企业永恒的日常工作，工艺知识在制造企业中的地位日益显著。工艺知识管理即对工艺知识进行分类、编码、表达、搜集、存储、检索、发布和挖掘的管理，在此过程中个人和组织可以获得新知识和新经验，为企业技术创新提供技术支持，辅助企业进行决策。工艺知识管理的水平直接决定着企业生产力水平和企业的市场竞争力，因此，对工艺知识管理进行评价，可以使企业清醒地认识到自己在工艺知识管理水平上所处的位置，认识到自己的优势与不足，从而认清自己的努力方向。工艺知识管理水平的衡量指标主要有4个：

（1）工艺知识分类及编码体系管理　由于工艺知识的广泛性和复杂性，必须对工艺知识中的数据进行简化处理。

（2）工艺知识存储管理　工艺知识的存储媒介有很多，如书本、大脑、磁带等。由于计算机技术的迅速发展，工艺知识的存储也向数字化的方向发展。

（3）工艺知识数据库优化管理　工艺知识的数据文件和日志文件的位置和分布对系统的性能非常重要。所以要对工艺知识的数据库进行优化。

（4）工艺知识发布管理　工艺知识经过收集、分类、存储、转化以后，应及时将源知识和处理过的知识传递给需要的人或在允许范围内进行发布。工艺知识发布应做到将最恰当的知识在适当的时间传递给最需要的人。

4. 数字化工艺管理评价

数字化工艺管理是指将复杂多变的工艺管理信息转变为可以度量的数字、数据，再以这些数字、数据建立起适当的数字化工艺管理模型，以借助网络和计算机实现的工艺管理。衡量数字化工艺管理的指标有4个：

（1）工艺管理数字化平台　主要包括工艺管理数字化平台搭建、工艺管理物联网等。

（2）工艺管理信息仓库　主要包括工艺管理数据仓库搭建、工艺管理知识库搭建等。

（3）工艺管理数字化协同　　主要包括工艺规划与产品设计实时协同、工艺工作与企业经营活动和部门多元协同、远程工艺管理协同等。

（4）工艺管理数字化资源　　主要包括工艺管理软硬件、工艺管理网络等。

5. 工艺人力资源管理评价

工艺人力资源管理是指运用现代化的科学方法，对工艺相关人员进行合理的培训、组织和调配，使工艺人力与工艺物力保持最佳比例，同时对工艺相关人员的思想、心理和行为进行恰当的引导和协调，充分发挥人的主观能动性，使人尽其才，事得其人，人事相宜，以实现工艺管理目标。衡量工艺人力资源管理的指标有 3 个：

（1）工艺人力资源工艺知识与技能　　主要包括工艺人员工艺知识与技能、生产人员工艺知识与技能等。

（2）工艺人力资源培养　　主要包括工艺人员培养与再教育、工艺相关生产人员培养与再教育。

（3）工艺人员匹配　　主要包括工艺人员与设计人员比例、工艺人员占研发人员比例等。

6. 工艺管理业绩评价

工艺管理业绩是指工艺管理高效果和高效率地利用有限资源做出的成就与成果。衡量工艺管理业绩的指标有 5 个：

（1）工艺质量　　主要包括关键件一次合格品率、关键工序与瓶颈工序的工序能力等。

（2）工艺定额　　主要包括工艺工时劳动生产率、工艺材料利用率等。

（3）工艺成本　　主要包括工艺成本与质量成本比率、工艺成本与产品成本比率、工艺成本与销售收入比率、工艺成本利润率等。

（4）工艺管理满意度　　主要包括客户满意度、工作满意度、员工满意度等。

（5）企业效益　　主要包括企业经营销售收入、企业经营利润等。

8.2.3　评价标准的制定

精益工艺管理水平评价指标评价的是项目，评价标准是评价项目的参照系与评价度量。评价标准参照系的范围与难易程度，将直接影响评价结果。因此确定评价标准，提供评价参照系，是开展精益工艺管理水平评价的关键环节之一。为了便于专家评价，本书将评价标准级设置为优、良、中、差四个等级。

一般评价标准类型分为两种：绝对标准和相对标准。绝对标准是指以评价对象工作的行为特征作为一种标准，然后将达到该项标准的评价对象列入评估范围内，而不是评价对象相互间做比较的标准。绝对标准的评估重点在于以固定标准衡量评价对象。相对标准是指以评价对象间的表现相互比较而产生的一种标准，也就是以相互比较来评定评价对象工作的优劣，将评价对象按某种标准做顺序排名，或将评价对象归入事先确定的等级内，再加以排名。

精益工艺管理水平评价应采用绝对标准和相对标准相结合的方法。绝对标准是客观标准，多数以定量指标，如工作数量、质量和成本费用等来衡量，用绝对指标可以对每个评价对象进行单独考核。而相对标准是针对定性指标来确定的，因为定性指标难以制定客观标准。这里对精益工艺管理水平评价采用定量指标与定性指标相结合的方法，评价标准既有绝对标准，又有相对标准。

精益工艺管理水平的三级指标评价标准见表 8-2。

表 8-2 精益工艺管理水平三级指标评价标准

评价指标	优	良	中	差
1.1.1 工艺战略管理与企业战略管理协同	能够完全正确理解集团、企业战略,能够完全把握战略的关键点	能够正确理解集团、企业战略,能够把握战略的关键点	基本理解集团、企业战略,基本把握战略的关键点	个别理解集团、企业战略,未能把握战略的关键点
1.1.2 工艺可持续发展战略管理	能够完全把握工艺可持续发展战略的关键点	能够把握工艺可持续发展战略的关键点	基本把握工艺可持续发展战略的关键点	个别把握工艺可持续发展战略的关键点
1.2.1 工艺管理理念自主应用与创新	具有很强的工艺管理理念自主创新能力,经常对工艺管理理念提出新的思路或者改善思路,进行新的实践	具有工艺管理理念自主创新能力,能够对工艺管理理念提出新的思路或改善思路,进行新的实践	工艺管理理念自主创新能力一般,偶尔对工艺管理理念提出新的思路或者改善思路,进行新的实践	工艺管理理念自主创新能力较弱,未能对工艺管理理念提出新的思路或者改善思路,在督促下尚能进行新的实践
1.2.2 工艺管理理念引进消化吸收再创新	能够积极主动进行工艺管理理念引进消化吸收再创新,进行新的实践	能够进行工艺管理理念引进消化吸收再创新,进行新的实践	偶尔进行工艺管理理念引进消化吸收再创新,进行新的实践	未能进行工艺管理理念引进消化吸收再创新,在督促下尚能够进行新的实践
1.3.1 新工艺新管理方法自主应用与创新	具有很强的新工艺新管理方法自主创新能力,经常对工艺及管理方法提出新的思路或者改善思路,进行新的实践	具有新工艺新管理方法自主创新能力,能够对工艺及管理方法提出新的思路或者改善思路,进行新的实践	新工艺新管理方法自主创新能力一般,偶尔对工艺及管理方法提出新的思路或者改善思路,进行新的实践	新工艺新管理方法自主创新能力较弱,未能对工艺及管理方法提出新的思路或者改善思路,在督促下尚能够进行新的实践
1.3.2 新工艺新管理方法引进消化吸收再创新	能够积极主动进行新工艺新管理方法引进消化吸收再创新,进行新的实践	能够进行新工艺新管理方法引进消化吸收再创新,进行新的实践	偶尔进行新工艺新管理方法引进消化吸收再创新,进行新的实践	未能进行新工艺新管理方法引进消化吸收再创新,在督促下尚能够进行新的实践
1.4.1 基于工业工程估算工时定额率	基于工业工程估算工时定额率在 90% 及以上	基于工业工程估算工时定额率在 70%~89%	基于工业工程估算工时定额率在 50%~69%	基于工业工程估算工时定额率在 49% 及以下
1.4.2 基于工艺成本估算成本定额率	基于工艺成本估算成本定额率在 90% 及以上	基于工艺成本估算成本定额率在 70%~89%	基于工艺成本估算成本定额率在 50%~69%	基于工艺成本估算成本定额率在 49% 及以下
1.4.3 绿色工艺	在工艺设计中充分考虑绿色工艺率在 90% 及以上	在工艺设计中充分考虑绿色工艺率在 70%~89%	在工艺设计中充分考虑绿色工艺率在 50%~69%	在工艺设计中充分考虑绿色工艺率在 49% 及以下
1.4.4 工艺质量 6σ 管理	能够积极主动进行工艺质量 6σ 管理教育与实践,取得显著的效果	能够进行工艺质量 6σ 管理教育与实践,取得较好的效果	偶尔进行工艺质量 6σ 管理教育与实践,取得一定的效果	未能进行工艺质量 6σ 管理教育与实践
1.4.5 文明工艺 6S 管理	能够积极主动进行文明工艺 6S 管理教育与实践,已经形成日常工艺规范,取得显著的效果	能够进行文明工艺 6S 管理教育与实践,取得较好的效果	偶尔进行文明工艺 6S 管理教育与实践,取得一定的效果	未能进行文明工艺 6S 管理教育与实践

（续）

评价指标	优	良	中	差
1.5.1 工艺及其管理研发经费占销售收入比重	工艺及其管理研发经费占销售收入比重5%及以上	工艺及其管理研发经费占销售收入比重3%~4%	工艺及其管理研发经费占销售收入比重1%~2%	工艺及其管理研发经费占销售收入比重1%以下
1.5.2 工艺及其管理研发经费占总研发经费比重	工艺及其管理研发经费占总研发经费比重30%及以上	工艺及其管理研发经费占总研发经费比重20%~29%	工艺及其管理研发经费占总研发经费比重10%~19%	工艺及其管理研发经费占总研发经费比重9%及以下
2.1.1 工艺管理体系管理	建立健全完善的工艺管理体系,运行良好,取得显著的效果	建立健全工艺管理体系,运行正常,取得较好的效果	建立工艺管理体系,运行基本正常,取得一定的效果	未能建立工艺管理体系
2.1.2 工艺保证体系管理	建立健全完善的工艺保证体系,运行良好,取得显著的效果	建立健全工艺管理保证体系,运行正常,取得较好的效果	建立工艺管理保证体系,运行基本正常,取得一定的效果	未能建立工艺管理保证体系
2.1.3 工艺监督体系管理	建立健全完善的工艺管理监督体系,运行良好,取得显著的效果	建立健全工艺管理监督体系,运行正常,取得较好的效果	建立工艺管理监督体系,运行基本正常,取得一定的效果	未能建立工艺管理监督体系
2.2.1 正确性	工艺文件正确性在90%及以上	工艺文件正确性在70%~89%	工艺文件正确性在50%~69%	工艺文件正确性在49%及以下
2.2.2 完整性	工艺文件完整性在90%及以上	工艺文件完整性在70%~89%	工艺文件完整性在50%~69%	工艺文件完整性在49%及以下
2.2.3 一致性	工艺文件一致性在90%及以上	工艺文件一致性在70%~89%	工艺文件一致性在50%~69%	工艺文件一致性在49%及以下
2.3.1 岗位责任制	建立健全完善的工艺纪律岗位责任制,运行良好,获得显著的效果	建立健全工艺纪律岗位责任制,运行正常,获得较好的效果	建立工艺纪律岗位责任制,运行基本正常,获得一定的效果	未能建立工艺纪律岗位责任制
2.3.2 考核办法	建立健全完善的工艺纪律考核办法,运行良好,获得显著的效果	建立健全工艺纪律考核办法,运行正常,获得较好的效果	建立工艺纪律考核办法,运行基本正常,获得一定的效果	未能建立工艺纪律考核办法
2.3.3 ABC 管理及工艺执行率	工艺纪律 ABC 管理及工艺执行率在90%及以上	工艺纪律 ABC 管理及工艺执行率在70%~89%	工艺纪律 ABC 管理及工艺执行率在50%~69%	工艺纪律 ABC 管理及工艺执行率在49%及以下
2.3.4 操作者三定（定人、定机、定工种）	操作者能够完全按照三定	操作者能够按照三定	操作者基本按照三定	操作者未能按照三定
2.3.5 生产三按（按技术标准、按设计图样、按工艺文件）	生产能够完全按照三按	生产能够按照三按	生产基本按照三按	生产未能按照三按
2.4.1 职能部门现场责任制	建立健全完善的职能部门现场责任制,运行良好,取得显著的效果	建立健全职能部门现场责任制,运行正常,取得较好的效果	建立职能部门现场责任制,运行基本正常,取得一定的效果	未能建立职能部门现场责任制

（续）

评价指标	优	良	中	差
2.4.2 工序质量管理	建立健全完善的现场工艺工序质量管理体系,运行良好,取得显著的效果	建立健全现场工艺工序质量管理体系,运行正常,取得较好的效果	建立现场工艺工序质量管理体系,运行基本正常,取得一定的效果	未能建立工现场工艺工序质量管理体系
2.4.3 定置管理	建立健全完善的现场工艺定置管理体系,运行良好,取得显著的效果	建立健全现场工艺定置管理体系,运行正常,取得较好的效果	建立现场工艺定置管理体系,运行基本正常,取得一定的效果	未能建立现场工艺定置管理体系
2.4.4 均衡生产	现场工艺均衡生产在90%及以上	现场工艺均衡生产在70%~89%	现场工艺均衡生产在50%~69%	现场工艺均衡生产在49%及以下
2.4.5 现场工艺记录	现场工艺记录在90%及以上	现场工艺记录在70%~89%	现场工艺记录在50%~69%	现场工艺记录在49%及以下
2.5.1 工艺装备设计管理	建立健全完善的工艺装备设计管理体系,运行良好,取得显著的效果	建立健全工艺装备设计管理体系,运行正常,取得较好的效果	建立工艺装备设计管理体系,运行基本正常,取得一定的效果	未能建立工艺装备设计管理体系
2.5.2 工艺装备制造管理	建立健全完善的工艺装备制造管理体系,运行良好,取得显著的效果	建立健全工艺装备制造管理体系,运行正常,取得较好的效果	建立工艺装备制造管理体系,运行基本正常,取得一定的效果	未能建立工艺装备制造管理体系
2.5.3 工艺装备使用维修管理	建立健全完善的工艺装备使用维修管理体系,运行良好,取得显著的效果	建立健全工艺装备使用维修管理体系,运行正常,取得较好的效果	建立工艺装备使用维修管理体系,运行基本正常,取得一定的效果	未能建立工艺装备使用维修管理体系
2.6.1 工艺材料定额制定/验证/控制/管理	建立健全完善的工艺材料定额制定/验证/控制/管理体系,运行良好,取得显著的效果	建立健全工艺材料定额制定/验证/控制/管理体系,运行正常,取得较好的效果	建立工艺材料定额制定/验证/控制/管理体系,运行基本正常,取得一定的效果	未能建立工艺材料定额制定/验证/控制/管理体系
2.6.2 工艺工时定额制定/验证/控制/管理	建立健全完善的工艺工时定额制定/验证/控制/管理体系,运行良好,取得显著的效果	建立健全工艺工时定额制定/验证/控制/管理体系,运行正常,取得较好的效果	建立工艺工时定额制定/验证/控制/管理体系,运行基本正常,取得一定的效果	未能建立工艺工时定额制定/验证/控制/管理体系
2.6.3 工艺成本定额制定/验证/控制/管理	建立健全完善的工艺成本定额制定/验证/控制/管理体系,运行良好,取得显著的效果	建立健全工艺成本定额制定/验证/控制/管理体系,运行正常,取得较好的效果	建立工艺成本定额制定/验证/控制/管理体系,运行基本正常,取得一定的效果	未能建立工艺成本定额制定/验证/控制/管理体系
3.1.1 工艺知识分类及编码体系管理	建立健全完善的工艺知识分类及编码体系,运行良好,取得显著的效果	建立健全工艺知识分类及编码体系,运行正常,取得较好的效果	建立工艺知识分类及编码体系,运行基本正常,取得一定的效果	未能建立工艺知识分类及编码体系

（续）

评价指标	优	良	中	差
3.1.2 工艺知识存储管理	建立健全完善的工艺知识存储管理体系，运行良好，取得显著的效果	建立健全工艺知识存储管理体系，运行正常，取得较好的效果	建立工艺知识存储管理体系，运行基本正常，取得一定的效果	未能建立工艺知识存储管理体系
3.1.3 工艺知识数据库优化管理	建立健全完善的工艺知识数据库优化管理体系，运行良好，取得显著的效果	建立健全工艺知识数据库优化管理体系，运行正常，取得较好的效果	建立工艺知识数据库优化管理体系，运行基本正常，取得一定的效果	未能建立工艺知识数据库优化管理体系
3.1.4 工艺知识发布管理	建立健全完善的工艺知识发布管理体系，运行良好，取得显著的效果	建立健全工艺知识发布管理体系，运行正常，取得较好的效果	建立工艺知识发布管理体系，运行基本正常，取得一定的效果	未能建立工艺知识发布管理体系
4.1.1 工艺管理数字化平台搭建	工艺管理数字化平台搭建在90%及以上	工艺管理数字化平台搭建在70%~89%	工艺管理数字化平台搭建在50%~69%	工艺管理数字化平台搭建在49%及以下
4.1.2 工艺管理物联网	工艺管理物联网运用率在90%及以上	工艺管理物联网运用率在70%~89%	工艺管理物联网运用率在50%~69%	工艺管理物联网运用率在49%及以下
4.2.1 工艺管理数据仓库搭建	建立健全完善的工艺管理数据仓库，运行良好，取得显著的效果	建立健全工艺管理数据仓库，运行正常，取得较好的效果	建立工艺管理数据仓库，运行基本正常，取得一定的效果	未能建立工艺管理数据仓库
4.2.2 工艺管理知识库搭建	建立健全完善的工艺管理知识库，运行良好，取得显著的效果	建立健全工艺管理知识库，运行正常，取得较好的效果	建立工艺管理知识库，运行基本正常，取得一定的效果	未能建立工艺管理知识库
4.3.1 工艺规划与产品设计实时协同	能够完全实现关键件工艺规划与设计的实时协同，能够完全准时把握产品全生命周期工艺的关键点	能够实现关键件工艺规划与设计的实时协同，能够准时把握产品全生命周期工艺的关键点	基本实现关键件工艺规划与设计的实时协同，基本准时把握产品全生命周期工艺的关键点	未能实现关键件工艺规划与设计的实时协同，未能准时把握产品全生命周期工艺的关键点
4.3.2 工艺工作与企业经营活动和部门多元协同	能够完全实现工艺工作与企业经营活动和相关部门的多元协同，能够完全准时把握产品全生命周期工艺工作实施的关键点	能够实现工艺工作与企业经营活动和相关部门的多元协同，能够及时把握产品全生命周期工艺工作实施的关键点	基本实现工艺工作与企业经营活动和相关部门的多元协同，基本把握产品全生命周期工艺工作实施的关键点	部分实现工艺工作与企业经营活动和相关部门的多元协同，未能把握产品全生命周期工艺工作实施的关键点
4.3.3 远程工艺管理协同	能够完全实现远程工艺管理协同，能够完全把握产品全生命周期远程工艺工作实施的关键点	能够实现远程工艺管理协同，能够把握产品全生命周期远程工艺工作实施的关键点	基本实现远程工艺管理协同，基本把握产品全生命周期远程工艺工作实施的关键点	个别实现远程工艺管理协同，个别把握产品全生命周期远程工艺工作实施的关键点
4.4.1 工艺管理软硬件	工艺管理软硬件具有很高的水平，运行维护良好，效益显著	工艺管理软硬件具有较高的水平，运行维护较好，效益较好	工艺管理软硬件具有一定的水平，运行维护一般，效益一般	工艺管理软硬件水平不足以支持工艺管理正常工作
4.4.2 工艺管理网络	工艺管理网络具有很高的水平，运行维护良好，效益显著	工艺管理网络具有较高的水平，运行维护较好，效益较好	工艺管理网络具有一定的水平，运行维护一般，效益一般	工艺管理网络水平不足以支持工艺管理正常工作

（续）

评价指标	优	良	中	差
5.1.1 工艺人员工艺知识与技能	能够很好地掌握现代工艺管理知识与相关技能，分析问题和解决问题的能力很强，工作条理性计划性很强，具有很强的口头和文字表达能力，创新力和执行力很强，具有很强的团队精神与凝聚力，工作业绩显著	能够掌握现代工艺管理知识与相关技能，具有分析问题和解决问题的能力，工作有条理性和计划性，具有较强的口头和文字表达能力，创新力和执行力较强，具有较强的团队精神与凝聚力，工作业绩较好	基本掌握现代工艺管理知识与相关技能，分析问题和解决问题的能力一般，工作条理性计划性一般，具有一定的口头和文字表达能力，创新力和执行力一般，具有一定的团队精神与凝聚力，工作业绩一般	个别掌握现代工艺管理知识与相关技能，分析问题和解决问题的能力较弱，工作基本有条理性计划性，口头和文字表达能力较弱，创新力和执行力较弱，团队精神与凝聚力较弱
5.1.2 生产人员工艺知识与技能	能够很好地掌握相关工艺管理知识与相关技能，工作条理性计划性很强，执行力很强，具有很强的团队精神与凝聚力，工作业绩显著	能够掌握相关工艺管理知识与相关技能，工作条理性计划性较强，执行力较强，具有较强的团队精神与凝聚力，工作业绩较好	基本掌握相关工艺管理知识与相关技能，工作条理性计划性一般，执行力一般，具有基本的团队精神与凝聚力，工作业绩一般	个别掌握相关工艺管理知识与相关技能，工作条理性计划性较弱，执行力较弱
5.2.1 工艺人员培养与再教育	工艺人员培养与再教育的知识范畴、培养与再教育时间、培养与再教育水平100%达标，培养与再教育成果显著	工艺人员培养与再教育的知识范畴、培养与再教育时间、培养与再教育水平80%~99%达标，培养与再教育成果较好	工艺人员培养与再教育的知识范畴、培养与再教育时间、培养与再教育水平70%~79%达标，具有一定的培养与再教育成果	工艺人员培养与再教育的知识范畴、培养与再教育时间、培养与再教育水平69%及以下达标
5.2.2 生产人员培养与再教育	生产工艺相关人员培养与再教育的知识范畴、培养与再教育时间、培养与再教育水平100%达标，培养与再教育成果显著	生产工艺相关人员培养与再教育的知识范畴、培养与再教育时间、培养与再教育水平80%~99%达标，培养与再教育成果较好	生产工艺相关人员培养与再教育的知识范畴、培养与再教育时间、培养与再教育水平70%~79%达标，具有一定的培养与再教育成果	生产工艺相关人员培养与再教育的知识范畴、培养与再教育时间、培养与再教育水平69%及以下达标
5.3.1 工艺人员与设计人员比例	工艺人员与设计人员比例为5:1	工艺人员与设计人员比例为4:1	工艺人员与设计人员比例为3:1	工艺人员与设计人员比例为2:1及以下
5.3.2 工艺人员占研发人员比例	工艺人员占研发人员比例50%及以上	工艺人员占研发人员比例30%~49%	工艺人员占研发人员比例21%~29%	工艺人员占研发人员比例20%及以下
6.1.1 关键件一次合格品率	关键件一次合格品率在98%及以上	关键件一次合格品率在96%~97%	关键件一次合格品率在94%~95%	关键件一次合格品率94%以下
6.1.2 关键工序与瓶颈工序的工序能力	关键工序与瓶颈工序的工序能力5σ及以上	关键工序与瓶颈工序的工序能力区间为$[4\sigma,5\sigma)$	关键工序与瓶颈工序的工序能力区间内$[3\sigma,4\sigma)$	关键工序与瓶颈工序的工序能力3σ以下
6.2.1 工艺工时劳动生产率	工艺工时劳动生产率在95%及以上	工艺工时劳动生产率在90%~94%	工艺工时劳动生产率在85%~89%	工艺工时劳动生产率在84%及以下
6.2.2 工艺材料利用率	工艺材料利用率在95%及以上	工艺材料利用率在90%~94%	工艺材料利用率在85%~89%	工艺材料利用率在84%及以下

（续）

评价指标	优	良	中	差
6.3.1 工艺成本与质量成本比率	工艺成本与质量成本比率相对标准环比呈持续上升趋势	工艺成本与质量成本比率相对标准环比呈上升趋势	工艺成本与质量成本比率相对标准环比呈波动上升趋势	工艺成本与质量成本比率相对标准环比呈波动下降趋势
6.3.2 工艺成本与产品成本比率	工艺成本与产品成本比率相对标准环比呈持续上升趋势	工艺成本与产品成本比率相对标准环比呈上升趋势	工艺成本与产品成本比率相对标准环比呈波动上升趋势	工艺成本与产品成本比率相对标准环比呈波动下降趋势
6.3.3 工艺成本与销售收入比率	工艺成本与销售收入比率相对标准环比呈持续下降趋势	工艺成本与销售收入比率相对标准环比呈下降趋势	工艺成本与销售收入比率相对标准环比呈波动下降趋势	工艺成本与销售收入比率相对标准环比呈波动上升趋势
6.3.4 工艺成本利润率	工艺成本利润率相对标准环比呈持续上升趋势	工艺成本利润率相对标准环比呈上升趋势	工艺成本利润率相对标准环比呈波动上升趋势	工艺成本利润率相对标准环比呈波动下降趋势
6.4.1 客户满意度	外部客户、内部客户对产品及服务的满意度环比呈持续上升趋势	外部客户、内部客户对产品及服务的满意度环比呈上升趋势	外部客户、内部客户对产品及服务的满意度环比呈波动上升趋势	外部客户、内部客户对产品及服务的满意度环比呈波动下降趋势
6.4.2 工作满意度	所有者、经营者、上级主管部门的满意度，产品全生命周期工艺管理体系、工艺保证体系、工艺监督体系的纵向上下级、横向协同部门、自身的满意度环比呈持续上升趋势	所有者、经营者、上级主管部门的满意度，产品全生命周期工艺管理体系、工艺保证体系、工艺监督体系的纵向上下级、横向协同部门、自身的满意度环比呈上升趋势	所有者、经营者、上级主管部门的满意度，产品全生命周期工艺管理体系、工艺保证体系、工艺监督体系的纵向上下级、横向协同部门、自身的满意度环比呈波动上升趋势	所有者、经营者、上级主管部门的满意度，产品全生命周期工艺管理体系、工艺保证体系、工艺监督体系的纵向上下级、横向协同部门、自身的满意度环比呈波动下降趋势
6.4.3 员工满意度	工艺人员具有很强的忠诚度、荣誉感、个人成就感，在信任授权、薪酬福利、职业兴趣、发展空间、素质培养等方面获得充分的满足，核心工艺相关人员流失率0%	工艺人员具有较强的忠诚度、荣誉感、个人成就感，在信任授权、薪酬福利、职业兴趣、发展空间、素质培养等方面获得满足，核心工艺相关人员流失率在1%~5%	工艺人员具有一定的忠诚度、荣誉感、个人成就感，在信任授权、薪酬福利、职业兴趣、发展空间、素质培养等方面获得一定的满足，核心工艺相关人员流失率在6%~10%	工艺人员缺少忠诚度、荣誉感、个人成就感，在信任授权、薪酬福利、职业兴趣、发展空间、素质培养等方面未能获得满足，核心工艺相关人员流失率在11%及以上
6.5.1 企业经营销售收入	集团、企业产品销售收入相对标准环比呈持续上升趋势	集团、企业产品销售收入相对标准环比呈上升趋势	集团、企业产品销售收入相对标准环比呈波动上升趋势	集团、企业产品销售收入相对标准环比呈波动下降趋势
6.5.2 企业经营利润	集团、企业产品利润相对标准环比呈持续上升趋势	集团、企业产品利润相对标准环比呈上升趋势	集团、企业产品利润相对标准环比呈波动上升趋势	集团、企业产品利润相对标准环比呈波动下降趋势

8.3 精益生产评价

8.3.1 精益生产评价指标体系的建立

构建评价指标体系是将相互制约、相互关联的多层次、多因素的问题条理化、清晰化，它反映了评价目标的主要特征和层次结构，可以区分各个层次目标和单个目标对系统整体评价的影响程度。影响轨道交通装备制造业的因素很多，应通过收集相关资料、广泛调查和深入了解，并结合轨道交通装备制造业目前的实际情况，分析和比较各影响因素之间的关系，对指标进行筛选，设置适度的评价指标数量。经过初步拟定、审核、反馈、统计和归纳等，按照系统性原则、一致性原则、独立性原则、科学性原则、可行性原则、可比性原则等，依照图 8-1 所示的方法进行指标的拟定及筛选，最终确定精益生产评价指标体系，如图 8-2 所示。

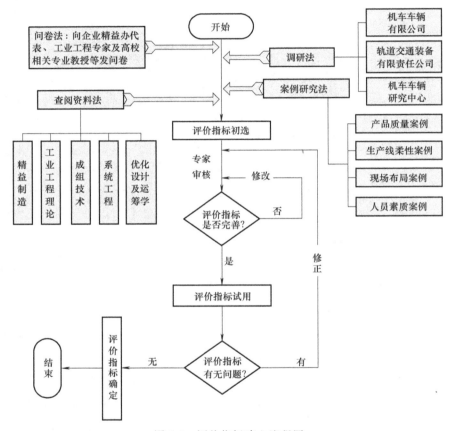

图 8-1　评价指标建立流程图

该精益生产评价体系的设计满足了先进性和实用性的要求，在实施精益生产的过程中，各个指标满足了精益生产的各个基本要素，并与国际上的先进生产方式以及国际铁路行业标准（IRIS）接轨。

8.3.2　评价指标的含义

1. 均衡化生产水平

均衡化生产是指为了使企业产品能够稳定地流动，在生产过程中避免产生生产线不均衡的状态，以及适应市场的多样化，企业采用的混流生产方式，它主要包括总量均衡和品种均衡。

1）资源配置的合理化主要反映生产要素配置的平均化水平。顾客的需求总是不断变化的，当顾客需求增加时，生产设备的产能不足；当顾客需求减少时，生产设备的产能又略显过剩。因此，企业资源的配置是企业首要考虑的因素。

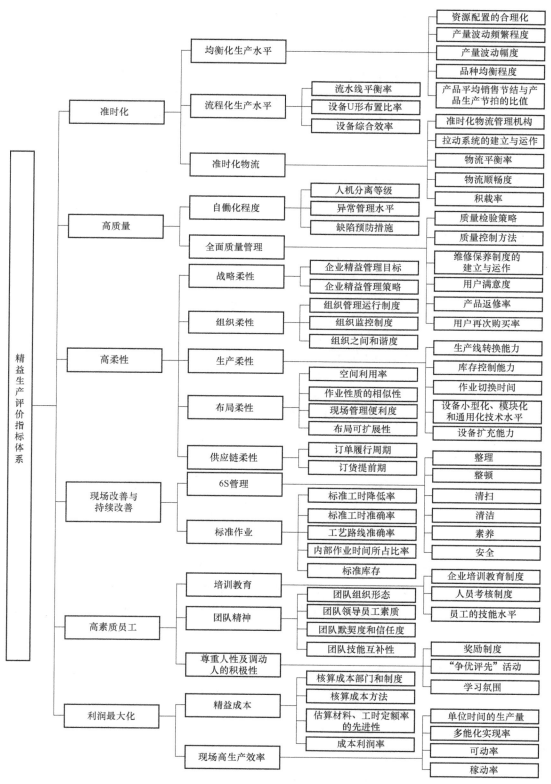

图 8-2 精益生产评价指标体系

2）产量波动频繁程度将反映计划的准确度。虽然每天企业都按照配置好的资源进行生产，但市场需求仍有可能产生波动，主要有短期波动和长期波动两种情况。对于短期波动，企业可采用"微调"的方式进行生产，即：产量上调时，采取"加班制"的方式；产量下调时，可提前结束生产。对于长期波动，企业必须重新进行资源配置。

3）产量波动幅度主要反映资源配置的稳定性。在市场运行规则中，市场需求的变化无可避免，因此企业在对资源进行配置的过程中，应预留一定的变化幅度。为了保持人员和设备的稳定性，日产量的波动幅度应控制在20%以内。

4）品种均衡程度用来评价周期内产品组合的平均化水平。市场的多样化，导致企业为顾客提供产品的种类不断增多，企业为了在规定的时间内完成交易额，必须采用混流生产的方式，即如何将各品种搭配生产，才能达到最优，已成为企业所要考虑的问题。

5）产品平均销售节拍与产品生产节拍的比值用于评价计划的均衡性。

2．流程化生产水平

流程化生产是按照"一个流"生产，即原料（在制品）在第 n 工序加工结束后转到 $n+1$ 工序进行加工，整个工序间是不间断的流程，工序间的在制品数量也尽量接近于零。

1）流水线平衡率主要评价流水线作业模式的效率，其计算公式如下

$$流水线平衡率=\frac{总作业时间}{瓶颈工序时间×工序数}×100\%$$ (8-1)

2）设备 U 形布置比率用于评价设备布置产生的效果。它主要根据企业设备采用 U 形布置方式生产线占总生产线的百分比来评价。

3）设备综合效率主要评价生产线设备的利用效率，其计算公式如下：

$$设备综合效率=时间开动率×性能开动率×合格率×100\%$$ (8-2)

$$时间开动率=\frac{开动时间}{负荷时间}×100\%$$ (8-3)

$$性能开动率=\frac{加工数量×理论加工时间}{开动时间}×100\%$$ (8-4)

$$合格率=\frac{合格品数量}{加工数量}×100\%$$ (8-5)

3．准时化物流

准时化物流主要研究整条生产线的停滞时间，即生产停滞和搬运停滞，根据顾客的要求，按照最少的资金将原材料、在制品及产成品等从供给地向目的地转移。

1）准时化物流管理机构是为了评价物流系统的完善性。消除停滞时间是循序渐进的过程，对企业人力及物力的消耗量也是一种挑战，因此企业需建立一个准时化物流管理机构专门来负责这方面的运行与维护。

2）拉动系统的建立与运作主要评价拉动系统的现场实施情况。众所周知，精益生产的理念在于拉动式生产，即在生产的整个过程中，后工序通过信息流向前工序领取所需要的数量。企业在实施精益生产的过程中，以此为基础，不断推进精益生产。

3）物流平衡率反映了入库和出库的平衡状态。它主要考察产品生产过程中，总体单位时间计划的产出，计算公式如下：

$$物流平衡率=\frac{各工序平均单位计划产出}{各工序最大单位计划产出}×100\%$$ (8-6)

4）物流顺畅度主要考察物流交叉和倒流的数量，从理论上讲，精益生产讲究"一个流"生产，但在实际运行过程中，为了节约成本并进行有效的资源配置，应考虑物流的顺畅度。

5）积载率主要反映一次运送的物流情况，计算公式如下：

$$时间积载率 = 容积（重量）积载率 \times \frac{A}{A+B} \times 100\% \qquad (8\text{-}7)$$

$$容积（重量）积载率 = \frac{货的容积（重量）}{集载可能容积（重量）} \times 100\% \qquad (8\text{-}8)$$

式中　A——起始点到第一站送货目的地所需要的时间；
　　　B——第一站送货目的地到最终送货目的地所需要的时间。

4. 自働动化程度

自働化是指将生产线人员与生产设备相分离，让机器充满"人的智慧"，自动检测生产中的异常，当机器发现异常时，就自动停止，生产工作人员通过查明原因，采取相应的措施以防止再次发生类似事故。

1）人机分离等级主要评价人机分离程度。在实施自働化的过程中，为了使人与机器分离开来完成其他工作，需要提高设备的自働化等级。

2）异常管理水平反映了企业处理突发事件（生产过程中的错误、突发和失控状况）的情况，主要包括确定异常、检测异常、迅速处理和防止再发生。

3）缺陷预防措施反映企业对突发事件预防的有效性，主要通过纠错装置、防错方法、报警装置来防止异常，另外，必须用五个"为什么"的方式对"真因"进行追究，以防止再发生类似事故。

5. 全面质量管理

全面质量管理是指在满足顾客需求的同时，以经济化为原则进行产品的研究、设计、生产和服务，将质量管理贯穿于整个流程中，包括研制质量、生产质量和服务质量，整个流程强调全员参与，通过建立有效的质量体系对整个运营过程进行管理和控制。

1）质量检验策略反映质量的检验效果。企业在对质量进行检验之前，应制定相应的检验策略，一套完整、合理的策略能使企业有条理、有目的地制定具体的规章制度，以使企业在竞争中脱颖而出。

2）质量控制方法评价主要关注质量控制方法的有效性。企业为满足质量要求都有相应的对策，其方法的好坏直接决定产品质量，通过监视整个运作过程，将使质量环节的不合格因素降低，甚至消除；质量控制活动分布在企业内部的生产现场运作和管理中，必须对其实施一定的技术措施和管理措施。

3）维修保养制度的建立与运作间接对质量进行评价。21世纪以来，各个行业对生产设备的要求很高，依赖性也越来越强，相反，如果生产一线人员只懂得设备的操作方法，不熟悉设备性能和机能，那么当设备发生故障时，就不能及时解决，将影响企业的高效率。因此，企业应尽快制定一套设备维修保养制度使企业的市场竞争能力得到根本改善。

4）用户满意度又称为客户满意指数，也可以称为客户期望值与客户体验的匹配程度。它主要反映客户对已出售的产品质量和服务的满意度，即购买产品的客户通过对产品的感知效果与其期望值相比较后得出的指数。

5）产品返修率主要反映企业出售产品的不合格率，计算公式如下

$$产品返修率 = \frac{一次返修产品数量}{一次出售产品数量} \times 100\% \qquad (8-9)$$

6）用户再次购买率反映用户对出售产品的信任度，计算公式如下：

$$用户再次购买率 = \frac{一段时间内两次以上购买人数}{一段时间内的购买人数} \times 100\% \qquad (8-10)$$

6. 战略柔性

战略柔性是为了动态适应市场的变化而提出的，在市场化的氛围中，尽可能多地考虑自身与环境的变化，变不利为有利，通过战略调整，使企业在市场的竞争力得以提高。

1）企业精益管理目标主要反映企业的决策能力。企业精益管理目标融合了当前最先进的企业绩效管理理念，以企业战略作为立足之本，以企业业绩作为衡量标准，通过制订计划与目标、建模进行预测、资金预算、过程监控、分析评估和报告六个关键步骤来实施企业管理，不同系统的管理方案形成了满足企业不同层次的精益管理目标需求的应用解决方案。

2）企业精益管理策略主要反映企业的信息反馈速度和执行手段。信息反馈通过控制系统将所需的信息传输出去，并把传输的结果反馈回来，整个过程依靠企业精益管理策略来执行，以达到预定的目的；而执行手段是对反馈回来的信息做出的相应决策。

7. 组织柔性

在动态竞争的环境下，企业在管理体制和结构的改革上都具有比较大的灵活性，这种设置方式有利于提高企业对市场的应变能力，当今市场瞬息万变，企业必须将传统的刚性组织管理向柔性组织管理方式转变。

1）组织管理运行制度主要关注组织管理运行制度的全面性、合理性。其评价内容主要包括：企业内部管理体制（纵向组织结构设计）、企业管理组织的内涵及意义、企业管理组织设计的内容及原则、企业管理职能机构（横向组织结构设计）及规章制度等。另外，它还包括企业管理制度导论、公司层级组织系统岗位工作标准、公司组织全面形象管理、公司组织管理层职业素质要求、公司组织纪律制度、组织管理制度及组织部门工作职能等。

2）组织监控制度主要关注组织监控制度的全面性、合理性。为了维护企业正常的工作秩序，加强各成员之间的合作与交流，鼓励各成员之间争先创优，争创学习型组织，企业应制定一些相关的考核制度，如例会制度、资料制度等。

3）组织之间和谐度主要是指真实组织与理想组织之间的相似程度。它以部门间的信任为标准，相互精诚合作使得自己的价值发挥到极致。

8. 生产柔性

生产柔性是指以柔性制造为基础，以适应市场需求的变化为依据，将生产设备与计算机相联系实现多品种、小批量的生产方式，以满足现代企业按需生产的先进理念。

1）生产线转换能力主要评价生产线柔性化。它决定着企业的适应能力，生产线布置一般采用"产品原则布置方式"，即设备按产品加工工艺顺序进行布置，以做到生产线的弹性化。在加工工程中，应注意"三不"原则：设备不永久固定布置，设备不依附其他实施布置，设备不单独隔离布置。

2）库存控制能力主要评价库存柔性化。库存是企业经济活动的重要组成部分，库存过多，将占用资金；库存过少，将无法满足市场的需求，导致企业信誉下降。因此，企业应加

强库存能力的控制，在满足市场需求的同时，又能使企业成本降低。

3）作业切换时间是指生产线加工 A 产品转换加工 B 产品所需要的时间。它主要反映生产控制的能力。

4）设备小型化、模块化和通用化技术水平反映设备柔性化。为了当加工对象或加工数量变化时，设备不用更换，仍可满足加工要求，企业应把使设备满足不同产品的加工要求当成设备设计的关键。产品变化，只要改变设备的附属结构就可以满足其要求。另外，在产能上要保留适当的余地以应对市场需求的增加。

5）设备扩充能力主要反映设备对市场需求的变化，在设计设备或设备选型时，应考虑其将来是否有进一步扩充的能力。

9. 布局柔性

企业布局设计是指通过对生产线"物流""人流""信息流"进行实地分析，合理地对原材料、产品、在制品、设备、运输通道和场地做出有机的组合，实现系统内部配置的最优化；由于在企业运营过程中，物流、人流和信息流并不是一成不变的，这将要求企业在其发生变化时，必须拿出相应的对策，以应对市场的变化。

1）空间利用率用于评价空间实际产出的效率，计算公式如下

$$空间利用率 = \frac{实际占用空间}{总空间} \times 100\% \tag{8-11}$$

2）作业性质的相似性用于评价布局的柔性化。对于不同的产品，必须分析其作业性质是否相似，因为它将直接决定着布局的变化。

3）现场管理便利度用于评价现场管理的方便程度，主要考虑物流的交叉和倒流。

4）布局可扩展性用于评价该布局适应未来生产发展的能力，现在的企业在设计布局时，应将布局可扩展性作为一项考虑因素。

10. 供应链柔性

供应链柔性不能孤立地评价企业的运营，应该以评价企业内部运营关系以及企业之间的运营关系为主。

1）订单履行周期评价企业的订单履行能力。它最终决定了客户的满意度，是企业的核心竞争力之一。

2）订货提前期是指从"顾客的需求"出发，向企业提交订单到产品验收的平均时间，反映企业应对市场的能力。

11. 6S 管理

6S 管理，即整理、整顿、清扫、清洁、素养及安全，其关系原理如图 8-3 所示。6S 管理是针对生产现场的人员、机器、材料和方法等多种生产要素进行的管理，有利于企业塑造形象、降低成本、准时交货、安全生产。

1）整理是指要明确区分必需品与非必需品，然后将非必需品废除或保管。在实际应用中，必需品应以未来一个月内将会使用到的物品为主。整理主要用于评价物品分类产生的效果。

2）整顿是指将整理后的必需品进行定制管理：①物品的放置场所要 100% 设定，生产线附近只能放置生产必需品，物品的保管应遵循三原则，即定点（放在哪里）、定容（用什么容器或区域大小）、定量（规定合适的数量）；②放置方法要"易取"，不超出所规定的范

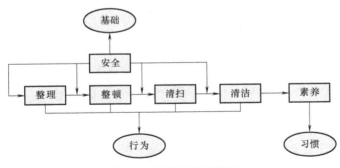

图 8-3　6S 管理关系原理

围；③标识方法要统一，便于管理。

3）清扫是指将工作场所内尽可能的地方清扫干净，使物品和场所一直处于整洁、随处可用的状态，主要用于评价物品所在场所的清扫效果。

4）清洁是指维持整理、整顿、清扫所取得的成果，继续保持现场及所有设备等的持久度，主要评价工作场所的维持效果。

5）素养是指每位员工都养成良好的生活和工作习惯，自觉遵守规章制度，工作积极主动，主要评价人的精神面貌。

6）安全工作作为整理、整顿、清扫、清洁的基础，涉及生产与管理的整个过程，表现在不同的岗位上，企业应加以重视。

12. 标准作业

标准作业是指作业人员按照作业顺序运用布置完成的工序设备经过物流过程的优化组合制定的作业方法。它是对产品所需时间的标准化，既可以将按照各道工序的各项作业作为研究对象，也可以将生产整体作为研究对象。

1）标准工时降低率用于评价工艺改进与管理优化的效果。企业应以"精益生产"为理念，同时，应考虑设备的先进程度，尽量降低标准工时。

2）标准工时准确率用于评价工时标准与实际工时的符合度。它具有一定的相对性，主要取决于社会（企业）生产力的发展。

3）工艺路线准确率用于评价工艺路线提前期与实际的符合度。企业在确定工艺路线时，应综合考虑各种因素，制定一套相对成熟的工艺路线。

4）内部作业时间所占比率用于评价工时利用效率。在产品加工过程中，应尽量压缩内部作业时间。

5）标准库存用于评价库存的相对性。其库存量的设定一般以满足顾客交易额为限，必要时加设安全库存量。

13. 培训教育

培训教育以企业整体发展为目标，根据自身的需求，进行有计划、有组织、有纪律的培训，使企业员工茁壮成长。

1）企业培训教育制度。评价企业培训教育制度的全面性、合理性。针对不同的员工，设立相应的制度，以规范企业培训工作。

2）人员考核制度。评价人员考核制度的实施情况。企业通过对员工的工作成绩、工作能力进行考核，把握每一位员工的实际工作状况，为教育培训、工作调动以及加薪、晋升及奖励表彰等提供依据。

3）员工的技能水平用于评价培训教育产生的效果。员工对企业的认识和态度依靠职业道德来评价，他是否能适应岗位要求依靠职业能力来评价。

14. 团队精神

团队精神是以团队共同的奋斗目标或核心价值观为基础所形成的共识思想、意识和信念，其核心内容是组织内部成员通过相互角色分工、协同合作来实现组织共同目标，是个体利益和整体利益的统一，能够促进组织的高效率运转。

1）团队组织形态。评价团队组织形态的完善性。它主要是指由人际关系的互动、责任的承诺、领导风格及团队纪律综合形成的网状式结构。团队成员来自不同的领域，但能结合成团队，共同完成任务。

2）团队领导员工素质用于评价团队发展的潜力，具备专业知识和经验，并受到团队的认可，高效团队的领导者将会成为团队有力的后盾。

3）团队默契度和信任度用于评价团队对制定目标的认识、为达成目标所使用的共同方法以及所承担的责任。维持团队成员间的相互信任是至关重要的。

4）团队技能互补性用于评价团队技能组合的完整性。项目的完成需要不同的技能，因此员工间的互补性使得团队更加强大。

15. 尊重人性及调动人的积极性

当今世界，企业的发展取决于员工对于工作的积极性。企业应坚持以人为本的理念，搞好人才培育活动，激发员工的工作热情，开发人力资源，使每个员工的能力最大化施展。

1）奖励制度。评价该制度的全面性、合理性。它是指对企业员工给予经济奖励以激发员工的积极性，对中、高层管理者给予行政奖励，对一些优秀员工应给予特别贡献奖励。

2）"争优评先"活动。评价"争优评先"活动的实施效果。它主要从人的精神层面对企业员工给予奖励。

3）学习氛围。主要评价企业员工的主观能动性。在知识经济的时代，学习已经成为时代的主题。因此，企业领导应在企业营造一种学习氛围，使企业员工身处学习氛围中，培养一种全民学习、终身学习、学会学习的理念。

16. 精益成本

精益成本以实现企业利润为目标。企业利润是指销售额部分减去所有的现金支出后剩余的部分。现金支出包括各种材料、人工和设备的费用，还包括企业管理费用、市场销售费用以及财务费用等。市场价格决定着企业材料、消耗品和设备的价格，企业要想获取更大的利润，就应该着手抓企业内部，将工人、设备、生产和管理成本作为改善的对象，彻底消除生产和管理中存在的各种浪费。

1）核算成本部门和制度。评价核算成本部门的完整性和制度的全面性、合理性。评价范围广泛，包括精益开发设计成本控制、精益采购成本控制、精益生产成本控制、精益销售及市场开发成本控制和推行行政管理成本控制等。

2）核算成本方法。主要评价核算成本方法的有效性。一般而言，企业把生产经营分为三大板块：供应、生产和销售。制造成本主要集中在生产环节，其成本核算准确度对产品销售成本结转的准确性有直接的影响，进一步将影响到当期的会计利润和应纳税所得额。

3）估算材料、工时定额率的先进性用于评价成本估算的相对性。一般工时定额的制定方法有经验估算法、统计分析法、作业测定法、预定时间标准法、标准资料法、典型推算法、类比法和技术定额法等。

4）成本利润率用于评价降低成本所带来的利润，计算公式如下：

$$成本利润率 = \frac{原成本 - 现成本}{原成本} \times 100\% \tag{8-12}$$

17. 现场高生产效率

生产效率反映企业运作的有效性水平，企业提高生产效率的方法有两种：一种是在实际产量不变的情况下，降低人数；另一种是在人数不变的情况下，扩大产量。

1）单位时间的生产量直接反映生产现场效率，其计算公式如下：

$$单位时间的生产量 = \frac{生产总量}{时间} \times 100\% \tag{8-13}$$

2）多能化实现率用于衡量多能化实施情况，其计算公式如下：

$$多能化实现率 = \frac{\sum_{i=1}^{N}(作业人员\,i\,完成训练的工序数)}{作业单元内工序数 \times N} \times 100\% \tag{8-14}$$

3）可动率用于衡量设备的稳定性，主要评估设备损失时间的效率。可动率追求100%，计算公式如下：

$$可动率 = \frac{设备实际可以运转时间}{需要使用设备的负荷时间} \times 100\% \tag{8-15}$$

4）稼动率用于评价设备负荷情况。它是指相对于某台设备满负荷作业时的能力，即设备制造产品的时间与固定作业时间的比率。

8.3.3 评价标准的制定

精益生产评价体系采用的评价标准级与精益工艺管理水平评价体系相同，分为优、良、中、差四级，具体评价标准见表8-3。

表8-3 三级指标评价标准制定

序号	三级指标	指标评价			
		优	良	中	差
1.1.1	资源配置的合理化	非常合理	合理	比较合理	不合理
1.1.2	产量波动频繁程度	无波动	按月计有波动	长期波动但能有效控制	无法控制
1.1.3	产量波动幅度	[0%,10%]	(10%,20%]	(20%,30%]	无法控制
1.1.4	品种均衡程度	比率完全均等	比率比较均等	比率不均等但不影响生产	无法生产
1.1.5	产品平均销售节拍与产品生产节拍的比值	完全相等	基本相等	不等,但不影响生产和荣誉度	相差过大
1.2.1	流水线平衡率	(95%,100%]	(85%,95%]	(70%,85%]	[0,70%]
1.2.2	设备U形布置比率	(85%,100%]	(80%,85%]	(60%,80%]	[0,60%]

（续）

序号	三级指标	指标评价			
		优	良	中	差
1.2.3	设备综合效率	（85%，100%]	（75%，85%]	（60%，75%]	[0，60%]
1.3.1	准时化物流管理机构	完善	健全	基本健全	不健全
1.3.2	拉动系统的建立与运作	运行良好，效果显著	运行正常，效果较好	运行基本正常，效果不明显	无法运行
1.3.3	物流平衡率	非常平衡	平衡	基本平衡	不平衡，生产无规律进行
1.3.4	物流顺畅度	无交叉和倒流，运行非常顺畅	基本无交叉和倒流	有交叉和倒流，但可以运行	交叉和倒流过多，运行困难
1.3.5	积载率	（90%，100%]	（80%，90%]	（75%，80%]	[0，75%]
2.1.1	人机分离等级	全自动操作	搬运人工，其余自动	搬运、装卸人工，其余自动	全人工操作
2.1.2	异常管理水平	检测迅速，对突发和失控状况的处理快速准确	检测到位，对突发和失控状况的处理比较准确	检测一般，对突发和失控状况的处理速度较慢	无检测，无法应付突发状况
2.1.3	缺陷预防措施	对企业安全采取全方位预防策略	对企业安全采取预防策略	只能对企业安全采取部分预防策略	无法对企业安全采取预防策略
2.2.1	质量检验策略	非常完整，且成体系	相对完整，不成体系	比较完整	无质量检测策略
2.2.2	质量控制方法	非常完整，效果显著	相对完整，效果良好	比较完整，效果一般	无质量控制方法
2.2.3	维修保养制度的建立与运作	非常完善，运作良好，效果显著	相对完善，效果良好	比较完善，有一定效果	无维修保养制度
2.2.4	用户满意度	环比呈持续上升趋势	环比呈上升趋势	环比呈波动上升趋势	环比呈下降趋势
2.2.5	产品返修率	0	（0，5%]	（5%，10%]	（10%，100%]
2.2.6	用户再次购买率	（95%，100%]	（80%，95%]	（70%，80%]	[0，70%]
3.1.1	企业精益管理目标	完全正确理解，效果显著	正确理解，效果良好	基本理解，效果一般	未能理解
3.1.2	企业精益管理策略	非常完整，且成体系	相对完整，不成体系	比较完整	无精益管理策略
3.2.1	组织管理运行制度	非常完整，效果显著	相对完整，效果良好	比较完整，效果一般	无组织管理运行制度
3.2.2	组织监控制度	非常完整，效果显著	相对完整，效果良好	比较完整，效果一般	无组织监控制度
3.2.3	组织之间和谐度	非常信任，配合非常默契，效果显著	信任，且配合默契，效果良好	比较信任，配合比较默契，效果一般	不够信任，配合无默契
3.3.1	生产线转换能力	非常迅速，完全满足生产线	迅速，能够满足生产线	一般，基本能满足生产线	不能适应生产线

（续）

序号	三级指标	指标评价			
		优	良	中	差
3.3.2	库存控制能力	无库存,及时供需	小库存,满足供需	一半以上量的库存,满足供需	完全靠库存,满足供需
3.3.3	作业切换时间	瞬间切换（1min之内）	单一作业切换（1~10min）	传统切换,但不影响交货周期	传统切换,影响交货周期
3.3.4	设备小型化、模块化和通用化技术水平	完全	一半及以上	一半以下	无
3.3.5	设备扩充能力	足够	能满足	一部分	无
3.4.1	空间利用率	呈环比上升趋势	呈上升趋势	呈波动上升趋势	呈下降趋势
3.4.2	作业性质的相似性	非常相似	相似	比较相似	不一样
3.4.3	现场管理便利度	非常方便	方便	比较方便	不方便
3.4.4	布局可扩展性	足够	能满足	一部分	无
3.5.1	订单履行周期	呈环比下降趋势	呈下降趋势	呈波动下降趋势	呈上升趋势
3.5.2	订货提前期	呈环比缩小趋势	呈缩小趋势	呈波动缩小趋势	呈无缩小趋势
4.1.1	整理	标准严格,容易区分	有标准,不明确能够区分	部分标准,思考才能区分	无标准,无法区分
4.1.2	整顿	定制非常清晰,便于寻找	定制清晰,能够寻找	定制比较清晰,思考才能寻找	定制不清晰,无法寻找
4.1.3	清扫	场所非常干净,且一直处于整洁、随处可用的状态	大部分场所干净,且处于整洁、随处可用的状态	一小部分场所比较干净	所有场所都不干净
4.1.4	清洁	清洁度维持一个月之久	清洁度维持半个月	清洁度维持一周	清洁度无法维持
4.1.5	素养	责任心极强,习惯极优	责任心强,习惯良好	责任心一般,习惯一般	无责任心和习惯
4.1.6	安全	考核时间现场无事故	考核时间现场无大事故	考核时间现场有大事故	考核时间现场事故频繁
4.2.1	标准工时降低率	(50%,100%]	(40%,50%]	(20%,40%)	[0,20%]
4.2.2	标准工时准确率	非常准确	准确	比较准确	不准确
4.2.3	工艺路线准确率	(95%,100%]	(80%,95%]	(70%,80%)	[0,70%]
4.2.4	内部作业时间所占比率	呈环比下降趋势	呈下降趋势	呈波动下降趋势	呈上升趋势
4.2.5	标准库存	呈环比下降趋势	呈下降趋势	呈波动下降趋势	呈上升趋势
5.1.1	企业培训教育制度	非常完整,效果显著	相对完整,效果良好	比较完整,效果一般	无培训教育制度
5.1.2	人员考核制度	非常完整,效果显著	相对完整,效果良好	比较完整,效果一般	无人员考核制度

（续）

序号	三级指标	指标评价			
		优	良	中	差
5.1.3	员工的技能水平	高技能水平	准高技能水平	标准技能水平	基本技能水平
5.2.1	团队组织形态	为完成任务,任何领域的成员都能组成一个团队	为完成任务,大部分领域的成员能组成一个团队	为完成任务,一部分领域的成员能组成一个团队	为完成任务,个别领域的成员能组成一个团队
5.2.2	团队领导员工素质	非常高	比较高	一般	比较低
5.2.3	团队默契度和信任度	非常有责任心,配合非常默契,效果显著	有责任心,配合默契,效果良好	比较有责任心,配合比较默契,效果一般	无责任心,无默契度
5.2.4	团队技能互补性	技术和能力非常完善,出色完成任务	技术和能力相对完善,能够完成任务	技术和能力一般,基本能完成任务	无必需的技术和能力
5.3.1	奖励制度	非常完整,效果显著	相对完整,效果良好	比较完整,效果一般	无奖励制度
5.3.2	"争优评先"活动	比较完善,效果显著	相对完善,效果良好	比较完善,效果一般	无"争优评先"活动
5.3.3	学习氛围	非常浓厚	浓厚	比较浓厚	无学习氛围
6.1.1	核算成本部门和制度	非常完整,效果显著	相对完整,效果良好	比较完整,效果一般	无核算成本部门和制度
6.1.2	核算成本方法	非常完善,效果显著	相对完善,效果良好	比较完善,效果一般	无核算成本方法
6.1.3	估算材料、工时定额率的先进性	非常先进	先进	比较先进	落后
6.1.4	成本利润率	环比持续上升	环比上升	环比波动上升	环比波动下降
6.2.1	单位时间的生产量	完全符合	符合	比较符合	不符合
6.2.2	多能化实现率	100%	$[75\%,100\%)$	$[50\%,75\%)$	$[0,50\%)$
6.2.3	可动率	100%	$[90\%,100\%)$	$[85\%,90\%)$	$[0,85\%)$
6.2.4	稼动率	100%	$[95\%,100\%)$	$[90\%,95\%)$	$[0,90\%)$

8.4 评价方法研究

8.4.1 方案综合评价方法

方案综合评价是指在系统规划中寻求最佳技术和最经济方案的决策手段。系统规划研究的问题都是多因素、多目标的。问题研究时既要考虑问题自身所存在的问题,还要考虑各种问题相关的因素;不仅要满足经济要求,还要满足其他相关要求。这就使得评价与选择具备了综合性、系统性的特点。方案的评价与选择一般分两类:①单项指标比较评价;②综合指标比较评价。

单项指标比较评价是指在多个方案中只有某个主要指标差异的情况下,可以根据方案中关于该指标的优劣性来对方案进行取舍。

针对物流系统建设项目影响因素多而复杂的特点，一般进行综合指标比较评价。综合指标比较评价可以根据具体的情况和项目特点来选取和确定评价指标体系。

根据现代精益制造水平评价体系的评价方式，应该选取综合指标比较评价来对方案进行评价。

在综合指标比较评价体系中，评价指标分为两部分，一部分是定性指标，另一部分是定量指标，并且定量指标的单位大多不相同。所以在进行评价的时候，对定性指标的划分要满足程度等级，对定量指标也应该划分数量级别，以便专家在评审时能够按照规定标准对不同的指标进行打分。同时，由于每个指标对方案的重要性不同，所以应该对每个指标规定其加权值，以便得出最终的评价结果。综合指标比较评价的方法有两种，一种是优缺点比较法，另一种是加权因素比较法。

（1）优缺点比较法 在初步方案评价与筛选的时候，对于不同的方案，各种因素对方案的影响各不相同，此时常采用优缺点比较法对方案进行初期的评价，剔除存在较大缺陷的布局方案。

为了使优缺点比较法有说服力，首先要确定影响布局方案的各种因素，特别是主导因素，这点对方案评价者尤其重要。一般的方法是制作一个涵盖内容齐全的因素点检表，供规划人员结合具体的情况选择所需要的比较因素。

（2）加权因素比较法 加权因素比较法的基本思想是把布局方案的各种影响因素，不论是定性的，还是定量的，都划分成等级，并赋予每个等级一个分值，使之定量化，用等级或分值来定量表示该因素对布局方案的满足程度；同时，根据不同因素对布局方案取舍的影响重要程度设立加权值。从而，能够统一不同因素对布局方案的影响程度，并能计算出布局方案的评分值，根据评分值的高低来评价方案的优劣。加权因素比较法的步骤如下：

1）评价因素的确定。与优缺点比较法一样，加权因素比较法也需要确定评价因素。一般系统规划的要求与目标都应列为评价因素。

2）确定加权值。依据某一因素与其他因素的相对重要性，来确定该因素的加权值。一般的做法是把最重要的因素确定下来然后定出该因素的加权值，然后把每个因素的重要程度与该因素进行比较，确定出适合的加权值。加权值应该采取集体评定的方式进行评定然后求平均值，最终的结果应得到大多数参与布局方案评价人员的认可。

3）评价因素等级的划分。对每个评价因素应该独立地评价出该因素对布局方案的满足程度，评价结果一般划分评价等级。

4）评价结果。针对等待评价的方案，确定出评价因素及其加权值，制作评价表。将每个因素对各方案的评价等级及分值填入表中，最终求出各布局方案中各因素评价等级的加权和，计算公式如下：

$$T_i = \sum_{j=1}^{n} \alpha_j \omega_{i,j} \quad (i = 1, 2, \cdots, m) \tag{8-16}$$

式中 n——评价因素总数；

j——评价因素序号，且 $j = 1, 2, \cdots, n$；

α_j——第 j 个评价因素的加权值；

m——方案数目；

i——方案序号；

$\omega_{i,j}$——第 j 个因素对第 i 个方案的评价等级分值，指标评价标准等级对应的等级分值分别为 100、90、80、70；

T_i——第 i 个方案的总分。

5）布局方案评价结果等级的判定。评价等级都有对应的分值，所以布局方案的评价结果会存在一个区间，将区间划分为四个，分别代表优、良、中、差四种结果，人员在进行评价时可以根据评价结果对比等级区间得出方案评价等级。

指标体系中的评价指标对于被评价目标影响各不相同。一些评价指标对评价结果的影响效果明显，一些指标对评价结果的影响效果微弱，这种评价指标对被评价结果影响效果的程度，就是指标权重。

8.4.2 指标权重计算方法概述

为了反映评价指标的重要程度，赋予指标体系中的指标一定的权重，由权重的定义可以知道权重不同，最终的评价结果也有可能不同。目前确定权重的方法有很多，依据数据来源的不同可以将权重分为两大类：①主观赋权法。它的优点是专家可以依据实际情况，根据指标的重要程度来设定指标的权重，这样可以有效地避免指标权重的大小与指标实际的重要程度相悖的情况出现，该方法的最大缺点就是主观随意性太强，同一个指标不同的专家所给出的权重有可能相差很大，所以要选取相关领域内的权威专家作为问卷调查对象，以此确保调查结果的客观性。②客观赋权法。由于客观赋权法是以收集的数据为依据来计算指标权重的，所以它最大的优点就是权重的客观性比较强，但数据收集具有局限性、针对性，不具有广泛的适用性。在实际应用中会不可避免地出现结果与现实情况不相符的现象，而且现实中数据的收集存在着很大的困难。当前常用的主观赋权法有德尔菲（Delphi）法、层次分析法（analytical hierarchy process，AHP）、模糊综合评判法等。常用的客观赋权法有均方差法、离差最大化法、熵值法等。

（1）德尔菲法　该方法使专家以匿名的方式发表意见，专家之间是相互独立的个体，专家只与调查员发生关系。经过多次调查，将专家的看法进行总结，最终总结出专家们较为一致的结论，并以此为预测结果。这种方法得出的预测具有广泛的代表性、较高的可靠性，但是专家的选择没有准确的尺度，主观因素对预测结果影响较大，缺乏科学分析。

（2）层次分析法　研究目标被该方法看作一个系统，按分解、比较、综合的步骤做出决策。层次分析法作为一个系统性的分析工具是非常重要的。系统中相互联系的因素共同作用影响结果，每层因素权重的设定都会影响最终结果，将影响程度进行量化。它十分适用于无结构特性的评价。

（3）模糊综合评判法　模糊综合评判法会对评价对象的不同因素进行全方位的考虑，根据模糊综合评价模型运算后，使得评价结果更加准确、更加可靠，值得注意的是该方法对评价指标权重的选择主观性太强。

（4）熵值法　熵（entropy）是利用概率论来确定信息不确定性的一个量度，可以用来确定已知数据包中信息的有效性以及确定权重。当标度值均值相差较大时，熵值较小，说明该指标提供的信息量较大，其权重较大；反之，其权重较小。

针对主客观赋权法所存在的不足，本章根据研究需要及实际情况采用两种赋权法相结合的方式来确定评价体系的指标权重。主观赋权法运用群组层次分析法（GAHP）来确定指标主观权重，客观赋权法运用熵值法来计算指标客观权重。运用该方法来确定指标权重能够大大降低主观因素和数据计算偏差对评价结果影响的程度，提高评价结果的合理性、准确性。

8.4.3　群组层次分析法

群组层次分析法（GAHP）是在层次分析法（AHP）的基础上改进而来的，群组层次分析法大大降低了主观因素对指标权重设定的影响，使权重的计算更加合理、准确。

群组层次分析法有两种分析途径：一种是在专家判定矩阵的基础上构造综合判定矩阵，根据综合判定矩阵实施层次分析法进行指标权重的计算与排序；第二种是根据每个专家给出的判定矩阵分别实施层次分析法进行指标权重的计算与排序。得到各个专家的层次总排序权重，然后对不同专家的权重进行合成计算得到指标综合权重。后者可以对每个专家的权重计算结果进行检验，可以对不符合一致性的判定矩阵进行及时的修改，所以后者是目前使用最多的群组层次分析法分析途径。

在确定专家评价权重的前提下，群组层次分析法的计算步骤与层次分析法的计算步骤基本一致。其计算过程共分四步：①确定专家权重；②建立判定矩阵；③计算指标权重；④判定矩阵一致性检验及修改。

1. 确定专家权重

由于专家所处的社会环境、个人经验以及个人偏好不同，每个专家的权重几乎各不相同，所以在运用群组层次分析法时首先要确定专家权重，计算专家权重的计算原理如下：

1）假设对于某一个问题，有 m 个专家（E_k，$k=1$，2，$\cdots$，m）参与决策，对 n 个方案进行选择（F_j，$j=1$，2，$\cdots$，n），在 n 个方案里任意选择 2 个方案利用 1~9 标度法进行比较，建立区间判定矩阵，矩阵模型如下：

$$A_k=\begin{pmatrix}[a_{11}^k,b_{11}^k] & [a_{12}^k,b_{12}^k] & \cdots & [a_{1n}^k,b_{1n}^k]\\ [a_{21}^k,b_{21}^k] & [a_{22}^k,b_{22}^k] & \cdots & [a_{2n}^k,b_{2n}^k]\\ \vdots & \vdots & & \vdots\\ [a_{n1}^k,b_{n1}^k] & [a_{n2}^k,b_{n2}^k] & \cdots & [a_{nn}^k,b_{nn}^k]\end{pmatrix},\quad(k=1,2,\cdots,m) \tag{8-17}$$

模型中 $b_{ij}^k \geq a_{ij}^k > 0$。

2）对 m 个区间判定矩阵进行计算整理得出平均区间，最终整理得几何平均综合区间判定矩阵，矩阵模型如下：

$$A=\begin{pmatrix}[\overline{a_{11}},\overline{b_{11}}] & [\overline{a_{12}},\overline{b_{12}}] & \cdots & [\overline{a_{1n}},\overline{b_{1n}}]\\ [\overline{a_{21}},\overline{b_{21}}] & [\overline{a_{22}},\overline{b_{22}}] & \cdots & [\overline{a_{2n}},\overline{b_{2n}}]\\ \vdots & \vdots & & \vdots\\ [\overline{a_{n1}},\overline{b_{n1}}] & [\overline{a_{n2}},\overline{b_{n2}}] & \cdots & [\overline{a_{nn}},\overline{b_{nn}}]\end{pmatrix} \tag{8-18}$$

模型中 $\overline{a_{ij}}=\left[\prod_{k=1}^m a_{ij}^{(k)}\right]^{\frac{1}{m}}$，$\overline{b_{ij}}=\left[\prod_{k=1}^m b_{ij}^{(k)}\right]^{\frac{1}{m}}$。

3）计算 A_k 与 $\overline{A}$ 的均方差 σ_k 和最大偏差 δ_k。δ_k 与 σ_k 的计算公式如下：

$$\sigma_k = \frac{\sum_{i=1}^{n}\sum_{j=1}^{n}[(a_{ij}^{(k)} - c_{ij})^2 + (b_{ij}^{(k)} - c_{ij})^2]}{2n^2} \quad (k=1,2,\cdots,m) \qquad (8-19)$$

式中　$c_{ij} = (\overline{a_{ij}}\,\overline{b_{ij}})^{\frac{1}{2}}$。

$$\delta_k = \max_{ij}\{|a_{ij}^{(k)} - \overline{a_{ij}}|, |b_{ij}^{(k)} - \overline{b_{ij}}|\} \qquad (8-20)$$

4）设定均方差 σ_k 和最大偏差 δ_k。由于根据 σ_k 与 δ_k 的值来决定是否需要根据相关信息重新得到区间判定矩阵，因此需要设定 σ_k 与 δ_k 的极限值，一般 σ_k 与 δ_k 的极限值分别为：$\sigma_0 = 1$，$\delta_0 = 2$。若 $\sigma_k > 1$ 或 $\delta_k > 2$，则需要重新建立区间判定矩阵。

5）计算专家权重。计算归一化前的权重 ω_k，计算公式如下：

$$\omega_k = \frac{1}{\sigma_k} \quad (k=1,2,\cdots,m) \qquad (8-21)$$

将 ω_k 进行归一化计算得到 ω_k^*，即专家权重，计算公式如下：

$$\omega_k^* = \frac{\omega_k}{\sum_{k=1}^{m}\omega_k} \quad (k=1,2,\cdots,m) \qquad (8-22)$$

2. 建立判定矩阵

对已经建立的车间工艺布局评价体系确定权重系数。根据评价体系制定调查表，将一级指标两两进行比较。若一级指标下包含两个或两个以上二级指标，则将所属的二级指标两两进行比较；反之，则无须做比较。然后请几位专家根据调查表的要求对指标进行优先评定。专家必须是在车间工艺布局领域做过深入的研究或有较长的工作经历，这样评定的结果才能更符合实际、更有说服力。根据 1~9 及其倒数的标度法进行量化建立判定矩阵。

假设某个指标层下有 A_1，$\cdots$，A_n，n 个指标，n 个指标之间两两进行比较，然后根据 1~9 及其倒数标度法给出相应的分值，最后构成判定矩阵 A，$A = (a_{ij})_{n \times n}$，$a_{ij}$ 就是元素 A_i 与 A_j 相对比较重要程度，$a_{ij} > 0$，$a_{ji} = 1/a_{ij}$，$a_{ii} = 1$。判断尺度见表 8-4。

表 8-4　1~9 及其倒数判断尺度

判断尺度	A_i 与 A_j 之间的关系
1	表示元素 A_i 与 A_j 之间相互比较,重要性相同
3	表示元素 A_i 与 A_j 之间相互比较,A_i 比 A_j 稍微重要
5	表示元素 A_i 与 A_j 之间相互比较,A_i 比 A_j 明显重要
7	表示元素 A_i 与 A_j 之间相互比较,A_i 比 A_j 强烈重要
9	表示元素 A_i 与 A_j 之间相互比较,A_i 比 A_j 极端重要
2、4、6、8	上述相邻比较的中间值
倒数	当元素 A_i 与 A_j 比较时被赋予了上述某个值即 a_{ij},则 A_j 与 A_i 进行比较时权重就应该是 $a_{ji} = 1/a_{ij}$

判定矩阵 A 模型如下：

$$A = \begin{pmatrix} a_{11} & a_{12} & \cdots & a_{1n} \\ a_{21} & a_{22} & \cdots & a_{2n} \\ \vdots & \vdots & & \vdots \\ a_{n1} & a_{n2} & \cdots & a_{nn} \end{pmatrix}$$

3. 计算指标权重

群组层次分析法指标权重计算主要分为两步，首先计算各个专家的指标权重，然后计算综合指标权重。

（1）计算各个专家的指标权重 群组层次分析法专家指标权重的计算方法与层次分析法权重计算方法相同，计算步骤如下：

1）计算 $\omega_i^{(k)}$ 值。$\omega_i^{(k)}$ 的计算公式如下：

$$\omega_i^{(k)} = \sqrt[n]{\prod_{j=1}^{n} a_{ij}} \quad (i = 1, 2, \cdots, n) \tag{8-23}$$

式中 $\omega_i^{(k)}$——第 k 个专家判定矩阵 A_k（$k = 1, 2, \cdots, m$）的各个行所有元素累积后开 n 次方。

根据判定矩阵求得的 ω_i 可以得到向量 $\boldsymbol{\omega}^{(k)} = (\omega_1^{(k)}, \omega_2^{(k)}, \cdots, \omega_n^{(k)})^{\mathrm{T}}$。

2）计算 $w_i^{(k)}$。$w_i^{(k)}$ 是由向量 $\boldsymbol{\omega}^{(k)}$ 规范化得到的，计算公式如下：

$$w_i^{(k)} = \frac{\omega_i^{(k)}}{\sum_{i=1}^{n} \omega_i^{(k)}} \quad (i = 1, 2, \cdots, n) \tag{8-24}$$

式中 $w_i^{(k)}$——第 k 个专家判定矩阵中，第 i 个指标相互对于准则的相对权重。

（2）计算 w_i w_i 的计算公式如下：

$$w_i = \sum_{i=1, k=1}^{n, m} w_i^{(k)} \omega_k^* \quad (i = 1, 2, \cdots, n; k = 1, 2, \cdots, m) \tag{8-25}$$

式中 w_i——主观权重；

$w_i^{(k)}$——第 k 个专家判定矩阵中，第 i 个指标相互对于准则的相对权重；

ω_k^*——专家权重。

所以评价体系指标主观权重向量 $\boldsymbol{W}_{\mathrm{F}} = (w_1, w_2, \cdots, w_i)$

4. 判定矩阵一致性检验及修改

判定矩阵是专家对同一层次的指标进行两两比较得来的，当同一层次的指标个数大于两个的时候，有可能出现总体不一致的情况，因此在求权重之前要检验一下判定矩阵的一致性，避免出现相悖的结果。判定矩阵一致性检验方法如下：

（1）计算一致性指标 CI 一致性指标 CI 的计算公式如下：

$$CI = \frac{\lambda_{\max} - n}{n - 1} \tag{8-26}$$

式中 CI——一致性指标；

$\lambda_{\max}$——判定矩阵最大特征值；

n——比较指标个数。

当 CI＝0 时，说明判定矩阵完全一致。CI 值越高，说明其一致性越低。

（2）平均随机一致性指标 RI　由于判定矩阵的阶数递增对一致性判断具有影响，因此 RI 的作用是用来修正判定矩阵。平均随机一致性指标 RI 值见表 8-5。

表 8-5　平均随机一致性指标

阶数 n	1	2	3	4	5	6	7	8	9
RI	0	0	0.58	0.90	1.12	1.24	1.32	1.41	1.45

（3）计算一致性比 CR　通常根据 CR 的值来判断判定矩阵一致性的好坏，CR 的计算公式如下：

$$CR = \frac{CI}{RI} \tag{8-27}$$

式中　CR——一致性比；

CI——一致性指标；

RI——平均随机一致性指标。

当 CR＝0 时，判定矩阵 A 拥有完全一致性；当 CR≤0.1 时，判定矩阵 A 拥有满意一致性。当 CR＞0.1 时，判定矩阵 A 具有非满意一致性，此时需要对判定矩阵进行适当的调整，使得判定矩阵 A 具有满意一致性。

8.4.4　熵值法

通过熵计算权重，就是根据专家依据 1~9 及其倒数的标度法对同层次两两指标比较的标度值均值的差异程度，确定各指标的权重。当标度值均值差异很大时，熵值小，表明这个指标拥有较大的信息量，该指标应被赋予较大的权重；反之，其权重较小。

熵值法确定权重的步骤如下：

（1）建立原始数据矩阵及归一化　以群组层次分析法中的判定矩阵为依据得到的综合判定矩阵为原始数据矩阵，$X = (x_{ij})_{m \times n}$。将原始数据矩阵 X 按照式（8-28）进行归一化处理得到标准矩阵 $Y = (y_{ij})_{m \times n}$。

$$y_{ij} = \frac{x_{ij}}{\sum_{i=1}^{m} x_{ij}} \tag{8-28}$$

（2）确定信息熵 e 及信息效用值 d　信息熵 e 的计算公式如下：

$$e_j = -K \sum_{i=1}^{m} y_{ij} \ln y_{ij} \tag{8-29}$$

式中　e_j——第 j 个指标的信息熵，$e_j \geq 0$；

K——常数，$K = 1/\ln m$。

信息效用值是指信息熵 e 与 1 之间的差值，计算公式如下：

$$d_j = 1 - e_j \tag{8-30}$$

式中　d_j——第 j 个指标的信息效用；d_j 的值越大说明评价的指标越重要。

（3）计算指标权重　利用熵值法计算评价体系的指标权重，是以指标信息的价值系数为基础进行计算的，系数越大，说明指标对评价结果的影响也越大。指标权重的计算公式如下：

$$w_j = d_j \Big/ \sum_{j=1}^{n} d_j \tag{8-31}$$

式中　w_j——第 j 个指标的权重。

综上所述，可以得到评价体系指标客观权重向量 $\boldsymbol{W}_E = (w_1, w_2, \cdots, w_j)$。

评价体系的指标综合权重计算公式如下：

$$\boldsymbol{W} = t\boldsymbol{W}_F + (1-t)\boldsymbol{W}_E \tag{8-32}$$

式中　$\boldsymbol{W}$——评价体系指标综合权重；

$\boldsymbol{W}_F$——评价体系指标主观权重；

$\boldsymbol{W}_E$——评价体系指标客观权重；

t——评价体系指标主观权重计算系数。在本章权值计算过程中，t 暂时赋值为 0.5。

8.5　评价体系指标权重的确定

本章以精益生产评价体系中的一级指标层为案例详细阐述权重计算，其他指标层的权重方法一致。权重计算包括主、客观权重计算两部分。主观权重的计算采用群组层次分析法进行求值，客观权重采用熵值法进行求值。

8.5.1　主观权重的实例计算

1. 确定专家权重

（1）建立区间判定矩阵　三个专家运用 1~9 标度法对三个二级指标进行两两比较，建立区间判定矩阵。

$$\boldsymbol{A}_1 = \begin{pmatrix} 1 & [3,5] & [6,8] \\ \left[\frac{1}{5}, \frac{1}{3}\right] & 1 & [4,6] \\ \left[\frac{1}{8}, \frac{1}{6}\right] & \left[\frac{1}{6}, \frac{1}{4}\right] & 1 \end{pmatrix}, \quad \boldsymbol{A}_2 = \begin{pmatrix} 1 & [4,5] & [6,7] \\ \left[\frac{1}{5}, \frac{1}{4}\right] & 1 & [2,6] \\ \left[\frac{1}{7}, \frac{1}{6}\right] & \left[\frac{1}{6}, \frac{1}{2}\right] & 1 \end{pmatrix},$$

$$\boldsymbol{A}_3 = \begin{pmatrix} 1 & [3,4] & [7,6] \\ \left[\frac{1}{4}, \frac{1}{3}\right] & 1 & [5,4] \\ \left[\frac{1}{6}, \frac{1}{7}\right] & \left[\frac{1}{4}, \frac{1}{5}\right] & 1 \end{pmatrix}$$

（2）建立综合区间判定矩阵　由三个区间判定矩阵整理得出平均区间，根据式（8-18）整理得到几何平均综合区间判定矩阵，矩阵如下：

$$\overline{\boldsymbol{A}} = \begin{pmatrix} 1 & [3.30, 4.64] & [6.32, 6.95] \\ [0.22, 0.3] & 1 & [3.42, 5.24] \\ [0.14, 0.17] & [0.19, 0.29] & 1 \end{pmatrix}$$

（3）计算 A_k 与 $\overline{A}$ 的均方差 σ_k 和最大偏差 δ_k 根据式（8-19）、式（8-20）计算 A_k 与 $\overline{A}$ 的均方差 σ_k 和最大偏差 δ_k（$k=1$，2，3），计算结果见表 8-6。

表 8-6 均方差 σ_k 和最大偏差 δ_k 计算结果

项目	1	2	3
σ_k	0.42	0.55	0.80
δ_k	1.05	1.41	1.59

根据表 8-6 可得 $\sigma_k < 1$ 且 $\delta_k < 2$，所以矩阵的一致性较好，不需要改善。

（4）计算专家权重 ω_k^* 根据式（8-21）和式（8-22）计算专家权重，计算结果见表 8-7。

表 8-7 ω_k 与 ω_k^* 计算结果

权重	1	2	3
ω_k	2.38	1.81	1.25
ω_k^*	0.44	0.33	0.23

根据表 8-7 可得，三位专家在精益生产管理评价体系中的专家权重依次为 0.44、0.33、0.23。

2. 建立判定矩阵

通过三位专家对车间工艺布局评价指标体系中的一级指标层的两两指标之间关系进行评价，然后根据评价结果建立每个专家关于一级指标层的判定矩阵。

（1）专家 1 判定矩阵 专家 1 一级指标比较结果见表 8-8。

表 8-8 专家 1 一级指标比较结果

	准时化	高质量	高柔性	现场改善与持续改善	利润最大化	高素质员工
准时化	1	3	3	5	3	9
高质量	1/3	1	1	5	3	9
高柔性	1/3	1	1	3	1	9
现场改善与持续改善	1/5	1/5	1/3	1	1/5	9
利润最大化	1/3	1/3	1	5	1	9
高素质员工	1/9	1/9	1/9	1/9	1/9	1

根据表 8-8 建立专家 1 关于一级指标的判定矩阵如下：

$$A_1 = \begin{pmatrix} 1 & 3 & 3 & 5 & 3 & 9 \\ 1/3 & 1 & 1 & 5 & 3 & 9 \\ 1/3 & 1 & 1 & 3 & 1 & 9 \\ 1/5 & 1/5 & 1/3 & 1 & 1/5 & 9 \\ 1/3 & 1/3 & 1 & 5 & 1 & 9 \\ 1/9 & 1/9 & 1/9 & 1/9 & 1/9 & 1 \end{pmatrix}$$

（2）专家 2 判定矩阵 专家 2 一级指标比较结果见表 8-9。

表 8-9　专家 2 一级指标比较结果

	准时化	高质量	高柔性	现场改善与持续改善	利润最大化	高素质员工
准时化	1	3	3	7	3	7
高质量	1/3	1	1	5	3	7
高柔性	1/3	1	1	5	1	7
现场改善与持续改善	1/7	1/5	1/5	1	1/5	3
利润最大化	1/3	1/3	1	5	1	7
高素质员工	1/7	1/7	1/7	1/3	1/7	1

根据表 8-9 建立专家 2 关于一级指标的判定矩阵如下：

$$A_2 = \begin{pmatrix} 1 & 3 & 3 & 7 & 3 & 7 \\ 1/3 & 1 & 1 & 5 & 3 & 7 \\ 1/3 & 1 & 1 & 5 & 1 & 7 \\ 1/7 & 1/5 & 1/5 & 1 & 1/5 & 3 \\ 1/3 & 1/3 & 1 & 5 & 1 & 7 \\ 1/7 & 1/7 & 1/7 & 1/3 & 1/7 & 1 \end{pmatrix}$$

（3）专家 3 判定矩阵　专家 3 一级指标比较结果见表 8-10。

表 8-10　专家 3 一级指标比较结果

	准时化	高质量	高柔性	现场改善与持续改善	利润最大化	高素质员工
准时化	1	5	5	5	3	7
高质量	1/5	1	1	5	3	7
高柔性	1/5	1	1	3	1	7
现场改善与持续改善	1/5	1/5	1/3	1	1/5	3
利润最大化	1/3	1/3	1	5	1	7
高素质员工	1/7	1/7	1/7	1/3	1/7	1

根据表 8-10 建立专家 3 关于一级指标的判定矩阵如下：

$$A_3 = \begin{pmatrix} 1 & 5 & 5 & 5 & 3 & 7 \\ 1/5 & 1 & 1 & 5 & 3 & 7 \\ 1/5 & 1 & 1 & 3 & 1 & 7 \\ 1/5 & 1/5 & 1/3 & 1 & 1/5 & 3 \\ 1/3 & 1/3 & 1 & 5 & 1 & 7 \\ 1/7 & 1/7 & 1/7 & 1/3 & 1/7 & 1 \end{pmatrix}$$

3. 计算主观权重

（1）计算各个专家的指标权重　基于群组层次分析法权重计算步骤，根据每个专家对应的判定矩阵运用 MATLAB 软件计算各个专家关于车间工艺布局评价体系一级指标的权重。三位专家关于一级指标权重的计算结果依次见表 8-11～表 8-13。

表 8-11　专家 1 一级指标权重

一级指标	准时化	高质量	高柔性	现场改善与持续改善	利润最大化	高素质员工
$\omega_i^{(1)}$	0.3798	0.2193	0.1667	0.0625	0.1521	0.0186

表 8-12　专家 2 一级指标权重

一级指标	准时化	高质量	高柔性	现场改善与持续改善	利润最大化	高素质员工
$\omega_i^{(2)}$	0.3899	0.2128	0.1772	0.0457	0.1476	0.0268

表 8-13　专家 3 一级指标权重

一级指标	准时化	高质量	高柔性	现场改善与持续改善	利润最大化	高素质员工
$\omega_i^{(3)}$	0.4333	0.1938	0.1482	0.0522	0.1460	0.0265

（2）主观权重计算　根据式（8-25）计算车间工艺布局评价体系一级指标权重结果如下：

$w_1 = 0.44 \times 0.3798 + 0.33 \times 0.3899 + 0.23 \times 0.4333 = 0.3955$

$w_2 = 0.44 \times 0.2193 + 0.33 \times 0.2128 + 0.23 \times 0.1938 = 0.2113$

$w_3 = 0.44 \times 0.1667 + 0.33 \times 0.1772 + 0.23 \times 0.1482 = 0.1664$

$w_4 = 0.44 \times 0.0625 + 0.33 \times 0.0457 + 0.23 \times 0.0522 = 0.0546$

$w_5 = 0.44 \times 0.1521 + 0.33 \times 0.1476 + 0.23 \times 0.1460 = 0.1492$

$w_6 = 0.44 \times 0.0186 + 0.33 \times 0.0268 + 0.23 \times 0.0265 = 0.0230$

根据计算结果可知评价体系指标主观权重向量 $\boldsymbol{W}_F = ($ 0.3955，0.2113，0.1664，0.0546，0.1492，0.0230 $)$。

4. 一致性检验和修改

（1）$\boldsymbol{A}_1$ 判定矩阵一致性检验　$\boldsymbol{A}_1$ 判定矩阵 $\lambda_{\max 1} = 6.6149$，根据式（8-26）计算一致性指标 CI_1 如下：

$$CI_1 = \frac{\lambda_{\max 1} - n}{n - 1} = \frac{6.6149 - 6}{6 - 1} = 0.1230$$

由于判定矩阵为 6 阶矩阵，因此 RI 选取为 1.24，根据式（8-27）计算矩阵一致性比 CR_1 如下：

$$CR_1 = \frac{CI_1}{RI} = \frac{0.1230}{1.24} = 0.0992$$

因为 $CR_1 = 0.0992 < 0.1$，所以判定矩阵 $\boldsymbol{A}_1$ 拥有满意一致性。

（2）$\boldsymbol{A}_2$ 判定矩阵一致性检验　$\boldsymbol{A}_2$ 判定矩阵 $\lambda_{\max 2} = 6.4269$，根据式（8-26）计算一致性指标 CI_2 如下：

$$CI_2 = \frac{\lambda_{\max 2} - n}{n - 1} = \frac{6.4269 - 6}{6 - 1} = 0.0854$$

由于判定矩阵为 6 阶矩阵，因此 RI 选取为 1.24，根据式（8-27）计算矩阵一致性比

CR_2 如下：

$$CR_2 = \frac{CI_2}{RI} = \frac{0.0854}{1.24} = 0.0689$$

因为 $CR_2 = 0.0689 < 0.1$，所以判定矩阵 A_2 拥有满意一致性。

（3） A_3 判定矩阵一致性检验 A_3 判定矩阵 $\lambda_{max3} = 6.5267$，根据式（8-26）计算一致性指标 CI_3 如下：

$$CI_3 = \frac{\lambda_{max3} - n}{n-1} = \frac{6.5267 - 6}{6-1} = 0.1053$$

由于判定矩阵为 6 阶矩阵，因此 RI 选取为 1.24，根据式（8-27）计算矩阵一致性比 CR_3 如下：

$$CR_3 = \frac{CI_3}{RI} = \frac{0.1053}{1.24} = 0.0850$$

因为 $CR_3 = 0.0850 < 0.1$，所以判定矩阵 A_3 拥有满意一致性。

综上所述，判定矩阵 A_1、A_2、A_3 均具有满意一致性，无须对判定矩阵进行修改。

所以评价体系指标主观权重向量 $W_F =$ (0.3955，0.2113，0.1664，0.0546，0.1492，0.0230)。精益生产评价体系一级指标主观权重见表 8-14。

表 8-14 一级指标主观权重

一级指标	准时化	高质量	高柔性	现场改善与持续改善	利润最大化	高素质员工
主观权重	0.3955	0.2113	0.1664	0.0546	0.1492	0.0230

8.5.2 客观权重的实例计算

熵值法计算一共分三步。首先，建立原始数据矩阵及归一化；然后，确定信息熵和信息效用值；最后，计算指标客观权重。

（1）建立原始数据矩阵及归一化 以群组层次分析法中的判定矩阵 A_1、A_2、A_3 为依据得到的综合判定矩阵为原始数据矩阵，$X = (x_{ij})_{m \times n}$。

$$X = \begin{pmatrix} 1 & 11/3 & 11/3 & 17/3 & 3 & 23/3 \\ 13/45 & 1 & 1 & 5 & 3 & 23/3 \\ 13/45 & 1 & 1 & 11/3 & 1 & 23/3 \\ 19/105 & 1/5 & 1/3 & 1 & 1/5 & 5 \\ 1/3 & 11/15 & 1 & 5 & 1 & 23/3 \\ 25/189 & 25/189 & 25/189 & 7/27 & 25/189 & 1 \end{pmatrix}$$

将原始数据矩阵 X 按照式（8-28）进行归一化处理得到标准矩阵 $Y = (y_{ij})_{m \times n}$。

$$Y = \begin{pmatrix} 0.4496 & 0.5446 & 0.5141 & 0.2752 & 0.3600 & 0.2091 \\ 0.1299 & 0.1485 & 0.1402 & 0.2428 & 0.3600 & 0.2091 \\ 0.1299 & 0.1485 & 0.1402 & 0.1781 & 0.1200 & 0.2091 \\ 0.0814 & 0.0297 & 0.0467 & 0.0486 & 0.0240 & 0.1364 \\ 0.1499 & 0.1089 & 0.1402 & 0.2428 & 0.1200 & 0.2091 \\ 0.0595 & 0.0196 & 0.0185 & 0.0126 & 0.0159 & 0.073 \end{pmatrix}$$

（2）确定信息熵以及信息效用值 根据式（8-29）计算信息熵得

$$e = (0.8628, 0.7370, 0.7733, 0.8660, 0.7812, 0.9370)$$

根据式（8-30）计算信息效用值得

$$d = (0.1372, 0.2630, 0.2267, 0.1340, 0.2188, 0.0630)$$

（3）计算指标客观权重 根据式（8-31）计算各指标客观权重，整理的指标客观权重向量 $W_E = (0.1316, 0.2522, 0.2175, 0.1284, 0.2098, 0.0605)$。精益生产评价体系一级指标客观权重见表8-15。

表 8-15 一级指标客观权重

一级指标	准时化	高质量	高柔性	现场改善与持续改善	利润最大化	高素质员工
客观权重	0.1316	0.2522	0.2175	0.1284	0.2098	0.0605

8.5.3 综合权重的实例计算

指标权重由两部分决定：主观权重和客观权重。客观权重计算系数暂设定为0.5，根据式（8-32）计算综合权重得

$$W = (0.2636, 0.2317, 0.1919, 0.0915, 0.1795, 0.0418)$$

精益生产评价体系一级指标综合权重见表8-16。

表 8-16 一级指标综合权重

一级指标	准时化	高质量	高柔性	现场改善与持续改善	利润最大化	高素质员工
综合权重	0.2636	0.2317	0.1919	0.0915	0.1795	0.0418

依据以上方法确定精益生产评价体系与精益工艺管理评价体系指标权重，精益生产评价体系指标权重具体见表8-17，精益工艺管理水平评价体系指标权重具体见表8-18。

表 8-17 精益生产评价体系指标权重

一级指标	一级指标权重	二级指标	二级指标权重	三级指标	三级指标权重
准时化	0.2636	均衡化生产水平	0.54	资源配置的合理化	0.1843
				产量波动频繁程度	0.1843
				产量波动幅度	0.1843
				品种均衡程度	0.098
				产品平均销售节拍与产品生产节拍的比值	0.3491
		流程化生产水平	0.297	流水线平衡率	0.638
				设备U形布置比率	0.258
				设备综合效率	0.104
		准时化物流	0.163	准时化物流管理机构	0.3221
				拉动系统的建立与运作	0.3221
				物流平衡率	0.188
				物流顺畅度	0.115
				积载率	0.0528

（续）

一级指标	一级指标权重	二级指标	二级指标权重	三级指标	三级指标权重
高质量	0.2317	自働化程度	0.3334	人机分离等级	0.3334
				异常管理水平	0.3333
				缺陷预防措施	0.3333
		全面质量管理	0.6666	质量检验策略	0.3054
				质量控制方法	0.3054
				维修保养制度的建立与运作	0.1709
				用户满意度	0.1035
				产品返修率	0.0754
				用户再次购买率	0.0754
高柔性	0.1919	战略柔性	0.0872	企业精益管理目标	0.3334
				企业精益管理策略	0.6666
		组织柔性	0.128	组织管理运行制度	0.5584
				组织监控制度	0.3196
				组织之间和谐度	0.122
		生产柔性	0.4585	生产线转换能力	0.3031
				库存控制能力	0.3031
				作业切换时间	0.1645
				设备小型化、模块化和通用化技术水平	0.1645
				设备扩充能力	0.0648
		布局柔性	0.2673	空间利用率	0.1375
				作业性质的相似性	0.3936
				现场管理便利度	0.3936
				布局可扩展性	0.0753
		供应链柔性	0.059	订单履行周期	0.5
				订货提前期	0.5
现场改善与持续改善	0.0915	6S 管理	0.5	整理	0.2064
				整顿	0.2064
				清扫	0.2064
				清洁	0.1086
				素养	0.0658
				安全	0.2064
		标准作业	0.5	标准工时降低率	0.3793
				标准工时准确率	0.2189
				工艺路线准确率	0.2189
				内部作业时间所占比率	0.1268
				标准库存	0.0561

（续）

一级指标	一级指标权重	二级指标	二级指标权重	三级指标	三级指标权重
利润最大化	0.1795	精益成本	0.75	核算成本部门和制度	0.4852
				核算成本方法	0.2986
				估算材料、工时定额率的先进性	0.109
				成本利润率	0.109
		现场高生产效率	0.25	单位时间的生产量	0.5595
				多能化实现率	0.2495
				可动率	0.0955
				稼动率	0.0955
高素质员工	0.0418	培训教育	0.6483	企业培训教育制度	0.637
				人员考核制度	0.2583
				员工的技能水平	0.1047
		团队精神	0.2297	团队组织形态	0.5232
				团队领导员工素质	0.2389
				团队默契度和信任度	0.1518
				团队技能互补性	0.0852
		尊重人性及调动人的积极性	0.122	奖励制度	0.5584
				"争优评先"活动	0.3196
				学习氛围	0.1220

表 8-18 精益工艺管理水平评价体系指标权重

一级指标	一级指标权重	二级指标	二级指标权重	三级指标	三级指标权重
工艺管理创新	0.163	工艺战略管理	0.196	工艺战略管理与企业战略管理协同	0.478
				工艺可持续发展战略管理	0.522
		工艺管理理念应用与创新	0.214	工艺管理理念自主应用与创新	0.496
				工艺管理理念引进消化吸收再创新	0.504
		新工艺新管理方法应用与创新	0.190	新工艺新管理方法自主应用与创新	0.500
				新工艺新管理方法引进消化吸收再创新	0.500
		工艺管理标准化创新	0.221	基于工业工程估算工时定额率	0.206
				基于工艺成本估算成本定额率	0.204
				绿色工艺	0.197
				工艺质量 6σ 管理	0.204
				文明工艺 6S 管理	0.189
		工艺及其管理研发经费比重	0.179	工艺及其管理研发经费占销售收入比重	0.514
				工艺及其管理研发经费占总研发经费比重	0.486

（续）

一级指标	一级指标权重	二级指标	二级指标权重	三级指标	三级指标权重
全生命周期工艺管理	0.201	管理体系管理	0.194	工艺管理体系管理	0.333
				工艺保证体系管理	0.333
				工艺监督体系管理	0.334
		工艺文件管理	0.187	正确性	0.332
				完整性	0.336
				一致性	0.332
		工艺纪律管理	0.180	岗位责任制	0.200
				考核办法	0.200
				ABC管理及工艺执行率	0.200
				操作者三定(定人、定机、定工种)	0.200
				生产三按(按技术标准、按设计图样、按工艺文件)	0.200
		现场工艺管理	0.171	职能部门现场责任制	0.201
				工序质量管理	0.189
				定置管理	0.197
				均衡生产	0.203
				现场工艺记录	0.210
		工艺装备管理	0.153	工艺装备设计管理	0.348
				工艺装备制造管理	0.326
				工艺装备使用维修管理	0.326
		工艺定额管理	0.151	工艺材料定额制定/验证/控制/管理	0.322
				工艺工时定额制定/验证/控制/管理	0.342
				工艺成本定额制定/验证/控制/管理	0.336
工艺知识管理	0.183	工艺知识管理	1	工艺知识分类及编码体系管理	0.249
				工艺知识存储管理	0.247
				工艺知识数据库优化管理	0.251
				工艺知识发布管理	0.253
数字化工艺管理	0.171	工艺管理数字化平台	0.249	工艺管理数字化平台搭建	0.256
				工艺管理物联网	0.244
		工艺管理信息仓库	0.247	工艺管理数据仓库搭建	0.263
				工艺管理知识库搭建	0.237
		工艺管理数字化协同	0.251	工艺规划与产品设计实时协同	0.333
				工艺工作与企业经营活动和部门多元协同	0.333
				远程工艺管理协同	0.334
		工艺管理数字化资源	0.253	工艺管理软硬件	0.556
				工艺管理网络	0.444

（续）

一级指标	一级指标权重	二级指标	二级指标权重	三级指标	三级指标权重
工艺人力资源管理	0.151	工艺人力资源工艺知识与技能	0.331	工艺人员工艺知识与技能	0.514
				生产人员工艺知识与技能	0.486
		工艺人力资源培养	0.343	工艺人员培养与再教育	0.500
				生产人员培养与再教育	0.500
		工艺人员匹配	0.326	工艺人员与设计人员比例	0.493
				工艺人员占研发人员比例	0.507
工艺管理业绩	0.131	工艺质量	0.196	关键件一次合格品率	0.500
				关键工序与瓶颈工序的工序能力	0.500
		工艺定额	0.214	工艺工时劳动生产率	0.486
				工艺材料利用率	0.514
		工艺成本	0.190	工艺成本与质量成本比率	0.250
				工艺成本与产品成本比率	0.250
				工艺成本与销售收入比率	0.250
				工艺成本利润率	0.250
		工艺管理满意度	0.221	客户满意度	0.321
				工作满意度	0.339
				员工满意度	0.340
		企业效益	0.179	企业经营销售收入	0.494
				企业经营利润	0.506

评价标准等级赋值见表8-19。

表8-19 评价标准等级赋值

评价标准等级	优	良	中	差
分值	100	90	80	70

方案评价结果等级见表8-20。

表8-20 方案评价结果等级

评价结果等级	优	良	中	差
分值	[100,90]	(90,80]	(80,75]	(75,70]

8.6 实例应用

运用已建立的现代精益制造水平评价体系对某公司现代精益制造水平进行评价。

8.6.1 公司概况

多年来，某轨道交通车辆有限公司秉承"质量取胜、技术立企"的企业经营管理理念，前后经过六次大规模的技术改造，已发展成为集生产、科研、销售于一体的高新技术产业。该公司目前主要以生产电力机车、内燃机车、城市轨道车辆及各种大功率中速柴油机和各种机车车辆配件产品为主，以修理、改造内燃机车为辅，由当初只能修理蒸汽机车的老厂，逐步发展成为能够独立设计制造具有世界先进水平机车车辆的现代化企业，并拥有多项科技成果及进出口自营权。

"十二五"规划期间中国轨道交通行业迅速崛起，该公司立足于市场，抓住了国家对铁路装备现代化建设改革的历史机遇，以"引进先进技术，联合设计生产，打造中国品牌"为理念，并与国外多家著名企业建立了技术合作关系，同时承担了内燃机车和电力机车两大产品的引进消化吸收再创新项目。目前，该公司又极力开拓新产业，发展外向型经济，设计先进化水平的城市轨道交通车辆，潜心构造出口基础，积极培育"目标市场"。

21世纪以来，中国经济迅猛发展，市场需求向多样化转变，与此同时，现代化技术层出不穷，这一系列的变化给企业的生存与发展提出了全新的要求。企业为了提升自身在市场的竞争力，一方面，积极推进现代化企业管理水平与当今 Web 的结合，实现办公自动化和产品开发设计研制的目标，并健全质量保证体系；另一方面，该公司引入涵盖精益工艺及精益生产的现代精益制造管理模式，在实施现代精益制造项目后，需要对公司精益制造实施情况进行总结和评价，但由于该公司所涉及的研究业务领域众多，增加了评估的难度。

8.6.2 现代精益制造水平评价

对某公司的现代精益制造水平评价主要通过精益工艺管理和精益生产两方面进行。

精益工艺管理评价结果见表8-21。

表8-21 精益工艺管理评价结果

指标	工艺管理创新	全生命周期工艺管理	工艺知识管理	数字化工艺管理	工艺人力资源管理	工艺管理业绩
权重	0.163	0.201	0.183	0.171	0.151	0.131
分值	97	90	96	94	87	90
方案结果	92.47					

精益生产评价结果见表8-22。

表8-22 精益生产评价结果

指标	准时化	高质量	高柔性	现场改善与持续改善	利润最大化	高素质员工
权重	0.2636	0.2317	0.1919	0.0915	0.1795	0.0418
分值	92	90	89	97	87	85
方案结果	90.23					

由表8-21、表8-22可以看出该公司的现代精益制造水平已达到优，但在精益工艺管理的工艺人力资源管理方面还有待改善，在精益生产的高柔性、利润最大化、高素质员工方面还需要改善。

参 考 文 献

[1] 王秀伦. 现代工艺管理技术 [M]. 北京：中国铁道出版社，2004.

[2] CHENG Q, SUN L, MA Z Q, et al. Contemporary lean technology and process management theory and system [J]. Advanced materials research, 2015, 1061-1062：1266-1270.

[3] 李伯虎，张霖，王时龙，等. 云制造：面向服务的网络化制造新模式 [J]. 计算机集成制造系统，2010 (1)：1-7；16.

[4] 周平，崔荣会，李艾艾. 云制造落地 [J]. 中国制造业信息化，2010 (3)：18-21.

[5] SUN L, FAN J M, MA Z Q, et al. Product life cycle-oriented cloud process management research：applied mechanics and materials [J]. Product design and manufacture, 2012, 120：456-459.

[6] 刘连浩. 物联网与嵌入式系统开发 [M]. 北京：电子工业出版社，2012.

[7] 张世琪，李迎，孙宇. 现代制造引论 [M]. 北京：科学出版社，2003.

[8] 马自勤. 现代工艺管理及若干关键技术研究 [D]. 大连：大连交通大学，2008.

[9] 大野耐一. 丰田生产方式 [M]. 李颖秋，谢克俭，译. 北京：中国铁道出版社，2006.

[10] 沃麦克，琼斯，鲁斯. 改变世界的机器 [M]. 余锋，张东，陶建刚，译. 北京：商务印书馆，1999.

[11] 沃麦克，琼斯. 精益思想 [M]. 沈希瑾，张文杰，李京生，译. 北京：机械工业出版社，2008.

[12] 孙永才. 中国北车集团现代工艺管理若干关键技术研究 [D]. 大连：大连交通大学，2011.

[13] 程强. 电力机车转向架现代精益工艺管理关键技术研究 [D]. 大连：大连交通大学，2015.

[14] 刘树华，鲁建厦，王家尧. 精益生产 [M]. 北京：机械工业出版社，2010.

[15] 储开宇. 精益生产的内涵与我国现状及发展前景 [J]. 科技创新导报，2010 (15)：250.

[16] 武淑萍. 精益生产在中国的应用现状 [J]. 郑州航空工业管理学院学报（社会科学版），2004 (6)：132-134.

[17] 莱克. 丰田汽车案例：精益制造的14项管理原则 [M]. 李芳龄，译. 北京：中国财政经济出版社，2004.

[18] 伯乐 F，伯乐 M. 金矿：精益管理挖掘利润 [M]. 赵克强，译. 北京：机械工业出版社，2006.

[19] 德鲁，麦卡勒姆，罗根霍夫. 精益之道 [M]. 吕奕欣，张素华，李佩芝，译. 北京：机械工业出版社，2007.

[20] 大野耐一. 大野耐一的现场管理 [M]. 崔柳，译. 北京：机械工业出版社，2006.

[21] 门田安弘. 新丰田生产方式 [M]. 王瑞珠，译. 保定：河北大学出版社，2001.

[22] 越前行夫. 精益制造001：5S推进法 [M]. 尹娜，译. 北京：东方出版社，2011.

[23] 加藤治彦. 精益制造004：生产管理 [M]. 党蓓蓓，译. 北京：东方出版社，2011.

[24] 小林俊一. 精益制造009：库存管理 [M]. 张舒鹏，译. 北京：东方出版社，2012.

[25] 鬼泽正一. 精益制造010：采购管理 [M]. 郑振勇，译. 北京：东方出版社，2012.

[26] 佐藤知一，山崎诚. 精益制造012：BOM物料管理 [M]. 刘波，译. 北京：东方出版社，2013.

[27] 堀口敬. 精益制造013：成本管理 [M]. 王占平，译. 北京：东方出版社，2013.

[28] 角井亮一. 精益制造014：物流管理 [M]. 刘波，译. 北京：东方出版社，2013.

[29] 松井顺一. 精益制造020：丰田可视化管理方式 [M]. 胡馨予，译. 北京：东方出版社，2013.

[30] 齐忠玉. 精益化精神 [M]. 北京：中国电力出版社，2011.

[31] 齐忠玉，林海，杨智斌. 精益化推行工具箱 [M]. 北京：中国电力出版社，2011.

[32] 沈方楠. 全面消除生产浪费的82个关键细节 [M]. 北京：中国电力出版社，2011.

[33] 张明华. 精益造船模式研究 [M]. 北京：中国经济出版社，2005.

[34] 李娟，刘旭. 精益化装配管理 [M]. 北京：中国计量出版社，2006.

[35] 曲立. 精益维修管理 [M]. 北京：中国计量出版社，2007.

[36] 刘成，薛松，凌小言. 精益六西格玛实战 [M]. 上海：学林出版社，2007.

[37] 王连生. 精益生产与精益六西格玛实战 [M]. 北京：中国质检出版社，2012.

[38] 杨青. 精益价值管理 [M]. 北京：科学出版社，2009.

[39] 蔡颖，唐春明. 精益实践与信息化：基于 ERP 的精益制造体系的设计 [M]. 北京：电子工业出版社，2009.

[40] 王茂林. 供应链环境下的制造企业精益物流运作研究 [M]. 北京：中国物资出版社，2010.

[41] 宋光辉. 精益物流管理实践 [M]. 北京：中国财富出版社，2013.

[42] 薛红. 连锁零售企业精益物流供应链智能协同决策与优化研究 [M]. 北京：北京大学出版社，2013.

[43] 欧居勇. 变电运行与检修精益化管理典型案例 [M]. 北京：中国电力出版社，2012.

[44] 李庆远. 如何做好精益生产：JIT 生产实务手册 [M]. 广州：广东经济出版社，2012.

[45] 孙丽. 工艺知识管理及其若干关键技术研究 [D]. 大连：大连交通大学，2005.

[46] 王秀伦，孙丽，马自勤. 全生命周期工艺数字化系统功能的研究 [J]. 大连铁道学院学报，2002 (2)：28-32.

[47] 孙丽，王秀伦，杨志刚. 制造企业工艺知识管理水平评价方法的研究 [J]. 中国机械工程，2004 (16)：1447-1451.

[48] 孙丽，王秀伦，杨志刚. 网络环境下工艺知识管理系统的研究与开发 [J]. 中国机械工程，2003 (3)：213-215.

[49] 马自勤，王秀伦，杨志刚. 面向产品全生命周期工艺管理水平评价的研究 [J]. 计算机集成制造系统，2004，10 (5)：544-549.

[50] 马自勤，王秀伦，杨志刚. 数字工艺管理理论体系和系统总体模型的研究 [J]. 现代制造工程，2005 (10)：111-114.

[51] 马自勤，王秀伦，欧阳清. 机械制造工艺成本估算模型 [J]. 现代制造工程，2005 (5)：87-90.

[52] 马自勤，王秀伦，杨志刚. 数字工艺及其关键技术 [J]. 机床与液压，2005 (1)：5-8.

[53] 马自勤，宋崎，王秀伦，等. 工艺数字化系统中工时定额管理子系统 [J]. 大连铁道学院学报，2002 (4)：41-44.

[54] 马自勤，王秀伦，王丽颖，等. 工艺数字化产品售后工艺服务子系统 [J]. 大连铁道学院学报，2002 (3)：49-52.

[55] 程强，马自勤，王秀伦. 基于物料和产品 BOM 的工艺数据管理 [J]. 机车车辆工艺，2008 (1)：35-36；44.

[56] 杨志刚，马自勤，王先逵，等. 基于零件特性表和关键机床的工艺实例检索 [J]. 计算机集成制造系统，2003 (7)：556-560.

[57] 于洪雷，王秀伦，杨志刚，等. XML 在工艺知识管理系统中的应用 [J]. 现代制造工程，2005 (6)：17-19.

[58] 李兵华，杨志刚，王秀伦，等. 应用 XML/XSLT 技术实现 CAPP 工艺卡片定制生成 [J]. 制造技术与机床，2005 (3)：23-25.

[59] 王秀伦，于晓洋，黄永生. 相似制造论及其应用研究 [J]. 大连铁道学院学报，2005 (1)：60-64.

[60] 李兵华，王秀伦，杨志刚，等. 面向企业网络环境的 CAPP 系统开发 [J]. 现代制造工程，2004 (12)：44-46.

[61] 许立，李经民，王秀伦. 基于遗传算法的车间设备布局优化设计 [J]. 组合机床与自动化加工技术，2004 (12)：45-46.

[62] 许立，李伟峰，施志辉，等. 三维仿真技术在车间布局设计中应用的研究 [J]. 机床与液压，2004

（8）：63-65.

［63］ 王丽颖，王秀伦，孙丽. W-CAPP 系统中工艺生成与任务分派方法研究［J］. 大连铁道学院学报，2004（2）：27-29.

［64］ 王丽颖，杨志刚，王秀伦. 工艺数字化系统中的工序质量管理［J］. 计算机集成制造系统，2003（6）：496-499.

［65］ MA Z Q，ZHANG P，GU M，et al. Process route optimization for machining center NC milling manufacturing［J］. Applied mechanics and materials，2014，455：561-567.

［66］ MA Z Q，WANG T，WANG D Y，et al. Arc welding working hours based on MODAPTS［J］. Applied mechanics and materials，2014，455：185-190.

［67］ MA Z Q，GU M，ZHANG P，et al. Working hours calculation for CNC milling machining center［J］. Advanced materials research，2013，834-836：1766-1769.

［68］ MA Z Q，WANG D Y，WANG T，et al. Non-logistics indicators evaluation of workshop process layout［J］. Advanced materials research，2013，834-836：1952-1955.

［69］ MA Z Q，YANG W，KANG D L，et al. Decomposition with LMD of mechanical fault signals based on LabVIEW［J］. Applied mechanics and materials，2013，278-280：1133-1136.

［70］ MA Z Q，ZHANG R，KANG D L，et al. A research of high precision rotational speed measurement system based on infrared sensor and microcontroller［J］. Applied mechanics and materials，2013，278-280：680-683.

［71］ MA Z Q，GAO J C，ZHANG Z Q，et al. Application of wavelet envelope spectrum analysis in air blower rotating stall failure diagnosis［J］. Applied mechanics and materials，2012，120：456-459.

［72］ MA Z Q，XU T T，SUN L，et al. Cost estimation of product life cycle［J］. Advanced materials research，2012，421：582-585.

［73］ SUN L，LU P，MA Z Q，et al. Research and practice on the process cost estimation based on features and intelligent computation of locomotive axle［J］. Advanced materials research，2012，588-589：1760-1763.

［74］ SUN L，SUN A Q，MA Z Q，et al. Research on modern process management evaluation system［J］. Applied mechanics and materials，2012，120：292-295.

［75］ CHENG Q，SUN L，MA Z Q，et al. Locomotive bogie wheelset assembly Jidoka［J］. Applied mechanics and materials，2014，687-691：117-120.

［76］ MA Z Q，ZHAO P F，CHEN Y N，et al. Research on lean cloud process management［C］//Proceedings of the 2015 International symposium on computers & informatics. Amsterdam：Atlantis Press，2015.

［77］ MA Z Q，PENG C，CHEN Y N，et al. Research on lean manufacturing process management of electric locomotive［C］//Proceedings of the 2015 International conference on intelligent systems research and mechatronics engineering. Amsterdam：Atlantis Press，2015.

［78］ MA Z Q，WANG T，ZHAO P F，et al. Modern technology equipment maintenance process management research［J］. Advanced materials research，2015，1061-1062：1220-1223.

［79］ MA Z Q，CHEN Y N，ZHAO P F，et al. A way to reduce machine cutting temperature［J］. Advanced materials research，2015，1061-1062：427-430.

［80］ 孙丽，邹北，范魁元，等. 焊接车间照明改善及仿真分析［J］. 大连交通大学学报，2014（S1）：94-98.

［81］ 高鑫，孙丽，韦江，等. 轮对生产线标准作业研究［J］. 大连交通大学学报，2014（S1）：99-102.

［82］ 景风斌，孙丽，韦江，等. 轨道交通装备制造业车间工艺布局评价体系研究［J］. 大连交通大学学报，2014（S1）：103-106.

［83］ 毛银，孙丽，韦江，等. 基于 IE 理论改善装配线平衡问题［J］. 大连交通大学学报，2014（S1）：

107-110.

[84] 段伟仪，孙丽，韦江，等. 人机作业分析在轮对生产线中的应用 [J]. 大连交通大学学报，2014
（S1）：111-113.

[85] 姚会茹，赵强，孙丽. 抱轴箱生产线关键工序标准作业研究 [J]. 大连交通大学学报，2012（6）：
72-76.

[86] 徐博雅，孙丽，权亚莉，等. 基于 IE 理论的城铁车总装配工艺优化 [J]. 大连交通大学学报，
2015（5）：42-45.

[87] 孙丽，关德鹏，范魁元，等. 车间照度测量与分析方法研究 [J]. 大连交通大学学报，2015（1）：
55-57.

[88] 马自勤，杨志刚，王秀伦，等. 数字质量控制管理系统研究 [J]. 机床与液压，2010（21）：
56-60.

[89] 孙永才，马自勤，王秀伦. 轨道交通装备制造现代工艺管理水平评价研究 [J]. 铁道机车车辆，
2011（4）：56-60；94.

[90] 孔宪伟，马自勤，程强. 基于价值流的制造物料控制与管理研究 [J]. 价值工程，2013（2）：
25-27.

[91] 孔宪伟，马自勤，程强. 基于工业工程 MOD 法的机械制造工时定额方法研究 [J]. 机械制造，
2013（4）：83-86.

[92] 孔宪伟，马自勤，程强. 基于精益制造与企业资源计划的材料定额方法研究 [J]. 组合机床与自动
化加工技术，2013（5）：138-141.

[93] 栾俏梅，杨志刚，马自勤. 基于 Web 的机车工艺行程管理系统 [J]. 现代制造工程，2013（4）：
40-43.

[94] 丁菊霞. 电力机车机械部分 [M]. 成都：西南交通大学出版社，2010.

[95] 鲍维千. 机车总体及产品 [M]. 北京：中国铁道出版社，2010.

[96] 吴宏彪，赵辉. 精细化管理持续改善 [M]. 北京：北京理工大学出版社，2013.

[97] 汪中求. 细节决定成败 [M]. 2 版. 北京：新华出版社，2004.

[98] 汪中求，吴宏彪，刘兴旺. 精细化管理 [M]. 北京：新华出版社，2005.

[99] 易树平，郭伏. 基础工业工程 [M]. 北京：机械工业出版社，2006.

[100] 郭伏，钱省三. 人因工程学 [M]. 北京：机械工业出版社，2006.

[101] 欧阳清，马自勤. 现代化成本管理理论在我国企业中应用的探讨 [J]. 东北财经大学学报，1999
（2）：18-24.

[102] 王先逵. 机械加工工艺手册：第 3 卷　系统技术卷 [M]. 2 版. 北京：机械工业出版社，2007.

[103] 马尔斯特罗姆. 生产成本管理手册 [M]. 郭富志，许晓梅，译. 北京：冶金工业出版社，1992.

[104] 戚安邦. 项目成本管理 [M]. 天津：南开大学出版社，2006.

[105] HUMPHREYS K K，ENGLISH L M. 项目成本工程师手册 [M]. 陈伟珂，牛春媛，译. 天津：南
开大学出版社，2006.

[106] 吕小柏，吴友军. 绩效评价与管理 [M]. 北京：北京大学出版社，2013.

[107] 吴燕生. 技术成熟度及其评价方法 [M]. 北京：国防工业出版社，2012.

[108] 李成标，吴先金，杨显贵. 集成绩效评价理论与方法研究 [M]. 北京：科学出版社，2013.

[109] 叶义成，柯丽华，黄德育. 系统综合评价技术及其应用 [M]. 北京：冶金工业出版社，2006.

[110] 范玉顺，王刚，高展. 企业建模理论与方法学导论 [M]. 北京：清华大学出版社，2001.

[111] 杨再龙. 发动机厂车间布局设计与仿真 [D]. 上海：上海海事大学，2007.

[112] 刘嘉亮. V 公司生产线平衡优化研究 [D]. 广州：华南理工大学，2011.

[113] 叶连发. 基于 SLP 与 PGA 的多品种小批量生产车间设施布局优化研究 [D]. 重庆：重庆大

学，2012.

[114] 周明，孙树栋. 遗传算法原理及应用 [M]. 北京：国防工业出版社，2005.

[115] 汪一筇. 基于改进 SLP 和遗传算法的车间设施布局设计与优化 [D]. 上海：上海大学，2009.

[116] 武剑锋. 在我国推广 JIT 应注意的几个问题 [J]. 税收与企业，1997 (7)：24-25.

[117] 孙东. 基于看板系统的奥迪门板生产线改进研究 [D]. 长春：吉林大学，2008.

[118] 许力. DF 公司 JIT 实施方案设计 [D]. 厦门：厦门大学，2005.

[119] 黄祯祥. 基于 NSGA-Ⅱ 的 U 型混流装配线排序问题研究 [D]. 杭州：浙江工业大学，2007.

[120] 杜占其. 看板管理在 JIT 生产中的应用分析 [J]. 科技情报开发与经济，2005 (20)：210-212.

[121] 肖冬荣，汤娜磊. JIT 看板管理系统的设计与实现 [J]. 微计算机信息，2009 (27)：35-36；41.

[122] 李明. JIT 生产模式下看板系统的改进 [J]. 煤矿机械，2008 (1)：134-137.

[123] 厉红霞. 精益生产方式在 A 公司的应用研究 [D]. 济南：山东大学，2012.

[124] 李斌云. 浅谈准时生产方式实施的若干问题 [J]. 山西机械，2004 (2)：6-7.

[125] CHASE R B, AQUILANO N J, JACOBS F R. Operations management for competitive Advantage [M]. 9th ed. New York：McGraw-Hill Companies, Inc, 2002.

[126] 朱振杰. 机械产品装配线平衡问题优化研究 [D]. 济南：山东大学，2010.

[127] 李斌. 工业工程技术在 HZFW 服装公司中的应用研究 [D]. 杭州：浙江工业大学，2010.

[128] 陈维余. DYC 公司总装生产线平衡问题研究 [D]. 济南：山东大学，2012.

[129] 北京市机械工业局，北京市机械工业劳动经济研究会. 机械制造时间定额标准的公式化与计算机计算：上册 [Z]. 北京：北京市机械工业局，1981.

[130] 北京市机械工业局，北京市机械工业劳动经济研究会. 机械制造时间定额标准的公式化与计算机计算：下册 [Z]. 北京：北京市机械工业局，1981.

[131] 王绍俊. 机械制造工艺设计手册 [M]. 哈尔滨：哈尔滨工业大学出版社，1984.

[132] 中国机械工程学会工艺管理专业委员会. 机械工业企业工艺管理 [Z]. 北京：机械工艺师杂志社，1989.

[133] 陈耀君. 机械工业企业工艺管理 [M]. 北京：学术书刊出版社，1989.

[134] 陈宏钧，马素敏. 机械制造工艺技术管理手册 [M]. 北京：机械工业出版社，1998.

[135] 人见胜人. 制造系统工程：制造工艺和生产管理的综合研究 [M]. 陈榕林，昌柱，译. 北京：中国农业机械出版社，1983.

[136] 戴庆辉. 先进制造系统 [M]. 北京：机械工业出版社，2006.

[137] 周凯，刘成颖. 现代制造系统 [M]. 北京：清华大学出版社，2005.

[138] 于桂兰，苗宏慧. 人力资源管理 [M]. 北京：清华大学出版社，2009.

[139] 张丽华，王蕴. 薪酬管理 [M]. 北京：科学出版社，2009.

[140] 欧阳清，杨雄胜. 成本会计学 [M]. 北京：首都经济贸易大学出版社，2003.

[141] 罗鸿，王忠民. ERP 原理·设计·实施 [M]. 北京：电子工业出版社，2003.

[142] 雷德明，严新平. 多目标智能优化算法及其应用 [M]. 北京：科学出版社，2009.

[143] 吴亚丽，张俊敏. 运筹学 [M]. 北京：北京大学出版社，2011.

[144] 胡玉明，赖红宁，罗其安. 成本会计 [M]. 北京：清华大学出版社，2005.

[145] 日比宗平. 寿命周期费用评价法：方法及实例 [M]. 高克勤，李敏，译. 北京：机械工业出版社，1984.

[146] 周益华. 浅议 IRIS 国际铁路行业质量管理体系标准 [J]. 质量方法，2011 (9)：66-69.

[147] 陈镇，郑建国. 基于 BSC 的全面质量管理评价方法研究 [J]. 质量及可靠性，2008 (1)：16-21.

[148] MCADAM R, LEONARD D. A grounded theory research approach to building and testing TQM theory in operations management [J]. Omaga, 2006, 4：1-13.

[149] 张旭宏. 焊接全面质量管理体系研究及实施 [D]. 天津：天津大学，2008.

[150] BAYAZIT O, KARPA K B. An analytical network prosess-based framework for successful total quality management（TQM）：an assessment of Turkish manufacturing industry readiness [J]. International Journal of production economics，2007，105：79-96.

[151] 梁明焕. 检测结果质量控制 [J]. 计量与测试技术，2011，38（1）：10-11；14.

[152] 孙红霞. 企业培训师培训教材（基础知识）[M]. 北京：新华出版社，2010.

[153] 程国全，柴继峰，王转，等. 物流设施规划与设计 [M]. 北京：中国物资出版社，2003.

[154] 栾会玲. 基于 DEA 的中小企业精益生产评价体系研究 [D]. 沈阳：沈阳工业大学，2011.

[155] 杨智，董长清. 改进层次分析法在雷达网探测效能评估的应用 [J]. 空军雷达学院学报，2007（3）：14-17.

[156] 闫秀娟. 模糊层次分析法在供应链综合绩效评价中的应用 [J]. 工作研究，2011，11（32）：62-63.

[157] 李志萍. 熵权法在农村安全饮水水质评价中的应用 [J]. 人民黄河，2007，29（5）：35-36.

[158] 朱勇胜. 大洋桥泵站排水监控系统设计与实现 [D]. 大连：大连理工大学，2009.

[159] 冯炯. 中小企业生存和发展问题探究 [J]. 管理科学文摘，2008，4（6）：35-38.

[160] 张玉华，蔡政英，张东风. 基于管理熵的生产系统柔性决策 [J]. 工业工程与管理，2007，11（2）：25-28.